『十三五』國家重點圖書出版規劃項目
2011—2020年國家古籍整理出版規劃項目
2020年度國家出版基金資助項目
國家社會科學基金重大項目『國家圖書館藏未刊稿整理與研究』（13&ZD107）

國家出版基金項目
NATIONAL PUBLICATION FOUNDATION

國家圖書館藏未刊稿叢書

主編　劉玉才　陳紅彦

金石題跋編

國家圖書館未刊石刻題跋輯録

盧芳玉　整理

鳳凰出版社

圖書在版編目（CIP）數據

國家圖書館未刊石刻題跋輯録／盧芳玉整理．—南京：鳳凰出版社，2021.6
（國家圖書館藏未刊稿叢書／劉玉才，陳紅彦主編．金石題跋編）
ISBN 978-7-5506-3352-0

Ⅰ．①國…　Ⅱ．①盧…　Ⅲ．①石刻—題跋—彙編—中國
Ⅳ．①K877.24

中國版本圖書館CIP數據核字（2020）第261636號

書　　名　國家圖書館未刊石刻題跋輯録
整 理 者　盧芳玉
責任編輯　吴　瓊
裝幀設計　姜　嵩
出版發行　鳳凰出版社（原江蘇古籍出版社）
　　　　　發行部電話 025-83223462
出版社地址　江蘇省南京市中央路165號，郵編：210009
出版社網址　http://www.fhcbs.com
照　　排　南京新華豐製版有限公司
印　　刷　南京新世紀聯盟印務有限公司
　　　　　江蘇省南京市建鄴區南湖路27號春曉大厦5樓，郵編：210017
開　　本　718毫米×1005毫米　1/16
印　　張　20.25
字　　數　280千字
版　　次　2021年6月第1版
印　　次　2021年6月第1次印刷
標準書號　ISBN 978-7-5506-3352-0
定　　價　150.00圓

《國家圖書館藏未刊稿叢書》編委會

主　編

劉玉才　陳紅彦

分主編

樊長遠　陳紅彦（日記編）

董馥榮　謝冬榮（書札編）

盧芳玉（金石題跋編）

田曉春（題贊手卷編）

孫　俊　林世田（中法漢學研究所編）

張學謙　王宣標（著作編）

委　員（以姓氏筆畫爲序）

王　劍　王宣標　卞惠興　田曉春　白謙慎　林世田

姜小青　陳紅彦　孫　俊　張學謙　董馥榮　樊長遠

劉玉才　薛龍春　盧芳玉　謝冬榮

序

中國國家圖書館以庋藏中國古籍善本宏富著稱，其中宋元舊槧、珍稀印本，向爲學界推重，頗獲利用。相較之下，約佔館藏善本總量三分之一的寫本類文獻，利用還遠遠不够，堪稱有待發掘的文獻寶藏。國圖藏寫本文獻以著作稿抄本爲主，兼及日記、書札、題跋、校語、文書檔案等類文字形式，因多爲唯一傳本，故有别於刊印文獻，具有獨特的文物、藝術和文獻價值。根據館方專家調查，〔一〕館藏宋元抄本即有十五部，明抄本則多達一千二百四十六部，其中一百七十餘部爲内府所抄。如宋仁宗親撰《洪範政鑒》，僅此一部内府抄本秘藏宫内，從無刊刻傳抄，彌足珍貴。明嘉靖間《永樂大典》抄本，世存殘卷亦以國圖收藏最夥。許多早期抄本與原本成書年代接近，而原本或有亡佚殘缺情形，抄本遂具有無可替代的校勘與輯佚價值。國圖所藏明清抄本中，著名學者、藏家抄本佔有相當比例，許多是影抄宋元舊本和珍稀本，僅毛晋汲古閣影抄本即有近八十部。在清抄本五千餘部中，還包括有盧文弨、鮑廷博、吴騫、翁方綱、陳鱣、黄丕烈、焦循、管庭芬、楊守敬、王國維等名家手稿本。著作類稿抄本之外，國家圖書館還藏有明清以至民國一百五十餘家日記稿抄本，三四百種書札文獻，數

〔一〕陳紅彦《國家圖書館藏抄本述略》，《國家圖書館學刊》，2016年第4期。

千款金石題跋，以及數量不菲的圖卷題詠、批校文字、文書檔案等類寫本文獻。上述寫本文獻，除部分著作抄本之外，大多未經刊行，均可歸爲未刊稿之列。

寫本文獻存量稀罕，往往具有孤本性質，加之多數未經整理，字迹辨識不易，閲覽亦不方便，這都成爲限制其發掘利用的重要原因。有鑒於此，我們組織國家圖書館古籍館與北京大學中文系合作的學術團隊，在對館藏寫本文獻全面調查的基礎上，首先選擇具有重要學術價值、讀者利用不便的未刊文獻，予以整理刊布。並在國家社科基金申請設立『國家圖書館藏未刊稿整理研究』重大課題，以保證整理研究工作的實施。經過課題組同人的共同努力，陸續完成部分階段性成果，今擬分作日記、書札、金石題跋、題贊手卷、中法漢學研究所、著作諸編，依次予以刊布。

《日記編》整理收録顔懋价、葉鈞、張廷濟、何紹基、趙宗建、黄彭年、江標七位清人未刊稿本日記。其中如黄彭年、江標，不僅參與過重大政治活動，在學術領域亦有較高成就，屬於政學兼通的重要歷史人物。黄彭年《黄陶樓先生日記》、江標《笘誃日記》所載均長達數十年，可稱一生行迹的詳盡記録，涉及朝章典故、交遊見聞、日常讀書生活等諸多内容，極其豐富。張廷濟《張叔未日記》、顔懋价《顔脩來日記》、葉鈞《壺中日記》、何紹基《東洲草堂日記》、雖然記述時間不長，但是内容各有所長，據之不僅可以考察日記主人的生平交遊，還可豐富清代學術史的場景。晚清藏書家趙宗建的《舊山樓日記》《非昔居士日記》《庚子非昔日記》，内容跨越清同治元年（1862）至光緒二十一年（1895）共三十多年的時間，記録了趙氏的日常生活、藏書收購及與衆多友人交遊情形，還有對圍剿太平軍的見聞記述，頗能反映江南地方士人的生活與眼界。

《書札編》從館藏各類書札文獻中選取黄彭年、趙宗建、張蔭桓、袁昶、王懿榮、吴重憙、繆荃孫、葉德輝等十餘家往還書札，予以整理刊布。因所涉人物都是晚清、民國間重要官員和學術文化界名流，書札内容豐富，且未經前人揭示，具有無可替代的文獻價值。如《黄子壽先生遺札》收録清光緒年間黄彭年在江蘇布政使任内與按察使朱之榛之間往來信件六十七通，涉及漕運與海運之流弊、來蘇流民之安置、正誼書院並藏書樓之籌建等諸多政務。黄彭年著述宏富，但大多未經刊布，本課題同時整理其日記、書札，預期將會推動學界對黄氏的深入研究。《趙宗建友朋書札》收録趙宗建光緒年間所撰詩歌、隨筆、抄經、墓誌銘、祝壽帖及其友人李芝綬、季錫疇的書札共一百四十餘件，不僅内容豐富，還可與《日記編》所收趙氏三種日記互相參照，促進學界對這位重要藏書家的全面研究。《袁昶友朋書札》收録劉履芬、丁丙、馮煦、孫詒讓、楊守敬、沈曾植、戴望、張謇、李文田、孫衣言、張鳴珂、張之洞、陸潤庠、王頌蔚、王懿榮、翁同龢等人信札二百餘通，袁昶親自整理粘貼爲十二巨册，涉及歷史人物衆多，堪稱是晚清學者的群體資料。《王懿榮往還書札》收録王懿榮與師友、親屬往還書札數百通，基本可以反映其後半生的主要經歷與交遊關係。王懿榮光緒年間授翰林院編修，三任國子監祭酒，博覽書史，精於鑒藏，與當世金石學者來往密切。書札所涉人物包括潘祖蔭、陳介祺、繆荃孫、吴大澂、盛昱、汪鳴鑾、孫汝梅、黄紹箕、吴重憙諸名流，以及女兒女婿等家人。書札内容多爲討論金石碑拓釋讀、古籍收藏、科舉學問，以及時務政治、爲人處世、家務瑣事，據之可以考察同光時期精英士大夫鑒藏金石之風尚，以及業餘生活趣味的豐富細節。《藝風堂同人尺牘》是晚清著名學者繆荃孫的友朋書札稿本集，收録惲祖翼、繆朝荃、劉炳照、吴慶坻、陳慶年等人致繆荃孫書札一百餘通。書札的撰寫時間多在光緒時期，内容比較廣泛，除家常瑣事之外，還涉及刻書、詩詞交往、方志編纂等方面，是研究繆荃孫學術交遊、晚清政治與文化教育的重要資料。葉德輝致松崎鶴雄書札（《郋園手札》）是著名學者葉德輝 1910 年至 1920 年間致日本學者松崎鶴雄的書信，涉及研治經學、小學等多方面内容，可稱現代中日學術交流史的重要文獻。

《書札編》收録書札出自名家之手，書法用箋考究，文獻價值之外，兼具有藝術觀賞價值，故採取録文整理與選擇影印結合的方式予以刊布。此外，我們還特邀白謙慎先生、薛龍春先生精選館藏十餘種名家尺牘，製作法書字帖，集爲《國家圖書館藏清代名家尺牘法書選刊》，以饗書法愛好者。

國圖收藏金石拓本豐富，題跋數量衆多。如宋元合璧拓本《廣政石經》即有名家題跋、批校百餘款，宋拓《嘉祐石經》亦有吴昌碩、丁晏、葉昌熾、沈曾植、羅振玉、陳寶琛、楊守敬、曹元忠、繆荃孫、柯劭忞等多人題跋和批校。《金石題跋編》甄選館藏金石題跋七十餘種，以拓本爲單位，撰寫提要，著録題名、拓本、裝幀、行款、書體、責任者、遞藏源流等項信息，並對題跋文字進行輯録整理，可爲金石證史、拓本源流研究、金石學者交遊研究提供全新的資料。

《題贊手卷編》率先刊布長達十六餘米的《明渤海孫氏積善堂題贊手卷》，該手卷是河北滄州孫楷第家族世守之寶，彙集明代前期朝廷重臣、翰苑侍從、書法名家四十三人的題贊墨迹，爲明代文化史、文學史、書法史研究的重要實物與文獻。諸家題贊，書法風格各異，可稱難得的藝術珍品。其中如明代第一大和尚姚廣孝的題贊，可能是其唯一的傳世手迹；而明初賢相『三楊』（楊士奇、楊榮、楊溥）和書法大家『二沈』（沈粲、沈度）的墨迹傳世甚罕，手卷所存可謂吉光片羽，彌足珍貴。此次刊布改卷裝爲經折裝，採用原版影印與題贊釋文相結合的整理方式，前半部分展示手卷原貌，後半部分爲題贊釋文、印章釋讀及題贊者小傳，既能滿足學術界對此珍貴文獻的研究需求，又可據之勾勒明初京師文化圈的面貌。

中法漢學研究所是法國中法教育基金委員會 1941 年在北京資助成立的漢學研究機構，設有民俗學組、語言歷史組、通檢組、圖書館、法文研究班等部門，開展文獻搜集整理和研究、翻譯工作。該研究所 1953 年撤離中國時，部分申請出關的圖書資料被中國政府徵購或没收，輾轉存藏於國家圖書館。《中法漢學研究所編》對其中曾毅公《五十年來之甲骨學》、陸翔《敦煌學著述考》、傅惜華《漢代畫像全集》三編、徐宗元《古今本竹書紀年合校》、柯昌泗《漢晋石刻略録》、羅常培《蒙古字韻跋》、魏建功《完全本王仁昫刊謬補缺切韻初次的討論》等未刊論著稿本以及神禡相關資料，進行整理研究，以求揭示這批珍貴稿本資料的學術價值，豐富敦煌學、甲骨學、民俗學等專題學術史，爲深入瞭解中法漢學研究所的學術活動，探究現代漢學研究史，提供文獻幫助。

著作稿抄本在國圖館藏寫本文獻中數量居多，近年頗有影印出版，加之閲覽方便，已漸爲學界所關注，因此未列爲本課題重點對象。不過考慮到有些著作稿抄本學術價值很高，甚至關涉重要學術論争，有必要予以刊布揭示，更便利學界研究，我們選擇方邁、王鳴盛、周廣業、孔廣栻、吴騫、王念孫、王引之、姚文田、李鋭、李文田等清代學者稿抄本予以影印，并分别撰寫研究解題。其中如李鋭《周易注疏校勘記》殘稿，是阮元主持纂修《十三經注疏校勘記》的重要文獻見證，有助於釐清當年校勘工作的緣起與修訂過程。《經義述聞》涉及王念孫、王引之父子著作權的争議，是清學研究界關注的熱門問題。爲便於展開深入研究，我們將國圖館藏《經義述聞》初刻、二刻、三刻所據稿本及《校書録》稿本合併影印。其餘諸家稿抄本，亦精彩紛呈，各有可觀。

以上未刊文獻，雖然形式有别，但是日記、書札、題跋及著作稿抄本内容多有關聯，甚至可以相互印證，子課題實際都是總課題的有機組成部分。我們希望通過對這批未刊文獻的發掘整理，爲學界提供第一手的資料，以推動明清以至近現代學術史研究的深入。在整理過程中，根據文獻樣式的不同，我們分别採取釋讀、點校、輯録、影印、解題、小傳等整理研究形式，以期最大限度地發揮未刊文獻的功用。因爲未刊文獻的隨意書寫特性，文字辨識、内容整理難度很高，整理成果想必仍有不少訛誤，期待學界同人不吝指正。此項整理研究工作得到國家圖書館古籍館、北京大學中文系的大力支持，浙江大學文化遺産研究院白謙慎先生、薛龍春教授在文字釋讀方面給予無私的幫助，鳳凰出版社慨允出版，謹表衷心感謝。

北京大學中文系、中國古文獻研究中心　劉玉才

二〇一八年五月

目録

整理題記

國家圖書館藏金石類藏品二十七萬件，藏品時間跨度大，綿延三千餘載的歷史痕迹皆可從中追尋；涉獵地域廣泛，不但有包括臺灣在內的全國各省市自治區的金石文獻，還有朝鮮、日本、韓國、蒙古和埃及古刻等國外石刻拓本；數量龐大，種類繁多，傳世石刻種類一應俱全，且墓誌、法帖、石經等形制的拓本都有相當數量的收藏；文字品種多樣，以漢字爲主，還有滿文、蒙文、藏文、巴斯巴文等民族文字，古叙利亞文、埃及古文字等外國文字，爲我們研究民族文字和外國文字提供了不可多得的資料；文獻内容豐富，涉及政治、經濟、歷史、文化、軍事、宗教、民族、民俗、天文、地理、科技、建築、文學、藝術等諸多方面的石刻，保存了大量古代文獻。館藏拓本以整幅爲主，可據此了解原刻情況；拓本種類齊全，主體墨拓，不乏精品：烏金拓和蟬翼拓，朱拓、藍拓、彩拓各色拓本色彩紛呈，鑲拓、隔麻拓、瓜皮拓等各種形式應有盡有，主要用於青銅器傳拓的全形拓，更是傳拓技藝與繪畫藝術相結合的産物，觀之如見原器，美不勝收。石刻本就是書法藝術的寶藏，國家圖書館收藏專爲傳揚書法藝術而刻的法帖八百餘種。畫像、造像，則是繪畫藝術和雕刻藝術的結合體，是美術史上不可或缺的一個重要環節，石刻中的畫像和造像，是一部形象的石刻繪畫史。

館藏宋元拓本十餘種，其中有孤本，有稀見拓本，有存世最佳拓本，大量的明清拓本中亦不乏精品。尤爲難得的是，館藏顧千里、葉昌熾、梁啓超、繆繼珊、章鈺等人的專藏共6732種11201件，李根源、周希丁、端方、陸和九等人舊藏拓本亦有一定數量的收藏。這些藏品多裝裱一致，有藏家及友朋同好題簽、題跋和鈐印等，具有很高的文獻價值和文物價值。名家舊藏最珍貴的是題跋，這些題跋或考訂版本優劣，或注明石刻所在、沿革及拓本來源，或正經補史，或考辨真僞，或品味書法，或評論文章。據統計，各類拓本中有題跋者凡800餘人3000餘款，最多的是宋元合璧本《廣政石經》，題跋繪畫達147款之多。名家題跋纍纍，具有不可替代的文獻價值。今將館藏拓本的題跋整理出來，以資藝林研讀，以供讀者覽賞。。

端方舊藏清乾隆間拓《祀三公山碑》

説明

《祀三公山碑》，又名《大三公碑》，東漢元初四年（117）建立，在河北省元氏縣西北三十里封龍山下三公廟。篆書，10行，行17—20字不等，全碑約200字。内容是常山相馮君向三公山神祝禱，祈求消除災禍，保佑國界大豐、民無疾苦，後有官吏題名。清乾隆三十九年（1774）王治岐訪得，後移至縣立第一高級小學。

國家圖書館藏本爲『熹』字未損之乾隆年間拓本，端方、梁啓超等遞藏，1册，高26.3厘米，寬14厘米，凡20.5開，含拓本14開，題跋6.5開。費念慈、梁啓超題簽，王仁俊、俞廉三、俞林、金蓉鏡、張祖翼、王瓘、梁啓超等題跋，張之洞、楊鍾羲觀款。鈐『屺懷父』『仁俊審定金石文字』『孝禹』『新會梁氏』『楊守敬印』『李葆恂』等印。

費圯懷題簽

《祀三公山碑》。西蠡。

梁啓超題端

裴齋匋齋舊藏《祀三公山碑》，今歸飲冰室。

王仁俊題跋

此碑黄小松、翁覃谿、趙晋齋、沈匏廬釋文，若有異仝。俊以匋齋公精拓審視之，首行『永初』，『永』字用筆尚可見，趙據《通鑒》永初二年事，證碑文饑衰、羌寇、蝗旱是已。首行末兩字確是『厥惟』，『厥』字尚析，不知諸家何以皆不識也。三行『蝗旱鬲我』，『我』字從才，偏旁甚析，黄釋爲『鬲并』，而王念孫《漢隸拾遺》、顧廣圻《思適齋集》多從其説，不知『鬲我』者搤我也。『遭離羌寇蝗旱鬲我』，猶言兵荒扼我耳。《儀禮·士喪禮》大鬲注：『鬲，搤也。』翁釋作『我』，惜未引鄭義以證成之也。『敬奠不行』與『醮祠希罕』正屬對文，『敬』字甚明，諸釋多誤，惟此册寫本所釋尚是。四行『本祀其原』『祀』字『巳』較晰，其字與五行

『其靈』之『其』正一律，翁釋爲『本視興原』，不知碑文『乃來道要本祀其原』，言求道要則本祀其復，語意甚顯。《荀子·儒效》『俄而原仁義』，猶言復仁義也；《莊子·天道》『因任已明而原省次之言』，已明而復察之也；『來』與『求』隸體絶似，故易致訛，前人已辨之，不贅。五行『東就衡山』，翁記奪『就』字。六行『薦牲納禮』，『禮』乃『醴』之假字，《儀禮·士婚禮》『賓入授如初禮』，注：古文『禮』爲『醴』，此外，如《聘禮》《士冠禮》所云禮於朝、禮於阼，皆以『禮』爲『醴』，不及煩引矣。八行『顔浮』『閻祐』偏旁甚明，可訂翁誤。九行『茅匡』，沈釋不譌。凡此非得精打本亦未易見及也。

壬寅六月廿三日吴縣王仁俊。是日并跋鳳皇題字、衡方碑。匋齋尚書審正。

張之洞觀款

光緒二十有七年五月張之洞觀。

俞廉三題跋

永初、元初皆安帝年號，凡十九年，改元者五，永初、元初相接。按，《兩漢金石記》：『此碑「初」字上隱隱尚露其半，諦視是「元」字。』今觀此本良然，足爲舊拓之證。揚子雲《將作大匠箴》：『侃侃將作，經構宫室。』起臺立壇，蓋將作掾之所掌者。

癸卯重陽，山陰俞廉三記於漢皋。

金蓉鏡題跋

劉昭志『每郡皆置諸曹掾史』，注：『略如公府曹，無東西曹，公府無將作掾。』《後漢·匈奴傳》有安集掾，王恬、烏桓傳有主降掾、兵馬掾，皆因事設官，爲漢志所遺。此碑『將作掾』當亦其比，可據以補漢志之闕。

光緒二十九年九月廿一日，時校《後漢·百官志》訖，因舉疑義於此，以諗博雅。秀水金蓉鏡記。

楊鍾羲觀款

壬寅九月楊鍾羲觀。

楊鍾羲題跋

碑末書立碑人，皆縣屬掾史，與《百官志》合，惟『將作掾』不見於志，未知所掌。首云『□初四年』，『初』上缺一字，趙晉齋以爲『永初』，翁覃谿以爲『元初』，竹汀先生均不之從，蓋其慎也。無極、三公、封龍諸山並在元氏界。鍾羲寫記。

張祖翼題跋

此較前所見墨色少淡，年代似相去不遠，字體較前本覺肥，蓋淡拓則墨不沁入，故肥也。魄力雄厚，神采飛舞，非明季國初拓本不能如此精湛。碑在直隸元氏縣西北三十里封龍山下，有三公神廟，榜曰『天臺三公之廟』，此碑在焉。縣西門外八都神壇亦有三公山碑，蓋小字碑也。

戊申正月六日得見匋齋尚書所藏第二本，謹題。桐城張祖翼。

梁啓超題跋

觀此碑則知吴之天發神讖並非創格，蓋以隸執作篆，合當如此也。因思琅琊、泰山刻石，是否毛穎所書，尚屬疑問，而李少温一派，俗所稱鐵綫篆者，昔人或謂須燒秃筆鋒作之，即未必爾。然固傷矯揉矣。

乙丑立春後三日，梁啓超跋。

王瓘題跋

漢碑篆書傳世最少，現存於世者惟嵩山少室、開母二闕與此碑耳。而此碑出世既晚，又僻在元氏山中，元氏諸漢刻例少精拓本，故流傳者白石神君外，從未見有舊本也。

匋齋尚書藏此數本，皆小松先生訪出未久之精拓本，而此本尤爲神采焕發，近年不可復得矣。

光緒三十四年戊申立春日，銅梁王瓘觀於白下謹記。

陳伯陶觀款

匋齋尚書出此碑三本見示，氈蠟之精當以此本爲最。戊申三月，東莞陳伯陶觀。

俞林題跋

癸卯三月，以匋齋所藏三本審視，『奠不行』上一字從月、日，的非『敬』字。

楊守敬題跋

余得劉燕庭所藏拓本二通，字體較此爲瘦，蓋初拓本也，惜不得對照之。光緒丁未三月，宜都楊守敬。

吴廣霈題跋

此三公山碑尤在光和小字碑以前，至可寶也。余昔在京廠曾得一舊家藏本，自謂精拓，乃今獲睹匋齋尚書公所藏，點畫清晰，較後來拓本殊肥，此自是覓得時初拓本，即可做宋拓觀也。『郭洪』二字終未確，姑從闕疑。吴廣霈。

李葆恂題跋

《祀三公山碑》始見於《河朔訪古記》，久佚，乾隆甲午三通館輯金石略，長吏搜古碑上之，元氏宰關西王治岐訪得於城外野坡，《兩漢金石記》云此刻雖篆書，乃由篆入隸之漸，減篆之縈折爲隸之徑直。又第三行『離』字之左半，第七行『屢』字之下半兼帶行草之勢，云云。葆恂跋。

又

匋齋所藏延熹土圭曾徵引及之，與此可互證也。『乃來道黽』，或釋作『叟』，沈西雝雍引《漢書·地理志》證，知黄小松司馬釋『要』之確，其説是矣。或頗疑其不詞。恂。

又

『來』應釋作『求』，漢隸來、求筆瀍易混，如張遷碑『化行求本』，『求』作『來』，亦『求』字，言紀其行而求其本，與上文『三代以來』之『來』字不同，此作『乃求道要』，則不嫌於不詞矣。《貞石志》考此碑特詳核，亦未及此也。近百年來棰拓無虚日，拓本漸漫漶不可辨識。此匋齋尚書藏本，氈蠟精到，字字明晰，『蝗旱鬲并』『并』字諸家皆誤釋爲『我』，若如此本，『并』字之顯豁，自不得誤。以此知此拓定屬初得石時所拓，過諸家藏本遠矣！

光緒廿八年壬寅六月九日，李葆恂揮汗題記。

鄧邦述題跋

碑首疑是『永初』，述嘗舉《安帝紀》及《五行志》以證碑文『遭離羌寇蝗旱鬲我』之實，蓋永初以前羌寇蝗旱史官屢有所書，不必待元初四年始，可謂『承饑衰之後』也。『乃來道要』文石觀察釋爲『乃求道要』，舉張遷碑爲説至爲確當；『敬奠不行』，『敬』字亦明顯，可從。覃谿謂此碑乃由篆入隸之漸，玩其字勢飛動，殆不可以常篆衡耳。

光緒壬寅十一月十六日，江寧鄧邦述題記，時泊沙洋鎮。

震鈞題跋

此拓頗舊，故文亦易審，如後題名『顔汜』應作『浮』，『閻』應作『祐』，『王册』應作『稱』，『茅匡』應作『匡』，『郭洪』應作『洊』，余曾以舊拓釋之，而此皆明顯，可證諸家釋文之誤。匋齋尚書究心金石，謹以就正。震鈞跋。

莊縉度釋文

元初四年，常山相隴西馮君到官，承饑衰之後。衆惟三公御語山，三條別神，迴在領西。吏民禱祀，興雲膚寸，偏雨四維。遭離羌寇。蝗旱鬲并。民流道荒，醮祠希罕。敬奠不行，由是之來。和氣不臻，乃來道要，本祖其原。以三公德廣，其靈尢神，處幽道艱，存之者難。卜擇吉土治，東就衡山，起堂立壇。雙闕夾門，薦牲納禮，以寧其神。神熹其位，甘雨屢降。報如景響，國界大豐。穀斗三錢，民無疾苦，永保其年。長史魯國顔浮、五官掾閻格、户曹史紀受、將作掾王策、元氏令茅匡、丞吴音、廷掾郭洪、户曹史翟福、工宋高等刊石紀焉。

張伯英舊藏明拓《景君銘》

説明

《景君銘》，全稱《北海相景君碑》，東漢漢安二年（143）八月建，在山東省濟寧市任城區，後移置濟寧孔廟。隸書，17行，行33字；額篆書題『漢故益州太守北海相景君廣三尺三寸，隸書，十七行，行三十三字，陰四列，上三列各十八行，第四列衹二行，末刻四字韻二長行。有額，篆書陰文題：『漢故益州太守北海相景君銘。』

舊拓本碑陽第八行『残僞易心』之『残』字上『歹』旁首筆未損，至乾隆以後損如小銅泉形矣，尤舊者『商人空市』之『市』字尚見上左半。

此本爲明拓額陰全本，通常所見之拓本，碑陰常爲後配之晚拓本，碑額亦時有後配，類此本碑陽、碑額、碑陰均爲明季同時所拓，甚少見。用竹紙，重黑墨擦蜡拓，字神極精，洵足寶貴。

此本碑陽第八行『殘僞易心』之『残』字完好未損，第十一行『商人空市』之『市』尚見上左半。

光緒年間近拓本，『殘僞易心』之『殘』字損去上左角，第十一行『商人空市』之『市』字全泐。

銘』；碑陰題名四列，前三列18行，行10—12字不等，第四列2行，行42字。

國家圖書館藏本爲張伯英舊藏本，裱本，1册，凡28開；册高32.3厘米，寬19.1厘米；額1開，陽11.5開，半開4行，行6字；陰15.5開，半開4行，行7字。采訪號爲220940，1966年4月1日登記入藏。

張伯英題書板外簽

《漢益州太守北海相景君銘》。庚午重九銅山張伯英題。

劉喜海題跋

《景君碑》是漢隸中□出□枝，雖不若夏承之奇崛，然足矯平實之弊。此是明季拓手，較時下高出倍蓰。儀國同年得此，可寶也。

道光戊戌春日，東武年愚弟劉喜海。鈐『喜海』白文方印、『吉父』朱文方印

王敏先生按語

《景君碑》，在山東濟寧，漢安三年八月立。碑高九尺，

周進舊藏明拓《孔宙碑》

說明

《孔宙碑》，全稱《泰山都尉孔宙碑》，東漢延熹七年（164）七月造，原在孔宙墓前，清乾隆年間（1736—1795）移至曲阜孔廟。隸書，15行，行28字；額篆書2行，行5字；陰三列，列21行；額篆書題『有漢泰山都尉孔君之碑』。碑有穿有暈，存漢碑典型形製。記孔子十八世孫、建安七子之一孔融父孔宙之事，書法精美，兩側皆後人題記。

國家圖書館藏本爲周進舊藏『辭』字少損之明拓本，1册，25開，半開2行，行4字；册高37厘米，寬19.5厘米，墨本高26厘米，寬13.5厘米。有馬家桐題簽，周進題跋。鈐『于熙學印』『季木所得精品』『趙氏書邨珍藏金石』『叔弢經眼』等印。

馬家桐隸書題簽

明拓《孔季將碑》，季木藏，景含題。

周進册首題跋

此碑舊本尚較他漢刻易得，然若是之精者，殊不易覯耳！雖有蟲蝕，亦自可寶。丁巳秋記。

周枬册尾題跋

歲在丁巳夏六月，建德周枬審定明拓本。望日記。

又

孔廟漢碑，此與《乙瑛碑》兩刻舊本較易遇，若《禮器碑》則稀如晨星碩果矣。次日又記。

張廷濟舊藏清乾隆拓《張壽碑》

說明

《張壽碑》，東漢建寧元年（168）五月十五日立，在山東省城武縣古文亭山，今存成武縣文化館。隸書。宋時尚完好，明時被人改爲碑座，正中鑿缺四十字，僅存上截，16行，行15字。清乾隆五十六年（1791）臘月林紹龍刻正書跋於碑之鑿損處。『建寧元年』據《隸釋》補。

國家圖書館藏本爲清乾隆拓『晋』字可見本，與《白石神君碑》裱爲一册，册高33.2厘米，寬19.5厘米；此碑墨本8開，題跋2.5開，半開3行，行5字；半開墨心高22.8厘米，寬13.7厘米。有張廷濟題首、釋文及題跋，鈐『張叔未』『張廷濟印』『新篁里』『寶穰』等印。采訪號爲83703，1963年4月24日登記入藏。

張廷濟隸書題端

《漢竹邑侯相張君之碑》

張廷濟題端後題跋

是碑在山左城武縣，明人截爲碑趺，僅存上截十六行，行存十五字，中間又鑿去四十字。

《潛研堂金石文跋尾》，婁機云：『碑在單州城武，宋時本隸單州也。』

又

此百年前舊本，海鹽吾以方進裝藏者，昔歲乙酉歸於余，道光十七年丁酉廿五日冬日至題記。嘉興張廷齊，時年七十。

鈐『張叔未』白文方印、『張廷濟印』白文方印

張廷濟首開邊跋

洪氏《隸釋》載是碑全文云：『君諱壽，字仲吾，晋大夫張老盛德之裔。』鈐『廷濟』印

張廷濟釋文後跋

右翁氏《兩漢金石記》圖見存半截之石之文，較褚氏《金石圖》多五十餘字。此拓視翁本少數字，蓋裝時割棄耳。『經』上『敦悦』字、『婁』下『炳』字猶可辨。鈐『廷濟』朱文長方印

張廷濟題跋

《隸釋》云：『《漢故竹邑相張君之碑》，隸額。張君名壽，靈帝建寧元年卒。張君治功曹，周憐之過，反爲督郵周紘所窘，至於捐禄而歸。』《曝書亭集》云：『竹邑侯者，彭城

靖王恭之阿奴，明帝永初六年封，見熊方《後漢書同姓諸王年表》（按：即《補後漢書年表》，其中卷一、卷二爲『同姓王侯』）。』《兩漢金石記》云：『洪載是碑全文凡五百四十六字，外又闕十四字，今之存者一百八十字而已。碑云敦悦經雎習父東光君業，蓋世傳詩學者。又云舉孝廉，除郎中給事謁者，遷竹邑侯相，罷，復爲從事，辟司徒府，年八十，建寧元年五月辛酉卒，此其大略也。』廷濟案：是刻筆法嚴緊，牛真谷擬以《白石神君碑》，翁閣學謂與《孔彪碑》相類，翁説是也。二百年來，作八分書者，顧云美（苓）、陸虔實（瓚）、曹六圃（庭棟），皆從此出。

道光丁酉十一月廿六日書於八甎精舍，七十老人張廷濟。

鈐『廷濟』朱文方印、『張叔未』白文方印。

王敏先生按語

舊拓本首行『晉晋大夫』之『晉』字尚可見，今泐，碑中鑿孔处有乾隆五十六年臘月宛平林紹龍刻跋，未刻跋者爲乾隆五十六年以前舊拓本。

孫淵如藏清乾隆前拓《郙閣頌》

説明

《郙閣頌》，東漢建寧五年（172）二月十八日刻，在陝西省略陽縣白崖壁間。仇靖撰文。仇紼隸書。19行，前九行行27字，自第十行起左上角缺，末行存17字。爲紀念武都太守李翕重修略陽郙閣棧道和開山造橋而刻，故全稱《漢武都太守李翕析里橋郙閣頌》。此摩崖刻石之漢隸八分嚴整茂密，古樸沉鬱，歷來爲海内外學者和書法家重視，與《石門頌》《西狹頌》並稱『漢三頌』。《隸釋》《寶刻類編》等均有著録。

國家圖書館藏本爲孫淵如舊藏清乾隆前拓本，1册，22開；高32厘米，寬13厘米。有趙烈文題簽，孫氏釋文及跋，趙烈文、楊澥跋。鈐『長生安樂趙烈文之印』『天放樓』『鎮庫』『趙烈文所得三代以下金石文字』『自聞聞齋收藏印』『樂安』等印。

趙烈文題簽

《漢武都太守李翕造析里橋通郙閣道頌》摩崖。明拓本。

靈帝建寧五年，陝西略陽。天放樓鎮庫。

趙烈文邊跋

光緒癸未趙次侯見貽。次侯有煮石山農《梅花卷》，就中江李眉生易番銀六百餅，余爲作緣，既成，以此及《西狹頌》疇數月筆札之勞也。原裝廿二葉，孫題一葉。天放樓記。

孫星衍跋

建寧五（缺二字）月十八日癸（下缺）

時衡官（缺三字）仇審字孔信

從史位（缺四字）字漢德爲屯頌

故吏下辨（缺三字）子長書屯頌

時石師南（缺四字）威明

右五行刻書撰人及石師姓名，《隸釋》有。

乾隆四十八年癸卯除夕至四十九年甲辰正月四日，長歡居士以《隸釋》校録竟，凡今又缺四十四字，多識一『才』字，臺。

楊澥題跋

右《郙閣頌》舊拓本，向爲平津館主人孫觀察淵如先生所藏，闕字逐段注補，碑後年月題名五行，拓本每每闕佚，觀察據《隸釋》録附焉。仙壺翁從金陵獲歸，重裝什襲藏之，丙申七月十一日展讀一過，書此。吴江楊澥。

顧沅舊藏清拓《東海廟碑》

説明

《東海廟碑》，又名《東海祠碑》，東漢靈帝熹平元年（172）四月刻，隸書。原立於漢東海郡臨朐縣東海廟（今江蘇省連雲港市海州區孔望山風景區内）。陽刻碑文，陰刻重修題記，原石久佚，拓本無存，此本爲明或清初翻刻本。

國家圖書館藏本爲顧沅舊藏殘本，存碑陽9字，碑陰17字，稱海内孤本。1册，剪裱本，經折裝，楠木夾板。册高30.5厘米，寬16.5厘米，墨心高19.9厘米，寬10.4厘米。墨本4開，題跋10開。梁章鉅題首，有錢泳、費屺懷、瞿中溶、韓崇、楊澥、嚴保庸、張開福、葉汝蘭、徐子晋、楊文蓀、沈曾植、劉鶚等題跋，錢泳、牛鑒、徐渭仁、高翔麟、王瓘、羅振玉、黄葆戉、吴讓之、魏源等觀款。鈐『吴讓之所橅秦漢六朝字』『平齋考訂金石文字印』『莊林曾觀』『屺懷校記』『吴式芬』等印。據題跋及記載，此本清道光廿一年（1841）顧沅得於田季華，後歸吴雲，清同治四年（1865）吴雲據此拓摹刻，同治九年（1870）又雙鈎刊印，光緒廿八年（1902）拓本入劉鶚抱殘守缺齋，民國初先歸皖中彭君，後歸陳清華。陳氏將其帶入香港，1965年文化部斥鉅資購回，入藏北京圖書館（今國家圖書館）。

書帙易孺隸書題簽

孤本。漢《東海廟殘碑》。大厂題。

木盒徐渭仁行楷書題簽

《東海廟殘碑》

吴雲隸書題端

海内無第二本。

梁章鉅隸書題端

漢《東海廟碑》殘字。道光壬寅仲春福州梁章鉅觀并題。

錢泳隸書題端

秦東門闕。道光二十一年九月朔，梅華谿上老人書於吉祥華館。

牛鑒題跋

道光二十二年歲次壬寅三月朔日，武威牛鑒觀於上海行館之卿暉堂。

費屺懷題跋

一行十七字，其文曰：『闕者秦始皇所立，名之秦東門闕，事在《史記》。』按：碑有云『□闕倚傾』，即此闕也。《天下碑録》云：『秦始皇碑，東海相任恭修理祠，於碑背刻，在朐山，此陰是也。』碑缺任尹之名，趙氏、洪氏皆以爲惜，乃於此得之。録碑考。

錢泳題跋

予於嘉慶二十一年七月遊雲臺山，適唐陶山方伯奉委來此，共訪是碑不得，據洪氏《隸釋》『一椽不存』之語，碑蓋久亡之矣。今得見此數字，爲之賞歎無已，惜方伯之不及見也。句吴錢泳觀，因題。

瞿中溶題跋

辛丑十月十日，湘舟顧君挾此漢《東海廟碑》過訪出示，老年眼福，得見奇寶，真幸事也！湘舟匆匆歸吴門，不克留此拓本於案頭，以當坐卧碑下，摩挲三日，聊識數語以志之。無不可翁老木中溶時届絳縣老人之歲書。

達受題跋

道光壬寅五月晦日，浙西方外六舟達受，得未曾見，以志眼福。

翁大年題跋

『靈』字不從『雨』而從『虍』，惟見此碑。余曾借摹一本，以寄萊州翟文泉進士，采入《隸篇三續》，頃湘舟先生復見示於桃隖寓齋，因題。翁大年叔均，辛丑十月十又四日。

韓崇題跋

《東海廟碑》并陰十七字，在朐山東海廟中，著録於洪、趙兩家。據顧氏藹吉《隸辨》云：『碑爲永壽元年東海相桓君修飾廟宇，部掾何俊等欲爲鎸石，桓君止之。熹平元年後相，滿君惜其功績不著，乃爲作頌立碑。』葉氏奕苞《金石録補》云：『趙氏敘碑在永壽元年，不知永壽爲桓君爲相之時，若滿君立碑，則在熹平元年，相去已十八年矣。』洪丞相《隸釋》云：『余官京口日，將士往來朐山者云：海廟一椽不存……不復見此刻。』按：朐山南宋時屬金，洪相並未親履其境，碑之不存，出於臆度，毁於何時，實無確據。唐陶山方伯牧海州時，修輯州志，遍訪是碑，亦未寓目。兹本碑文可辨者九字，碑陰十七字完善無缺，碑文第一行爲『永壽元』三字，第二行第一『盧』字，考《隸釋》爲『凡尊盧祇』，第二『寔』字，爲『寔爲黔黎』，第三行『面並』二字，爲『四面並集』，第四行『芳』字，爲『芳烈永著』，惟一『史』字無可貫穿，驗其筆法、大小，實出一碑。朐山即今海州，崇偕顧君湘舟搜輯江左金石遺文，去夏湘舟親歷其地，遍搜此碑不得，今獲墨本於淮南田君季華所，適如其願，喜可知也。此本紙墨淳古，神彩焕然，雖斷璧殘璋，典型具在，爰書所見於尾，并從臾重摹一石，垂漢蹟於無窮也。

道光廿一年歲在辛丑五月廿日元和韓崇識。

徐渭仁題跋

《東海廟碑》，歐陽公以爲難得、可寶，在今日豈非天球赤刀！湘舟搜集江南古刻，一旦獲之，可謂物聚所好矣。

十月六日滬上徐渭仁得觀因記。

楊瀚題跋

漢代刻石存於宇内，在趙宋時早如辰星，况今日又出數百年後耶？此東海廟碑爲江南省中古刻，尤爲絶無僅有之品。按王象之《輿地碑記目》有漢東海恭王廟碑，注云在山陽縣，有碑斷裂，僅有數十字。據此，則碑在宋世已殘蝕，洪氏所著録，亦從舊拓詳言之耳。近時博考古碑如翁閣學覃谿、王司寇述菴諸家，未論及此碑，惟於山陰楊先生大瓢所著《偶筆》中有云，古碑之最難得，莫如『秦東門』三字，此蓋李斯篆書。又據大瓢云，在海州馬耳山，摩崖刻也。今三字不可得見，而獲觀此《東海廟碑》古拓殘字，中有『秦東門』語，亦可以夸眼福之大矣！

道光廿一年辛丑八月廿有七日書後。吴江楊瀚龍石。

嚴保庸題跋

右《漢東海相桓君海廟碑》殘字，可辨者九，曰『永壽元』，曰『盧』，曰『寔』，曰『面並』，曰『芳』，曰『史』。以洪氏釋文證之，前有『吏』字，末無『史』字，人以爲疑。按，《説文》：吏從一從史，史亦聲。意者借史爲吏，而裝背家誤移其次第與？碑陰十七字曰：『闕者，秦始皇所立，名之秦東門闕，事見《史記》。』據《碑録》，謂係東海相任恭所刻，蓋是釋滿君頌中『□闕倚傾』之語。江南石刻此爲最古，而前明迄今，博古者率未見著録，蓋希如球璧矣。湘舟何幸而得之！

丹徒嚴保庸觀並記。

張開福題跋

此刻爲江南之冠冕，惜石已佚。今從湘舟先生藝海樓藏本獲見之，它日得雙鈎付之梨棗，以垂不朽，如錢塘黄氏《小蓬萊閣金石文字》本，不亦快哉！

壬寅四月十日張開福記。

葉汝蘭題跋

按此碑洪、趙兩家皆云在海州，當時已云海廟一椽不存，非四十年前舊物，不復見此刻矣。下云《集古録》中已屢言難得，今歐公《集古録》中并無此碑跋語，想歐公亦未見也。北宋歷今七百餘年，明迄國朝諸家著録皆未有此。道光辛丑重九秋士黄君邀黄穀原、毛一亭、齊玉谿諸君子讌集顧氏之辟疆小築，酒闌，湘舟三兄出此碑見賞，舉座傳觀，如獲異寶。適當風雨交作，恐延津之劍破壁飛去，亟爲書此以志眼福，此後幸勿輕易示人也。葉汝蘭。

楊文蓀題跋

大江南北漢碑絶尠，余搜訪數十年，迄無所得，兹湘舟以《東海廟碑》殘字見示，真第一古刻也，其永寳之哉！

壬寅三月望日，海寧楊文蓀觀，因題。

魏源題跋

不見秦東門，猶逢漢殘石。三千幾百年，請配雲臺柏。

邵陽魏源題。

吴讓之題跋

同治三年歲在甲子夏四月，小寓焦巖獲觀。儀徵吴讓之，時年六十有六。

張履題跋

江南古碑首推《孔子題延陵季子墓》，碑凡三，真僞聚訟，要皆趙宋及明代重摹本；其次則舊沛縣《大風歌碑》，世傳曹喜書，亦未審然不（按：當爲『否』）；此漢《東海廟碑》，寥寥僅存數字，確是古刻，自歐、趙著録後，更無人論及者，蓋皆未之見耳。今湘舟先生既獲是稀世之寶，儻重摹之以公同好，亦藝林盛事也。道光癸卯元宵前一日，震澤張履以事至吴門，過賜研堂，與蕭山金賦山石聲、海寧楊芝士文蓀、上海徐紫珊渭仁、同郡韓履卿崇、尤榕疇崧鎮同觀并識。

沈曾植題跋

《隸韻》《字源》《碑目》均録此碑，然『盧』字捨此而録堯廟，則疑兩家亦僅據古《隸釋》録之，未必親見此碑拓本也。歐陽公語當在《集古跋尾》佚文中。

光緒壬寅孟秋，沈曾植借觀題記。

劉鶚題跋

此碑殘石錢梅溪、吴平齋二公均有摹刻，以此原拓校之，直有生死之别。

光緒壬寅七月暫歸抱殘守缺齋藏之。鐵雲識。

黄均、吴式芬觀款

道光癸卯仲春，元和黄均、海豐吴式芬同觀。

張廷濟觀款

四月廿三日嘉興張廷濟觀。

龔衫、李佑賢觀款

道光丙午仲夏，仁和龔衫、利津李佑賢仝觀。

沈濤、許楗觀款

道光廿有七年九月嘉興沈濤、杭州許楗同觀。

何紹基觀款

庚戌五月道州何紹基獲觀。

高翔麟觀款

道光辛丑冬十月朔，高翔麟觀於金粟山房。

王瓘觀款

光緒丙午七月十一日，銅梁王瓘觀於京師。

羅振玉觀款

光緒丙午七月二十三日，上虞羅振玉觀於抱殘守缺齋。

易儒觀款

甲子八月十有七日，大厂居士承甫臣趙十三兄假觀來正信閣，知爲皖中彭君所藏，欣喜無已。

黄葆戉觀款

庚午春日，長樂黄葆戉觀於海上蔗香館。

徐子晋等觀款

道光壬寅端二日，介休馬竹漁書城、澧州黄子湘文涵、高郵張春卿杏林、嘉興錢潔生景曾、同郡徐子晋康，集於顧氏賜研堂，湘舟出示金石書畫，見《東海碑》，得未曾有，書以志幸。

子晋并書。

吴榮光舊藏明拓《楊淮表紀》

説明

《楊淮表紀》，又稱《司隸校尉楊淮表紀》，東漢熹平二年（173）刻，在陝西省勉縣褒城石門洞内西壁，摩崖高274厘米，寬73厘米。隸書，7行，行25至26字不等。是卞玉經過石門時爲追述楊淮事迹而刻。

國家圖書館藏本爲『卞玉』二字未損之明拓本，1册，12開，半開2行，行3至4字；册高38.6厘米，寬25.6厘米，帖心高27厘米，寬20厘米。吴榮光舊藏，有王懿榮題跋，王懿榮、黄紹箕、江標等觀款。鈐『荷屋所得古刻善本』『曾在吴石雲處』『筠清館印』等章。

吴榮光題内簽

漢《楊淮表紀》，熹平二年二月。鈐『筠清』朱文連珠印

李文田題内签

《漢司隸校尉楊淮表紀》，同治十年七月，取所藏筠清閣本重裝之，此明拓也。順德李文田記。

王懿榮觀款

同治甲戌七月福山王懿榮觀。

王懿榮題跋

此本『約身』字、『黄』字俱存，在舊本中爲最難得，後

來吴清卿學使新得拓本俱有之矣。光緒辛卯六月，懿榮再觀。是日同觀者爲江陰繆祐孫、嘉興沈曾桐、瑞安黄紹箕、元和江標，并牽連記之。

梁章鉅舊藏清嘉道間拓《白石神君碑》

説明

《白石神君碑》，東漢光和六年（183）立，碑原立於河北省元氏縣蘇莊本廟，清乾隆二十九年（1764）陳奕禧訪得後移置元氏縣學，1974—1989年暫存正定隆興寺，1989年5月運回元氏縣封龍山上。碑高240厘米，寬81厘米，隸書16行，行35字，尾有燕元璽三年正月初十程疪題字；額陽文篆書五字；碑陰三列，上列在額後，4行，中列12行，下列11行，陰下半爲後人正書重修題記題名，無年月。

國家圖書館藏本爲梁章鉅舊藏清嘉慶道光間拓本，其第六行『高等』之『等』字略連石花，『主簿馬靖文』之『文』字已損。此本與《張壽碑》裱爲一册，册高33.2厘米，寬19.5厘米；半開3行，行6字，半開墨心高22.6厘米，寬12.3厘米；額1開，碑文21.5開，後附梁章鉅題跋及梁氏録楊賓題跋1紙，采訪號爲83703，1963年4月24日登記入藏。

梁章鉅録楊賓題跋

漢《白石神君碑》，始見於《金石文字記》，云在直隸之無極縣，實未之見也。丁亥秋，陳香泉使君以此本易我《瘞鶴銘》，余遂裝而藏之。後題名有『元璽』字，元璽者，前燕慕容儁年號也。

大瓢山人楊賓記。

梁章鉅題跋

此《白石碑》舊爲楊氏鐵函齋中所寶，紙品極舊，而墨光若古漆。大瓢題記、印識爛然，香泉、大瓢二君善書精鑒，其所收古刻與世之貌爲好古者不同。此舊拓宜爲二君珍尚也。碑立於光和間，隸法方勁，以其内有三公封龍、三公守民等諸故世，亦有目此爲《三公山碑》者，蓋篆書《三公山碑》在此碑之前，實不同也，即此碑今石已無存，是本爲他日之所難得。

道光乙巳除夕前四日，苣林梁章鉅題。

劉世珩舊藏清初拓本《曹全碑》

說明

《曹全碑》，全稱《郃陽令曹全碑》，漢碑名品之一。東漢中平二年（185）十月立。王敏、王畢等立石。碑明萬曆（1573—1620）初年出土於陝西省合陽縣舊城莘里村，後移至合陽縣孔廟東門内，1956年移至西安碑林。出土時字畫完好，一字不缺，至清康熙壬子（1672）後中部斷裂。隸書，20行，行45字；碑陰捐資者題名五列：首列1行，二至五列4至26行不等。碑文記述曹全身世，從側面反映了張角起義的史實，爲證史之重要資料。

國家圖書館藏本爲清乾隆年間淡墨拓本，傳拓精良，墨色淡雅，割裱本，1册，册高33厘米，寬16.2厘米，凡41開；碑陽28.5開，半開3行，行5字，墨心高20厘米，寬11厘米；碑陰7.5開，半開4行，行字不等，墨心高24厘米，寬10.8厘米；題跋5開，首1開，尾4開。有張伯英題跋、題簽，鈐『曾經貴池南山村劉氏聚學軒所藏』『劉世珩讀碑記』『慈民所藏經籍金石書畫印記』『慈民所得金石文字印』『劉』『世珩審定』『曹氏仲經監定』『劉之泗』『公魯』『覺盦任傑收藏金石書畫』『沅叔鑒賞』『世珩行篋秘笈』『繼盦所得』『雪門父』『劉五墨緣』『息園鑒定』『國楨之鉩』『臣劉蕙石』『劉氏寶偵』『聚學軒』『貴池文獻世家』『世珩金石』等印。采訪號爲220006，1965年4月30日登記入藏。

謝國楨正書題書函外簽

舊拓《曹景完碑》。辛巳除夕，國楨。鈐『剛主』朱文方印

劉世珩隸書題書板外簽

舊拓《曹景完碑》，家慈民物，葱石題藏。

翁斌孫正書題内簽一

明拓《曹景完碑》。葱石藏帖之一，翁斌孫署。

劉慈民正書題内簽二

《郃陽令曹全碑》并碑陰。收。鈐『慈民秘玩』朱文方印

張伯英題跋

吾家有道，敦煌酒泉人，景完同籍。敦煌又爲酒泉，禄福長頌長官功德，宜乞其鄉之善書者，然則此碑當爲張芝書，不作草者，唐以前銘石、簡牘之體不相混，例至嚴也。筆勢翔動，雖分書而草法備具，謂爲有道，與前人偶見漢碑輒稱伯喈，似爲有據。有道之有《景完碑》，猶之長史之有《郎官廳壁記》，此書即漢時正楷也。往見傅青主評此碑頗持苛論，書之愛憎人異其見，或以爲明人僞造，則妄語矣。

剛主姻兄博通之士，因以愚見毀之。辛巳九秋，張伯英。

鈐『雲龍山民』白文方印、『英』朱文方印

又

慈民與兄同民度皆有文名，慈民於同光間長雲龍書院，吾友王少沂、祁漢雲從之遊，其侄鎬仲與水竹邨人同年，相善，爲刊其遺集。此碑曾在吾徐襄老乃得見之，附名於上，寧非古緣！豈慈翁當時所及料，是可感喟。鈐『張伯英』白文方印、『東涯老人』朱文方印

吴熙載題跋

此石明神宗時初出土，字完好如新。習之者多，椎拓既久，石漸磨剥，筆亦形瘦。第一行『乾』字左直爲剜者誤破作車旁，此本則完善且肥，無剽疾之態，誠不易得。碑陰則另一紙，拓工亦精緻，與陽面匹，想當時貴惜佳紙爾。咸豐七年二月。

慈民世仁兄住揚州城南，軍中出示，因題。弟吴熙載。鈐『讓之』朱文方印

張謇題跋

舊藏此碑『因氏焉』『因』字大半完全，似校此拓爲舊，

因更記其剥文漫畫，歸而校之。光緒二十九年二月，聚卿出示，因題。張謇。鈐『臣謇』朱白文合璧方印

王澍題跋

曩在毗陵見唐氏所藏漢隸十許種，卷尾各有荆川先生跋語，惜其皆闕而弗全，獨《曹景完碑》完好，而無荆川跋語，當是完初太常所收。此本拓法精良，不減唐代，而兼有碑陰，尤爲全玩。吾嘗言作楷不知分隸法，終無入處。匯南太史精工書道，必契斯語。良常王澍記。鈐『澍』白文方印、『虚舟』朱文方印、『若林』白文方印、『良常山下人』白文長印

劉世珩題跋

《曹景完碑》舊拓精本，以羅紋紙拓之，紋有横直不一，是非一紙拓成，羅紋紙無大張也，碑陰新舊紙墨多不一律，當恐補拓合裝。明時不尚碑陰，前碑爲明拓無疑。此册舊藏劉慈民（庠）家。光緒庚子嘉平望日歸齋中，可寶也。

辛丑浴佛日，劉世珩記。鈐『贵池學人』白文方印

姚正鏞觀款

丁巳三月朔，渤海姚正鏞同觀。鈐『正鏞』白文方印

黄涇祥觀款

樂平黄涇祥獲觀於邗上軍幕。鈐『湖叟』朱文方印

劉之泗題跋

余家又有顧云美藏此碑『乾』字未穿本，『因氏焉』『因』字大半完全，擬不在季直丈藏本下。

乙丑觀音菩薩生日，之泗識於承蔭宦。鈐『劉之泗』白文方印、『公魯』朱文方印

傅增湘題跋

此『乾』字未穿本，以宋紅筋羅紋紙精拓而出，故神采焕發，其爲明拓無疑。况經良常、讓之諸名家覽定，尤足寶玩。剛主世兄方嫥意習隸，而獲此妙品，亦可謂翰墨有緣矣。

辛巳祀爨日，傅增湘識。鈐『傅增湘』朱文方印、『藏園題識』朱文方印

蕭方駿題跋

《曹景完碑》在漢隸中娟秀有骨氣，具綿裏藏針之勢，較蔡伯喈書僅差一間，實開鍾、王楷書法門，洵妙品也。明萬曆間始出土，完好無缺，僅一『因』字稍損，後以椎拓過多，遂爾中斷。此本雖係斷後所拓，然神彩奕奕，鋒棱畢露，與初拓本不相上下。昔人謂拓碑精到可以上追百年，試非虚話。後有王良常一跋，足以證明爲最精、最舊之拓，見者可無疑義矣。

余嘗謂，有清一代習隸書者，國初如王孟津、鄭谷口輩，泰半皆習此碑，以其筆畫清朗、氣息純雅，易於入手也。乾嘉間阮云臺、翁覃溪諸公，雖變習禮器、華山，咸同間何貞老、張蒝翁等雖改學張遷、三頌，但其初學時仍多以此碑爲法度。坊間所傳諸賢最初之隸，余皆寓目，故敢斷言之，亦如清代行楷書之習董香光，雖鄧石如、包慎伯均不能出其範圍，亦怪事也。

剛主姻仁長兄，少習魏碑，直逼黑女，近復鋭意學漢隸，得此精拓，日夕臨摹。吾知其成就之高，必能方駕阮、翁諸賢也。書此以爲左券。

時壬午春二月既望，蕭方駿識於息園。鈐『壬午』朱文長印、『息園』朱文方印、『蕭方駿』白文方印、『息公七十後作』朱文方印

王敏先生按語

《曹全碑》在陝西郃陽，中平二年十月。碑明萬曆年間出土，字完好無缺，僅『因』字稍損。以後椎拓過多，遂中斷一道裂紋。最舊拓爲明萬曆年出土時未斷本。

碑斷後先損『日』字，次損『悉』字，又損『學』字，再損『乾』字，以後『乾』字穿作乾，車旁；『咸曰君哉』之『曰』字未剜作『白』字者，亦明拓本也。『悉』字未損清初拓本。『學』字、『乾』字未穿爲乾隆年間拓。『子孫遷于雍州』之『遷』字一点筆未往下損者爲道光年間拓本。道光以後『遷』字一點往下損坏。『悉』字未損，『章貢王庭』之『王』已損泐，於見王字未損，明季出土初拓本也。斷後第一行『商』字，二、『分止右扶』，三、『胸忍令』，四、『賢孝之』，五、『不謬出典』，六、『德』『殺父慕位』『廣聽

事官』『功曹史王顗』『旅臨槐里』『沾渥』『吏樂』，以上爲碑斷裂後裂紋處原形。

館藏本係用紅筋羅紋紙精拓，拓法字口精神鋒楞畢露，又有王澍、吴熙載、翁斌孫、劉世珩、傅增湘、蕭方駿、張伯英等諸名金石家題跋鑒定，定爲明拓本者，實則晚於明拓。

張祖翼藏清中期拓《孔羨碑》

说明

《孔羨碑》，又名《修孔子廟碑》《魯孔子廟碑》《封孔羨碑》，三國魏黄初元年（220）刻，今存山東省曲阜市孔廟漢魏碑刻陳列館。隸書，22行，行40字；額篆書2行，行3字，題『魯孔子廟之碑』。碑文記述孔子二十一世孫孔羨被封爲宗聖侯，使司孔子祭祀奠儀並修理孔廟之事。尾附刻宋嘉祐七年張稚圭正書題記。碑無撰書人名，隸書方正遒勁，傳爲曹植撰文、梁鵠書丹，皆無確據。

國家圖書館藏本爲清中期拓本，1冊，墨本16.5開，跋1.5開，尾附翻刻本半開、碑圖半開；半開4行，行7字；開本高32.6厘米，寬19.8厘米，墨心半開高26厘米，寬16厘米。錢坫、張祖翼遞藏，有張祖翼題簽和題跋。鈐『磊闇曾藏』『磊盦審定金石』『磊翁』『磊堪題記』『誦清寓賞』『享之千金』『古朱方吴氏印』『定丞收藏』『定臣所有金石之記』『坫印』等章。

張祖翼題簽

魏封宗聖侯孔羨碑，舊拓『體』字未全泐本。宣统庚戌五月得於京師。磊闇張祖翼藏。

張祖翼題跋

此碑舊爲錢獻之所藏，光緒□年秋八月歸於余齋。［夏］承、孔彪、白石神君、陳叔毅皆同日所收也。

光緒辛未（同治十年辛未，磊邊注）春三月中澣二十五畝硯田農誌於藻園之南窗。

又

光緒九年癸未，廿一年乙未，三十二（編者注：當爲『三』）年丁未，無辛未也，或筆誤耳。磊堪記。

又

碑額六篆書，雖不高古，而圓健有丰姿，實開吾皖鄧頑伯先生門徑，與鄭季宣碑陰額『尉氏故吏處士人名』八字同一機杼。壬子二月，磊翁。

又

第十八行『體』字存太半，乃國初拓本也。自曹氏盗神器後，凡臺閣書皆用鍾氏銘石體，孫退谷以爲矯厲方板，誠然。此碑與《受禪表》《上尊號》二石皆同出一源，去漢刻遠矣。

宣統二年歲次庚戌五月得於京師，并記，磊翁。

又

『坫印』『古泉』印皆錢獻之大令印也，『誦清寓賞』『古朱方吴氏』皆丹徒吴芷林親家印也，『定丞收藏』乃湖北鄧定丞太守印也。

六月十八日又記。

又

宣統二年庚戌五月得於京師東城隆福寺街舊書攤上，磊翁又記。

又

近百年拓本『體』字全泐矣，此猶是雍乾間氈蠟也。曩在吴門得一本，較此本尤勝，惜字體矯厲方板，去兩京遠甚，後生小子學之，鮮不爲其所誤。唐人分隸大約皆師此種與《受禪表》《上尊號》等碑，故其氣韻薄弱，俗筆百出，貽害匪淺也。

宣統庚戌六月，磊翁。

又

張稚圭所按之圖，究不知何本，自來著録家未曾考出，豈故作欺人語邪？抑果有此圖，於滄桑後焚失邪？奇矣！余以爲大書深刻於各碑之尾，想總有所據，不然稚圭豈不成妄人乎？

宣統三年辛亥春三月朔，磊翁又書於上海旅次。

王敏先生按語

第十八行第十字體字僅存半，如『體』者，爲乾隆年間拓本，近拓則全泐損。第七行『百祀』之『百』字首筆與石花相連亦是乾隆拓本。明拓本『百祀』之『百』字首筆未連石花。

费屺懷舊藏清末拓《曹真碑》

説明

《曹真碑》，三國魏太和五年（231）立，清道光二十三年（1843）出土於陝西省西安市南門外，今藏故宫博物院。此碑出土時已殘，僅存中段。殘碑高81.4厘米，寬103.2厘米，厚22厘米。隸書，文字清晰，碑陽存20行231字；陰題名，存30行，行10至20字不等；兩側皆雕龍形。年月據《八瓊室金石補正》考補。

國家圖書館藏本爲裱本，1册，連跋共計19.5開，册高32.5厘米，寬18厘米；碑陽8.5開，半開3行，行6字，墨心高26.5厘米，寬13.7厘米；碑陰10.5開，半開4行，行9字，墨心高24厘米，寬12.4厘米。有許漢卿題跋，鈐『古歡樓』『陳畯印』『陳粟園』等印。采訪號爲83705，1963年8月15日登記入藏。

费念慈題外簽

《曹真碑》。癸卯五月，西蠡。鈐『西蠡』朱文方印

金虞采題内簽

《魏曹真殘碑》。道光丙午冬十月下澣，爲粟翁先生題簽。虞采。

許漢卿題簽後題跋

此吴門费屺懷先生舊藏，外簽署西蠡，即屺翁別號。丙子（1936）冬月，歸於淳齋。鈐『許氏漢卿珍藏』白文方印

許漢卿題跋

碑内第八行之『賊』字、第十一行之『蜀』字，初出土時即被人鑿去（『蜀』字尚見下半）。近見一本，此二字完全不缺，乍見疑爲初拓，細視乃後人翻本，故刻此二字以充初拓

也。作僞者雖心勞日拙，然鑒者不可不慎。此碑原石爲端匋齋運藏於家，曾以拓本贈余，則十一行之『蜀』字已不見下半，并第六行『妖道公』三字及八行『蜀口諸葛亮稱兵上邽公拜』十一字俱泐損。此外糢糊之字甚多，遜此本遠矣。相隔數十年便不同如此。舊拓所以可貴也。端氏身後，所有金石書畫散失無存，此石更不知流落何所，惜哉！

此册與《王基碑》同時購得，皆魏碑中去漢較近者。兩碑筆致亦大略相似也。

二十五年冬月，淳齋。

張廷濟舊藏清乾隆間拓《王基碑》

説明

《王基碑》，三國魏景元二年（261）四月二十四日立，在河南省洛陽市。隸書。此碑不殘，只是朱書之後，尚未刻全即廢入土，傳世拓本文字不全，世人誤以爲殘。尾刻清光緒八年（1882）冬杜夢麟隸書跋。

國家圖書館藏本爲張廷濟舊藏清乾隆時期拓本。裱本，1册，册高32.5厘米，寬18厘米；凡16開，其中墨本12.5開，題端1開，題跋2.5開，半開3行，行5字，墨心高24厘米，寬15.3厘米。有張廷濟、錢泳題跋，鈐『許氏漢卿珍藏』朱文方印。采訪號爲83704，1963年8月15日登記入藏。

費念慈題外簽

《王基碑》。癸卯五月，西蠡。鈐『西蠡』朱文方印

張廷濟題内簽

《魏王伯興碑》。石門蔡少峰兄醉經閣藏本，嘉興張廷濟題。鈐『張叔未』白文方印

許漢卿題端

淳齋許漢卿珍藏。鈐『許氏漢卿珍藏』朱文方印

張廷濟題跋

《魏志·王基傳》：基字伯輿，東萊曲城人。少孤，與叔父翁居。翁撫養甚篤，基封安樂鄉侯時，疏求分二百户賜叔父子喬以報叔父，宜陳壽評其『學行堅白』也。此石出土百年以内，四十年前余於梅會里李作舟處購一本，備加考核，近則錢詹事、翁學士、武進士均以魏志之傳與此石文校覈，則更無遺義矣。書恪与《范巨卿碑》相仿佛，漢魏相去無幾時，而筆法已殊，致不可强也。漢張公方碑以『中謇』爲『忠謇』，此以『忠正』爲『中正』，古時每通假也。『□』即『忒』。

道光二十年庚子十一月廿五日，爲少峰蔡兄書。嘉興竹里七十三歲老者張廷濟。鈐『張叔未』白文方印

錢泳題跋

《魏王基碑》立於景元二年，乾隆中葉出土，今移洛陽縣學。王氏《萃編》目爲斷碑，非也。蓋其下半截當時尚未刻完，聞出土時尚有書丹隱約可辨耳。鎮洋畢秋帆尚書自陝西移鎮河南，嘗作《中州金石記》，此事爲孫淵如觀察未遇時述筆，余時在公幕中，又爲之校録成編。武虚谷明府有一跋最爲詳贍，今見少峰大兄得此剪本，尚清楚可觀，將來當購初拓本重模之，可補裴松之注蜀志之闕也。道光辛丑七月十九日燈下，梅華谿上老人錢泳，時年八十有三。鈐『梅叟』白文長印

許漢卿題跋

梅谿跋語似以此本尚非初拓，余去秋在申江，賈人持一本來，即叔未老人所藏跋尾云得於李作舟處者，因索直太昂，余未購留。與此帙相斠，初無二跋，知此本視初拓不甚相遠也。近二三十年，拓本剥泐已甚，不可相提并論矣。此碑去漢較近，尚無劍拔弩張習氣，乃魏碑中之醇正者。原碑下半截未刻竟，尚有書丹隱約可辨，足證漢魏碑皆親書於石而後奏刀，非摹勒上石，是以古刻愈益可寶也。

民國二十五年冬月，漢卿識於天津義國租界三馬路寓居之晨風閣。

又

此帙亦吴門士大夫家舊藏，去夏陳仲文兄爲作蹇脩，與

《郁岡齋帖》同歸淳齋，二十五年除夕前三日復記。

又

張、錢二翁跋語皆七十、八十以上之年所作，神明强固，其精神誠壽者相也。梅翁尚欲重刻一本以補裴松注蜀志之闕，志趣尤可敬佩。梅溪先生手刻碑帖不下數十萬字，凡所摹鎸，無不精善，可謂前無古人後無來者。淳齋同日又記，以誌景仰。

又

宋代書家真迹，有已經昔人刻過而梅溪又復重刻者，神趣遠在舊帖之上，是以刻手之優劣所關極重。梅翁刀法之善，得心應手，纖微畢肖，非劉雨若輩所能企及。

王敏先生按語

此碑爲乾隆中葉出土，在碑末行『不憖遺我』下未刻，光緒八年冬河南府訓導汝州杜夢麟謹跋。此本爲嘉道年間拓本。

黄易舊藏清乾隆拓《孫夫人碑》

說明

《孫夫人碑》，全稱《晋任城太守羊君夫人孫氏碑》，刻於西晋泰始八年（272）十二月十五日。碑原在山東新泰縣（今新泰市）新甫山下，清乾隆五十八年（1793）江鳳彝在新泰張孫莊訪得，移至新泰縣學，現藏山東泰安岱廟。隸書，20行，行37字；額3行，行4字。碑陰刻嘉慶二年（1797）泰安知府等跋。此碑書法結體嚴整，筆劃凝重，轉折峭拔，可見由隸向楷過渡的軌迹。

國家圖書館藏本爲割裱本，1册，凡26開。墨心高23厘米，寬13.5厘米。係清乾隆五十九年（1794）江鳳彝拓贈黄易之初拓本，又經沈樹鏞、龐芝閣、梁啓超遞藏，黄易、梁啓超題跋兩款。鈐『小松所得金石』『黄易之印』『沈樹鏞印』『河間龐芝閣考藏印記』『梁啓超』『飲冰室藏金石圖書』『寶翰室珍藏印」等章。

黃易題跋

昔見《新泰縣志》有《晋任城太守李夫人碑》，求之弗獲。乾隆甲寅（1794），江子秬香拓此碑寄觀，額曰『晋任城太守夫人孫氏之碑』，始知志載誤『孫』爲『李』也。洪景伯跋廣陵（按：當爲『廣漢』，洪适《隸釋》卷十二《李翊夫人碑》跋曰：『右《廣漢屬國侯夫人碑》，李翊之配也。』《隸釋》卷九有《廣漢屬國侯李翊碑》，亦可證）《屬國侯夫人碑》云：『漢婦人墓銘見於文士集中固不一，石刻存者獨此一碑爾。』晋碑本少，婦人墓銘則尤少，况文古書莊，不減漢魏，秬香得之，欣愉何極！夫人父孫，夫羊，均失其名。『八年』之上殘闕莫辨，惟知二子宏明、宏哲及嗣子羊迅耳。考《魏志》，桓階字伯緒，長沙人，碑中以『序』爲『緒』，夫人父位列卿，封建德亭侯，夫官任城太守，爵已不卑，史傳宜有紀載，當再考之。『傅母之訓』下一字，『潛神内識』下一字與『罔極』之『罔』，同《魏受禪表》『罔不沾渥』省文作『凨』，此作『殳』也。『殊塗佘』下作『年』，隱隱似『羊』字，疑『代伯序爲侍中者』是羊君父，爲侍郎，此爲同寮，故云云。疑其父與羊君同寮，因與婚姻。夫人曾事舅姑，其舅當在，碑中或叙及在前，所以後文止云『夫人在羊氏』，不復云何年於歸也。惜剥落難辨，不敢臆斷耳。石在荒野，風催雨刷，漫漶太甚，精拓數□，稍通其文，姑爲釋出。然微露筆記之字，疑信相半，俟博雅論定焉。乙卯（1795）四月，黄易識於濟寧城南寓廬。鈐『黄易之印』章

按：此跋後收於王昶《金石萃編》卷二十五，可知此本即爲當年王昶所見之本，但《萃編》除兩處有異外，尚缺録81字，不知爲何。《金石萃編》内容宏富，體制龐大，或非蘭泉一人所能畢任，抄録者有漏，亦可想見。缺字今用別體標明。

梁啓超題跋

此碑吾得自龐芝閣家，有黄小松跋及沈均初藏印，舊拓，至可寶。晋石至少，是宜珍重也。乙丑正月，啓超。鈐『飲冰室』白文方印、『啓超無極』白文方印

柯昌泗舊藏清拓《孫夫人碑》

説明

同上。

此本爲經折裝，册頁，1册，凡21.5開，碑文19.5開，額單裱爲1開，跋1開；半開3行，行6字；册高35.5厘米，寬17.5厘米，墨心高27.5厘米，寬13.3厘米，額高45.8厘米，寬29.5厘米。「卌餘」未損本，柯昌泗跋皆朱筆書寫，1975年10月31日清理積壓登記入藏。

柯昌泗題簽

《晋任城太守夫人孫氏碑》。謚齋藏本。

柯昌泗碑額邊跋

此本距初出時拓本當不甚遠，「過」字左「辵」旁翦損，「衆」字、「羅」字拓墨不精，實則與初拓皆同也。餘亦因拓手草率，筆劃不清晰。至碑額「守」字加泐，恐非一時所拓者耳。

柯昌泗拓本中跋

第一開：黄釋與齊同姓，以「實曰列姬」言之，齊非姬姓，古人命名不苟，非若宋人以姬爲美稱也。《萃編》「與」下空一字，以闕疑，蓋亦不以「齊」字爲是。今以鄙藏精拓整紙舊本諦審之，頗似「衛」字。

「别」下黄釋「間」，《通志》釋「門」，皆不甚似，疑是「賜」字。

第七開：「夫人」下《通志》釋「啓之」二字，精拓舊本「啓」字右半及「之」字皆可辨。

第八開：「孤」下《通志》釋「宦」字，較前人所釋爲確。

「家」上《通志》釋「菈」字，是。

第九開：「舉之」句此册割去末一字，精拓舊本似是「德」字，黄釋「絶」字，《通志》釋「舉已七八」，皆不確，而「之」字亦不甚似。

第十六開：「鐘鼎」句末一字似金旁。

末開：黄小松初爲釋文，《萃編》所録多本黄釋。新修《山東通志》録碑文較舊釋爲詳，且有異同，云據新泰舊家藏本，細審亦多臆補之字。

柯昌泗尾跋

此碑諸家考釋已無剩義，武虚谷跋最詳，惟云《晋書·職官志》王國改『太守』爲『内史』，以《宗室傳》證之，景王陵泰始三年轉封任城王之國，是任城爲王國，不宜稱『太守』，蓋當云『内史』，而淆亂往往相易，如桓彝，《武帝紀》稱『宣城内史』，《桓温傳》則亦稱『太守』，皆此類也。案：碑版文字於當時職官之名，記載例皆翔實，不似史家叙事信筆致誤。碑立於泰始八年，又云爲婦卌餘載，則入晋時已在暮年。其夫爲任城太守，或在魏時，未必泰始三年以後也。《蔡中郎集·交阯都尉胡府君夫人黄氏神誥》曰：『夫人江陵黄氏之季女，實曰列嬴。』（雙行小字注：『實』字從抄本，通行本作『字曰』，非也。）其先出自伯翳，别封於黄，以國氏焉。與此碑『夫人濟南孫氏之中女也，實曰列姬，其先與□同姓，□别□族，遂以爲氏。』文例正同。伯喈之文，爲時模楷，羊蔡舊姻，又曾避難於羊氏，文字之習，濡染尤近。此碑爲羊迅所作，即摹擬蔡文者。至其書法，包慎伯謂出於《孔羡》，而洪文惠又謂《孔羡》似《石經·論語》。以字體觀之，皆合，亦可見其爲蔡體也。洛下新出諸晋石，多半毛弘、左伯之法，不如此碑之仿效中郎，信而可徵矣。

旃蒙作諮嘉平月下旬，取舊藏本漫題。昌泗。鈐『膠西柯燕舲校碑之記』白文方印、『謐齋』白文方印

小來禽館舊藏清拓《天發神讖碑》

説明

《天發神讖碑》，又稱《吴天璽記功頌》《吴孫皓紀功

碑》，三國吴天璽元年（267）七月立，乃吴主孫皓因天降符瑞而立碑記功。碑原爲幢形，環而刻之。初置於江寧（今南京）天禧寺，後移籌思亭，又移置尊經閣、縣學。宋時原石斷爲三截，故又稱『三段碑』，清嘉慶十年（1805）毁於火。世傳爲皇象書，書法奇特，字勢奇詭。存世拓本亦分三段，上段21行，中段17行，下段10行，共存213字，後有宋胡宗師、石豫亨、明耿定向題跋三則。

國家圖書館藏本係清拓小來禽館舊藏本，《天發神讖碑》第一段全跋本。整幅横軸裝，1軸，高126厘米，寬340厘米，墨心高109厘米，寬301厘米。有『鐵道人』『孟廣沅印』『丙戌進士』『吴郡沈圻』『紅蕉館鑒賞』『有漢居藏金石』『徐林私印』『問蘧』等藏印，鐵道人、楊澥、徐林、六舟、惠兆壬等題跋和觀款。1961年7月10日登記入藏。

謝國楨題軸外書簽

明拓本吴《天發神讖碑》第一段全跋本，小來禽館舊藏。

國楨題，丁丑初秋。

孟廣沅題跋

天發神讖事奇迹異，而文字亦因此高古。趙氏詆爲牛鬼蛇神，真不知尚有上古之鳥迹蟲書也。余收玩金石，不喜幽僻奇異之種，惟江南舊迹莫此最古，惜又爲祝融氏收入天上，拓本亦將不易得矣。因傾囊購藏三段拓本，用匹紙重裝寶藏，以娱晚歲，亦金石奇緣也。丁未秋九月望前，書於吴門寶颜齋中，鐵道人。鈐『鐵道人』朱文方印

楊澥題跋

大江以南，漢時石刻之傳於今者，唯秣陵之《天發神讖碑》與宜興善卷山之《封禪國山碑》，又有溧水《校官碑》，三者鼎峙。《神讖碑》轉輾遷移，置之江寧府學尊經閣下，元王應麟《玉海》書版並貯其地。嘉慶十年間，學官毛姓者刷印《玉海》，集匠於斯，失火焚尊經閣，此碑遂毁。江南古刻，失其三者之尤，於是弆藏金石家，凡遇《神讖碑》，倍加珍貴，而舊拓有日減、無日增。碑斷三截，此其上段，宋崇寧元祐石、胡兩家跋，王氏《萃編》具采，此本又多出嘉靖時一

跋，則王氏所遺漏者，拓墨甚佳，雖少兩段，亦自可寶。吾友吴君仙壺嗜古金石文字，珍蓄既多，又復搜羅，不遺餘力，旦晚間或竟更得下二段，配成全璧，亦未可定也。丁酉十月朔識，吴江楊瀚龍石。鈐『瀚』印

徐楙題跋

《三段碑》毁後，阮氏重刻一石，立於文選楼之下，與西嶽華山及泰山廿九字並峙不朽，後之好古者，庶幾尚有依據。得原石片檸，真星鳳矣！翌日錢塘徐楙獲觀並識。鈐『徐楙私印』『問蘧』等印

六舟觀款

道光丁酉十月望，滄浪僧六舟老叟觀并志。鈐『六舟』印

惠兆壬題跋

吴《天發碑》書體别具一格，趙明誠斥爲牛鬼蛇神，以非尋常習見，恐不善學者競趨險怪耳。古刻流傳僅此三段，而原石復毁于火，好古者得片紙能無寶諸。丁未秋八月，平江寓館獲觀記，惠兆壬。鈐『惠子』朱文長方印

沈圻題跋

古碑拓本全幅最忌割裂，與古人張璧之義大相徑庭。今用大匹裝托，配齊三段，以還二千年真面目也。鈐『吴郡沈圻』『紅蕉館鑒賞』等印

吕息公舊藏清拓《爨寶子碑》

説明

《爨寶子碑》，全稱《振威將軍建寧太守爨寶子碑》，與《爨龍顔碑》並稱『二爨』，皆爲晋碑名品，因此碑形製較小，故稱『小爨』。東晋義熙元年（405）（碑稱『大亨四年』）四月上旬立。通高183厘米，寬68厘米，厚21厘米。隸書，13行，行30字；下刻立碑人名，13行，行4字；額5行，行3字，題『晋故振威將軍建寧太守爨府君之墓』。碑文記載南中大姓爨氏統治

集團成員之一爨寶子之家世、生平及政績，碑末有屬官題名，具較高史料價值。碑左下刻清咸豐二年（1852）七月曲靖知府鄧爾恒跋，記録此碑出土及保護情况。據載，清乾隆四十三年（1778）出土於雲南省曲靖府南寧縣城南七十里楊旗田（今雲南省曲靖市麒麟區越州鎮楊旗田村），鄧爾恒將其移置城内武侯祠中，1937年又置於曲靖第一中學，1961年3月被國務院列爲全國首批重點文物保護單位，撥款建亭加固碑座保護。

國家圖書館藏本爲吕息公、繆繼珊遞藏本，附咸豐二年鄧爾恒刻跋。墨心高161厘米，寬59厘米。鈐『廬江吕息公考藏印記』白文方印。

佚名題外簽

《晋振威將軍建寧太守爨寶子碑》。太亨四年四月，繆氏收藏。

吕息公題跋

是碑余又整幅二，裱册一。此幅後跋，字字清晰可觀，當是刻鄧跋後初拓，雖微有墨暈，而字口無絲毫漫漶，固不損其瑰麗也。

己未孟秋息公題記。鈐『息公金石文宧』朱文方印、『東萊後裔』朱文方印

武福鼎舊藏明末拓《嵩高靈廟碑》

説明

《嵩高靈廟碑》，全稱《中嶽嵩高靈廟之碑》，又名《寇君碑》《中嶽碑》。碑高213厘米，寬99厘米，碑陽23行，行50字，中間駁落；碑陰7列；篆書額陽文8字；額篆書題『中嶽嵩高靈廟之碑』。碑立於河南登封縣（今登封市）中嶽廟峻極門前，今已漫漶不可讀，立碑年月不可考，據趙明誠《金石録》著録，爲北魏太安二年（456）立，相傳寇謙之撰並正書。寇氏爲著名道學家，曾因向魏太武帝獻道經而受寵倖。該碑用筆

以方筆爲主，康有爲稱此碑書法『奇古』，列爲『神品』，與《爨寶子》《爨龍顔》神理相通，歷來爲書家所重。現存拓本殘存文字及諸家釋文均未見有關鐫刻年月及撰書者姓名。

國家圖書館藏本爲貼本，1冊，冊高26.8厘米，寬19.5厘米；半葉4行，行6字；墨本凡14葉，墨心高24厘米，寬17厘米。有武福鼎題跋及鈐印，采訪號爲220935，1966年4月1日登記入藏。

武福鼎題外簽

魏《嵩高靈廟碑》明拓本。『太極剖判』未泐，壬寅七月。守拙藏。鈐『武福鼒』白文方印

武福鼎封面題跋

另藏王半塘『極判』未泐本。壬寅立秋日拾於汴垣，與舊藏周季木整幅本同一年分，可寶也。守拙老人審定。鈐『武福鼒印』白文方印

又

此本與《文物》第十一期邵君茗生所據明前本相校略次，然亦在端本上，特未知吾藏整本較龔本何如耳。鈐『適齋金石』朱文方印

又封裏題跋

隸有秦隸、漢隸、唐隸之不同，其朴拙無文，若童子初執筆爲書者，謂之秦隸，六朝人多爲之，所謂披沙揀金，往往見寶是也。

碑經横剪文亂，重裝宜校。慕姚記。

又冊尾題跋

此爲明拓中岳《嵩高靈廟碑》，較之近代所拓多三十餘字，希後世珍藏之而勿失。洛陽逸民。

又

此碑余舊有王半塘先生所藏『剖』字半泐本，去年又收得周季木整幅本，則『極剖』二字無纖毫損蝕。今又收得此横粘本，與周本全同，而墨氣更佳，誠所謂重有墨緣也。

壬寅七月，適齋老鼒記。鈐『武福鼎印』白文方印

王敏先生按語

此本「太極剖判」之「剖」字完好，爲明季拓本；「季丸」之「季」字完好未損，「不潔」下「於」字未泐，「是」字存半，爲明季精拓本也。類此碑所具之考據，實不易遇，不可多得之善拓本也。

胡震舊藏清乾嘉拓《慧成造像記》

説明

《慧成造像記》，世稱《始平公造像記》，北魏太和二十二年（498）九月十四日刻於河南洛陽龍門山古陽洞北壁，孟達撰文，朱義章正書。記凡10行，行20字；額6字，均陽文刻，每字周界方格。此造像記爲「龍門四品」之一，清乾隆年間爲錢塘黄易訪得後，始顯於世。

國家圖書館藏本爲整幅本，裱軸裝，連額通高90厘米，寬39厘米。此本係清乾隆嘉慶（1736—1820）時精拓，胡震舊藏，有清咸豐九年（1859）二月望後三日胡氏題跋，咸豐八年（1858）七月錢松記，八月二十五日松龕、十月一日癡伯等題跋共計十三款。鈐「胡震之印」「黄節讀碑」「胡鼻山藏真印」「錢松叔蓋印信宜長壽」「竹節硯齋金石文字」「癡伯」「周閑金石同壽」「劍人」「公壽」「松龕」等印章。1964年購於北京慶雲堂，采訪號爲219430，其年4月14日登記入藏。

軸外題簽

初拓始平公像。錢叔盖、蔣劍人、胡自山題跋。

胡震題跋

字形大小如星散天，體勢顧盼，如魚戲水。

咸豐九年己未二月望後三日，胡鼻山人題於上海之吴淞。

鈐「胡震之印」白文方印、「三才硯室」朱文方印

錢松題跋

此龍門石刻之冠於當世者也，石刻中之陽文，古來只此

矣。層崖高峻，極難錘拓，自劉燕庭拓後，無復有問津者。仲水於琉璃廠得回者，殆劉氏物，皆貽鼻山。戊午七月叔蓋記。鈐『錢松叔蓋印信宜長壽』白文方印

蔣敦復題跋

戊午之冬，鼻山重游海上，篋中增藏金石甚夥，此其一也。樓臺金碧中，持此誇示，波斯賈當望而却步。江東老劍蔣敦復觀記。鈐『劍人』白文方印

鐵樵題跋

是刻予於六舟長老處見之，與此本相較，更見完善可寶，六朝佳品，無逾於此矣。鐵樵記。鈐『普多』白文長方印

徐繼畬觀款

戊午八月廿又五日，松龕觀於射雕山館，是日庭心老桂花發，并記。鈐『松龕』朱文方印

齊學裘觀款

咸豐八年戊午十月朔，星源齊學裘謹觀於吴門華陽仙館。鈐『癡伯』白文長方印

孫文川觀款

咸豐己未端陽後三日觀於申江，上元孫文川澂之。

胡遠觀款

久雨初霽，晴旭滿牕，鼻山先生出金石文字暢觀，因記。時己未四月二十又八日，華亭胡遠公壽。鈐『公壽』白文方印

黄炳堃觀款

己未四月新會黄炳堃觀於上海。

楊定同觀款

龍門石刻千餘種，此爲第一。戊午十月，楊定周客上洋獲觀并題記。

周閑觀款

咸豐八年九月廿三日觀於吴門。秀水周閑記。鈐『周閑金石同壽』白文方印

王堃觀款

咸豐歲次辛酉春三月下旬，王堃小鐵觀於蔣氏山莊。時曉雨初霽，潤生几席，獲觀此拓，亦賞心之一樂也。

孫瀜等觀款

咸豐戊午冬月，秀水孫瀜嘉光第同觀於申江客次。

劉喜海舊藏清乾隆拓《石門銘》

説明

《石門銘》，全稱《泰山羊祉開復石門銘》，王遠正書，武阿仁鑿字。北魏永平二年（509）正月三十日刻於陝西省勉縣褒城褒斜谷石門石壁之上，首題『石門銘』。凡28行，行22字，後有題記7行，行9至10字不等。爲紀念北魏梁秦二州刺史羊祉重新修復褒斜道而作。是北魏著名摩崖石刻之一，被康有爲譽爲書法『神品』。

國家圖書館藏本爲劉喜海舊藏『此』字已泐之清乾隆拓本，1册，册高35.9厘米，寬19.8厘米；墨本36開，題跋1開；半開2行，行4字，墨心高30厘米，寬15.5厘米。有劉喜海、飲冰室藏印，梁啓超題跋，鈐『喜海』『雙濤舊主』『文正曾孫文海從孫文恭家子』等印。采訪號爲25811，1961年7月22日登記入藏。

梁啓超題書板外簽

《石門銘》。飲冰室藏，庚申二月題記。鈐『飲冰室』朱文橢圓形印

梁啓超題跋

《石門銘》筆意多與《石門頌》相近，彼以草作隸，此以草作楷，皆逸品也。吾鄉鄧鐵香鴻臚，一生專學《石門銘》，然終未能得其飄逸。南海先生早年亦然。此外時流或有學者，乃怪醜至不可嚮邇。天下有只許賞玩不許學者，太白之詩與此碑皆其類也。碑本摩崖，極不易佳拓。此拓有劉燕庭藏印，即此已爲佳矣。

乙丑正月十九日，啓超跋藏。鈐『新會梁氏』白文方印、『啓超私印』朱文方印

王敏先生按語

舊拓本第二行『首此門』之『此』字未泐，爲明拓本。此本紙墨拓工雖精，有喜海收藏印，乾雍時拓本耶！

梁啓超舊藏民國拓《瘞鶴銘》

説明

《瘞鶴銘》，原刻於江蘇省鎮江市焦山西麓石壁的摩崖，題華陽真逸撰文，上皇山樵正書，左行。宋人考爲南朝梁天監十三年（514）刻。江水衝擊，又經雷擊，摩崖後墜入江中，傳北宋熙寧（1068—1077）和南宋淳熙（1174—1189）間曾兩次打撈出水，後又皆墜入江中。清康熙五十二年（1713）陳鵬年請人打撈出五塊，共得93字，移至山上，砌入定慧寺壁間。建國後，當地文廣部門在1997年、2008年和2010年，先後三次對《瘞鶴銘》殘石進行打撈。

國家圖書館藏本爲焦山僧鶴洲拓本，割裱本，1册，册高38厘米，寬20.5厘米；總計24開，其中墨本22開，題跋2開；半開1行，行2字，墨心高29.5厘米，寬15.8厘米。有梁啓超題簽和題跋，鈐『乙卯』『飲冰室藏』『焦山僧鶴洲手拓金石』『啓超私印』『壽如金石』等印。采訪號爲25793，1961年7月21日登記入藏。

梁启超題簽

僧鶴洲零拓本瘞鶴銘。乙卯五月游焦山所得。飲冰室藏。

鈐『任公』白文方印

梁啓超題跋

凡碑版皆尊舊拓，獨《瘞鶴銘》不然，水拓本當竢窮冬潮落，刮剔沙泥，偃卧仰拓，雖有良工，不易運技。今佳本在人間者，既若星鳳矣。陳恪勤曳石出水後，翁覃溪得其初拓本，謂經人鑱鑿，神理全失，歎爲神物之厄，反不如曩在水中得完其璞。實則安有此。蓋石本摩崖凹凸，不翦布紙著墨，豪釐之忒，遂成巨繆，工之不臧，石奚病焉！寺僧鶴洲創用日本雁皮紙零拓法，其技之神，世多知之。彼嘗爲人言，每拓一本，必新有所心得，蓋於堅頑漶漫中，玩其體勢，若以無厚入有間，故積久而化神也。余以乙卯五月游焦山，獲此本，實鶴洲最近拓成者。鶴洲年既七十有六矣，今方卧病，苟其不起，則比本即其最後所作，雖謂出水後第一精本焉可耳。

梁啓超記。鈐『千石公慶壽之寶』白文方印、『帖祖廛』白文方印

羅振玉舊藏清嘉慶拓《刁遵墓誌》

説明

《刁遵墓誌》，北魏熙平二年（517）十月九日葬。石清雍正年間（1723—1735）出土於河北省南皮縣刁樓廢寺址中（一説山東廣饒出土），當時即缺右下角，曾歸樂陵劉克綸、鹽山葉氏、南皮高氏、南皮張之洞等。清乾隆二十七年（1762）劉氏用木版補其缺失之一角，并刻跋文於上，今藏山東省博物館。誌石高75厘米，寬65厘米，正書28行，行33字；陰刻題名二列，一列14行，一列19行，行15字。首題『魏故使持節都督洛兖州□』。誌文缺156字，中間漫漶20餘字。

國家圖書館藏本爲清嘉慶拓『好』字未損本。裱本，1册，册高26厘米，寬14.5厘米；凡15.5開，其中墨本12.5開，印跋2開，墨跋1開；半開4行，行8字，墨心高18厘米，寬10厘米。有羅振玉題簽和邵鋭題跋，鈐『錫庚閲目』『臣振玉』『少河』『殷禮在斯堂』『上虞永豐鄉人羅振玉字叔言亦字商遺』等印。采訪號爲94886，1963年8月16日登記入藏。

羅振玉題外簽

《魏刁惠公墓誌》『雍』字初泐本。鈐『㱿室』朱文小方印

邵鋭題跋

《刁惠公誌》，或以爲康熙時出土，或以爲雍正初出土，

按乾隆廿七年劉克綸跋，謂掘出又四五十年，康熙時出土，較爲有據。予曾得最初拓本，弟六行『父雍』之『雍』字未泐，此本『雍』字雖損，其中間偏左小石一片斜長六分寬約二分尚未剥落，是爲乾隆拓本之證。今取神州大觀影印何子貞所藏舊拓本及國光集影印吴江沈氏所藏嘉慶時精拓本校對，其最顯著者弟十九行『温恭好善』之『恭』字，上二竪畫均已泐連，此本獨清晰完好。他如弟四行『州』字，弟七行『夫』字、弟十行『岳』字、弟十二行『女』字、弟十五行『流兩』二字、弟十六行『秋七月廿六』五字，俱完整無缺。此外筆畫可辨及稍損之字尚多二十餘，遠出何、沈兩本之上，又爲朱少河、羅雪堂二先生所遞藏，劉跋字迹清晰，重可寶也。丁酉夏邵鋭識。

鈐『杭州邵鋭』白文小方印、『茗生題記』朱文方印、『岑齋金石文』白文方印

王敏先生按語

此《刁惠公墓誌》『雍』字初泐本，第十九行『温恭好善』之『好』字完整者爲乾隆拓本。此志原爲羅雪堂舊藏，後歸杭州邵鋭，今藏北京圖書館。此本已刻乾隆二十七年渤海劉克綸木板刻跋，雍正年間石出土時初拓本，無劉克綸木板刻跋。

任傑舊藏清拓《高湛墓誌》

説明

《高湛墓誌》，清乾隆十四年（1749）出土於山東德州。東魏元象二年（539）十月十七日，正書，25行，行27字。首題『魏故假節督齊州諸軍事輔國將軍齊州刺史高公墓誌銘』。

國家圖書館藏本爲裱本，1册，册高22.3厘米，寬12.3厘米；總計12.5開，其中墨本10.5開，題跋2開；半開4行，行8字，墨心高16.5厘米，寬8.3厘米。有吴榮光、汪鳴相等人題跋，鈐『覺盦任傑收藏金石書畫』『賈氏金石』等印。采訪號爲220010，1965年4月30日登記入藏。

任傑題書板外簽

東魏《高湛墓誌》。原石初拓本，覺庵珍藏。鈐『卓群』白文方印

吴榮光題跋

乾隆間，德州第三屯人浴於河，见岸側露石角，呼衆出之，魏《高湛墓誌》也。石歸德州封進士家。此初拓本，較余所藏爲勝。

道光丁酉三月，南海吴榮光觀并識。鈐『吴榮光印』白文方印、『拜經老人』朱文方印

汪鳴相題跋

戊戌夏五，觀於宣武城南之藤華吟館。時新雨初霽，濕雲欲飛，展玩數周，令人心目俱爽。

彭澤汪鳴相識。鈐『鳴』『相』朱白文連珠印

張存禾題跋

退厓太史出此誌屬跋，行篋中無書可撿，靡從置議，且其出處顛末已詳前二跋，更無煩贅説。竊惟此誌結體運筆，實關歐、虞、褚、薛法門，而專習四家，則未足以窮此誌之妙。熟精此誌，自可以兼四家之長。太史具大法眼，庶不以期言爲河漢耶！

戊戌閏月瞿广張存禾識。鈐『筠生詩畫』白文長印

胡仁頤題跋

此東魏人書也。摹意已開褚、薛之先，特未深稳耳。然觀其生澀欹斜，正自別有一種風趣。此册氈蠟既佳，字亦完備，當係初拓善本。碑中『驪』『擲』諸字皆當時僞體，無足爲異。惟元象改元，按史次年即改興和，乃作二年，殊不可解，俟再考之。

運生年老道兄屬題。古强胡仁頤。鈐『仁』『頤』朱文連珠印

王敏先生按語

此本《高湛墓誌銘》，第三行『芳德遐流』之『遐流』二字未泐，爲乾隆年間出土初拓本，并爲原石初拓精本。原爲任傑覺盦舊藏。

梁啓超舊藏清末拓《高翻碑》

説明

《高翻碑》，東魏元象二年（539）刻立，此碑舊有拓本，趙明誠《金石録》曾著録，後不知何處，清光緒二十四年（1898）重新出土，今在河北省磁縣文廟。正書，額陽文篆書題『魏侍中黄鉞大尉録尚書事孝宣高公碑』。

國家圖書館藏本爲飲冰室舊藏再出土拓本，1册，凡29開，册高33.4厘米，寬19.2厘米；額4開，半開1行，行2字；碑文24.5開，半開4行，行7字；墨心半開高26厘米，寬15厘米。有梁啓超題跋，鈐『雙濤閣藏』白文方印、『飲冰室藏』朱文長方印、『啓超』白文方印和『任公』朱文橢圓形印。采訪號爲25741，1961年7月22日登記入藏。

梁啓超題外簽

《高翻碑》。東魏末元象二年。

梁啓超題跋

《高翻碑》著録於趙氏《金石録》，石久佚，光緒二十四年在直隷磁州重出土，即此本也。碑文剥落殊甚，趙録已云建立歲月殘缺，惟有『魏元』字可辨，又云『歲次己未』，當是元象二年，今並此諸字亦泐矣。書勢方板無生氣，但尚凝重不詭惡耳。

乙丑正月，啓超跋。鈐『千石公慶壽貴』白文方印、『啓超無極』白文方印

梁啓超舊藏清道光拓《蔡儁碑》

説明

《蔡儁碑》，東魏興和二年（540）八月八日刻立，在河北省磁縣，有謂出土於河南洛陽或山西壽陽者。碑文正書，陰題

名。額陽文篆書題『□中□蔡□碑』。端方藏石，後歸柯昌泗。

國家圖書館藏本爲梁啓超舊藏拓本，1册，凡17.5開，其中額1.5開，碑文15開，題跋1開；册高33.4厘米，寬19.4厘米；半開5行，行9字，墨心高26.5厘米，寬15.7厘米。有梁啓超題跋，鈐『新會梁氏』等印。采訪號爲25743，1961年7月22日登記入藏。

梁啓超題外簽

《東魏驃騎大將軍陽州刺史蔡儁墓碑》。興和二年。飲冰室藏。

梁啓超題跋

蔡儁，《北齊書》《北史》并有傳，多傳皆稱儁轉揚州刺史，天平三年卒於州。本碑則作『陽州』，初以爲六朝多用假借字，不足異。比讀楊星吾《壬癸金石跋》，據《魏書·地形志》，陽州爲天平初所建，蓋初置州即以儁爲刺史，考證至確矣。碑初出土，爲端午橋所得，今所在不明。

戊午五月六日，啓超記。鈐『超』白文方印

又

褚河南《孟法師碑》，結體運筆，與此碑相近處甚多，乃知褚晚年書如雁塔、聖教等不過受文皇嗜王之影響耳。

乙丑二月，啓超再跋。

龐芝閣舊藏清初拓《李仲璇碑》

説明

《李仲璇修孔子廟碑》，東魏興和三年（541）十二月刻。碑通高220厘米，寬80厘米，厚14厘米。碑文隸書25行，行51字，額篆書題『魯孔子廟之碑』。記兗州刺史李仲璿修孔子廟及塑孔子弟子像配祀孔子事。

國家圖書館藏本爲裱本，1册，册高34厘米，寬19厘米；墨本凡22開，半開4行，行7字；高24厘米，寬14.5厘米。是羅振玉舊藏清初拓本，内有羅振玉致劉惠之函一張。鈐『芝閣審定』『河間龐芝閣考藏印記』等章。采訪號爲74018，1961年7月6日登記入藏，備考一欄註明『有缺字』。

陸和九題書帙外簽

東魏《李仲璇脩孔子廟碑》。陸和九題。

張伯英題夾板外簽

《李仲璇脩孔子廟碑》。張伯英所見精本。壬午中秋題。

鈐『英』印

羅振玉致劉惠之札

《李仲璇碑》及《嵩廟碑》歲完。李碑舊拓至罕，矧此爲明拓，尤爲可貴。《嵩廟碑》乃三百年物。王從此補校《萃編》字不少，但下宋拓一等耳。此致惠之先生。弟振玉再拜劉大人。

王敏先生按語

碑舊拓第八行『尚想伊人』四字未損爲明拓本，以後『想』字泐爲乾嘉拓本。光緒年間則泐如下形。

第五行『二州刺史』之『刺』字舊拓少損，如『刾』；光緒拓則泐至『刷』形。

第十行『以雕素十』之『素』字呈『素』形，舊拓未損，近拓『素』字上半泐損。

阮元舊藏清拓《道朏造像記》

説明

《道朏造像記》，北齊天保十年（559）七月十五日立，出土於河北正定佛寺。出土時即只有題記，爲朱豹泉所得，其字秀勁，爲時人喜愛。朱煜將此石寄贈黄易，黄易琢背爲硯，後將此硯轉贈武億，武氏《授堂金石跋》卷四著録，後此硯又歸阮元。

國家圖書館藏本爲歸阮元後拓本，1張，墨本高12.8厘米，寬19厘米。達受手拓，陸和九舊藏。有陸和九題跋及其據張廷濟清儀閣藏本所録黄易跋，鈐『六舟所拓金石』白文方印、『阮氏積古齋藏』白文方印、『桼月初五生』白文長方印。

陸和九題簽

北《齊道腓造像》，黄秋盦藏石，後歸儀徵阮氏，有阮氏積古齋藏印，六舟拓本。州陵陸和九題。鈐『和九』朱文扁方印

佚名篆書題字

黄小松贈揚州阮元寶用。

陸和九題跋

《道腓造像》，原石拓本極難，復刻石完好、中無裂痕而神氣索然已。此本僧六舟手拓，係歸揚州阮氏時拓本，然亦不可多得也。

又

此殘造像有覆刻本，字口筆筆肥軟，無古勁氣，以較此本，洵覙霄壤判然。況爲六舟僧手拓，又經阮氏鑒藏，其爲黄小松贈阮元時初拓本無疑，因附録原跋於上耑。陸和九記。鈐『和九』朱文長方小印

陸和九録黄易刻跋并題跋

吴朱煜得北齊造像片石於正定，寄錢塘黄易，因以爲研。乾隆戊申（1788）童製。

上跋在研之陽面，據清儀閣所藏拓本樵録。戊寅上元節和九再記。『童』即『重』之假借。

翁方綱舊藏清拓《北齊石墨二种》

説明

《北齊石墨二種》，包括陳驥銅雀臺《石奞門銘》和《明空造像》，前者爲北齊天保八年（557）刻，清嘉慶元年（1796）出土，拓本高19厘米，寬20厘米；後者爲河清三年（564）三月十八日造，拓本高19.5厘米，寬55厘米。兩種合裝爲一册。翁方綱舊藏，原拓後附翁方綱刻跋拓本一紙，并諸家

題跋6.5開，共計8.5開。有翁方綱題簽及題跋，鈐「東卿過眼」「葉志詵」「范采金石」「瑶仙祕藏」「補未讀書之室主人記」「卜漁閲過」「揚押」「松盦」「泉唐楊復長壽」「魯燮光印」「瑶仙祕藏」「王宗誠」「楊復」等印。采訪號83791，1961年7月5日登記入藏。

木質夾板上刻翁方綱隸書題簽

《北齊石墨二種》

翁方綱隸書題簽

《北齊石墨二種》

翁方綱題簽邊范采題跋

此翁覃谿先生筆，丁巳九月范叔審定。鈐「范采」印

銅雀臺銘隸書邊跋

北齊武平九年《馬氏造像記》，陽文，直追漢隸，別裝池矣，附記於此。鈐「集虚齋印」章

華復觀款

錢唐華復觀。

王宗誠觀款

青陽王宗誠觀。

胡鼻山觀款

咸豐丁巳九月十二日胡鼻山過未虚室觀。

范采題跋

六朝書家多在北齊，劉仲實、樊孝謙皆在焉。孝謙書《孔廟乾明元年碑》，又龍門庢間《武平六年造像記二種》，既另裝矣，每概想爾日鄭氏注《易》《書》《論語》《孝經》，服氏注《左氏傳》，盛行於河北，其能通服子慎，義多出徐遵明之門，陽平館陶趙世業，家有服氏《春秋》，是晉世永嘉舊寫本也，河間劉光伯視過之編，雖間見於孔疏，而其全帙不可復聞矣。金石文字偶存一二者，何足言哉！

此册惟附裝《河清三年造像記》一種耳，餘俱不欲附入。鈐「范采印」「魯瑶仙過眼」「石墨書樓」「復盦」「華復」等印

翁方綱題跋

北齊《石畚銘》，書雖不工，然猶得以上通隸意，下通歐

諸楷意，故以此拓與《河清三年造像記》同装一册，以略具北史書勢之概。

嘉慶癸酉秋七月朔，方剛。鈐『翁方剛』『覃谿』印

范采題跋

此册於咸豐丙辰季冬歸余齋。丁巳重九日，叔蓋來觀，愛之，請以鐘鼎彝器椎本百数十種相易。余固爱此弗釋，而於古籀尤拳拳也。因記歸未虚室。鈐『范采之印』章

王宗誠題跋

北齊造《石傘門銘》，石在中州，曩不見於著録。嘉慶丙辰，濬漳河得之，安陽令趙渭川移置彰德郡城，外舅翁覃谿先生作詩紀其事。歲己未，誠視學中州，外舅以所作詩郵寄囑勒諸石之陰。誠按試彰德，事竣訪渭川於縣齋，索觀此石，大不盈尺，設諸几，可手持之。石色黝而質古，予愛玩不釋。其陰則中隆隆然突起，約厚二寸，四旁漸低，不及半寸，且多斧鑿痕。欲削平之，慮薄而不堅，因商别購一石，刻蘇齋詩，原石仍存其舊。渭川名希璜，粵之長寧人，爲家君使粵時所取士，亦蘇齋弟子也。意欲將此石携歸粵中，今未知仍在安陽否。

嘉慶癸酉十月青陽王宗誠識。鈐『王宗誠印』『蓮府』『曾藏烏程龐氏家』等印

章甫題跋

安陽令趙渭川，嘉慶元年聞臨漳令童君亘濬漳河得北齊造《石傘門》石刻，因謀置郡城。石方八寸許，銘後有幢主名。幢主者，部長也。北史一軍有幢曰幢主，見《小知録》。《廣韵》：『傘，扶晚切，音飯；車傘。』《集韵》：『傘，車上蓬也』。《釋名》：『傘，藩也，蔽雨水也。』《漢書》注，師古曰：『隆穹所謂車傘也。』綜覈諸詁，傘乃車蓋隆起之象。兹銘狀其所造，形勢隆穹，等於車傘，故名石傘歟？

嘉慶甲戌八月六日，桐城章甫承蘇齋師命記於册後。鈐『臣甫』『完素氏』印

陸恢録翁方綱題跋

文云：『大齊天保八年九年造銅雀臺《石傘之門》，百代之後見此銘者，當復知之。將陳驥，承婁晞，軍主董侯，軍

副程顯，幢主孫悦，幢主楊雲。』石高五寸三分，横闊五寸八分，凡七行，後三行，行二人，凡六人。分二列，三行書之。按：漢碑横列人名，皆先上列而後次列，此刻猶存古式也。予同年盧抱經《鐘山札記》亦云，古書兩種排列者，皆先將上一列順次排訖，而後及下一重，後人誤以一上一下讀之，至改而兩重爲一列，失本來次第矣。《漢書·馬武傳》後載二十八將，昔人頗多致疑，薛季宣、王伯厚始從而正之。《史記正義》做載謚法解亦本是兩種，改爲一列，文多間雜，亦當改正，今驗此刻，則北齊時石刻尚如此，亦考訂者所宜知也。又案：《北齊書》齊文宣天保七年六月修廣三臺宮殿，至九年八月始竣，故此刻據實書云『八年九年』也。

陸恢題跋

北齊人書瘦勁者多如趙郡王道略等造像，其源出於《吊比干碑》，間有蒼厚者如《雋修羅》等碑，仍守龍門舊派，是《齊書》雖承元魏，已歧爲兩途矣。此天保《石奮銘》，以瘦勁勝；《河清三年造像》，以蒼厚勝。北平翁學士題誌已詳，拓本又復精絶，爲近所罕見。淵如得此，宜其展玩不置也。戊戌閏月，陸恢録復初齋題跋一則并識。鈐『陸恢』印

龐元澂題跋

北齊天保八年《石奮銘》，嘉度丙辰出土於中州之漳河，安陽令趙渭川移置彰德郡。時爲翁覃谿學士見之，遂作詩記其事，郵囑其甥王蓮府學使另勒諸石，此本蓋即當時所拓也。文字之精，爲造像中所僅見，蘇齋跋中所謂『上通隸意下開歐褚楷意』者，其信然歟！

原册附裝《河清三年造像》一種，今仍其舊。光緒己亥歲莫，烏程龐元澂識。

另石刻翁方綱題跋

北齊早銅雀臺《石奮門銘》拓本詩

高家丁丑到戊寅，銅雀臺造《石奮門》。千二百年片石出，拭苔弔古漳河濱。安陽趙令王學使，後先拓共蘇齋論。此臺雖自建安造，應劉七子無雄文。背耶孫兒窖銘字，馬子石室謡誰聞。此銘乃計百代後，軍主幢主名猶存。爾時石書用石

墨，書兼隸楷仍隸分。鎸鑱凹凸古所笑，遺刻那溯隋與陳。文深仲寶覓不得，我方日辨歐虞真。大河迢迢水花緑，爲我柱銘洗薛純。

北齊天保七年脩廣三臺宫殿，至九年竣，故此刻云『八年九年』也。後三行人名，猶存古刻先上列、後下列之式，亦考證者所宜知也。北平翁方綱識。

翁方綱原刻後刻跋

此刻可證劉仲寶筆法。翁方剛記。

梁啓超舊藏清乾隆拓《夫子廟堂碑》

説明

《夫子廟堂碑》，唐武德九年（626）刻，虞世南撰并正書。原石早毁，各地重刻，元至元二十九年（1292）重刻於山東省城武縣者稱『東廟堂』；宋代重刻於陝西者稱『西廟堂』，今存陝西省西安碑林，明嘉靖三十四年（1555）地震中斷爲三塊。此本爲《西廟堂碑》。

國家圖書館藏本爲飲冰室舊藏《西廟堂碑》，清乾隆年間拓本，後附小字《麻姑仙壇記》，1册，册高27.3厘米，寬14.8厘米，凡23開；其中《孔子廟堂碑》21開，半開5行，行9字，半開墨本高25.8厘米，寬13厘米；《小麻姑》1.5開，半開16行，行20字；梁啓超題跋0.5開，鈐『飲冰室藏』朱文長方印、『任公』朱文方印、『梁啓超』白文方印。采訪號爲25772，1961年7月22日登記入藏。

梁啓超題書板外簽

《夫子廟堂碑》。附《小字麻姑壇》。鈐『任公』朱文橢圓形印

梁啓超題跋

此《廟堂碑》，亦陝本之稍舊者。嘗以與珂羅影本伊墨卿舊藏宋拓相校，神理尚不遠，缺泐亦無多。惟此碑終須以李春

湖家之唐拓爲真面目耳。

乙丑二月，啓超。鈐『啓超』白文方印、『任公』朱文方印、『雙濤舊主』朱文長方印

沈樹鏞舊藏明拓《房彦謙碑》

説明

《房彦謙碑》，唐貞觀五年（631）三月二日刻，碑在山東省濟南市章丘區。李百藥撰文，歐陽詢隸書。碑陽36行，行78字；碑陰15行，行13字。碑首題『唐故都督徐州五州諸軍事徐州刺史臨淄定公房公碑銘並序』。額陽文篆書題『唐故徐州都督房公碑』。

國家圖書館藏本『貽喜君邦』之『邦』字未損，爲明拓割裱本，1册，墨本64.5開，半開高25厘米，寬12.2厘米。第二十四行『十一月』之『一』字完好，三十三行『一變至道』之『一』字未損。沈樹鏞、龔心釗遞藏，有龔心銘、龔心釗兄弟題跋，另有題跋草稿數條，一併録於後。鈐『合肥龔氏兵燹後所得之書』『龔伯新鑒賞章』『仰蘧所藏』『伯新墨緣』『景張亦字伯新』『景張審定』『龔心釗印』『懷西小印』『樹鏞審定』『燮臣審定』『儀叟』等印章。

龔心銘題跋

性本道因法師碑，無一筆一畫不出自此碑，家學淵源，信有自也。史稱信本卒於貞觀間，年八十五；又稱性本少孤，其母教以父書，復購求父書撫仿，由是父子齊名，稱爲大小歐。鈐『景張審定』印

又

《房彦謙碑》，歐陽率更書，碑側有系銜，惜此本逸去。歐公八分書入神品，傳世石刻止存此碑，而拓本又不多見，豈此石近已不存耶？余於光緒甲午初秋得此本於滬上，墨光黯淡，審係明拓，把玩久之，病魔爲之少却。

合肥龔景張識於滬城之盧家同寓所。鈐『銘』印

龔心釗題跋

細玩筆意，於斬金截鐵之中，寓馬迹蛛絲之妙，惟公家蘭臺能得其秘。有唐書家林立，皆瞠乎其後，即公書《九成宫》《皇甫君》《化度寺》等碑，尚未免爲法度所拘也。此碑規矩神明，不可方物，置之北朝，亦推上乘。公書皆膾炙，竊以此當爲第一得意之作，豈羊棗歟！深於八法者，或有取於斯。

壬寅新正，龔心釗病指後書。鈐『懷西小印』章

又

評歐書者謂爲狂將深入，又謂森森若武庫，此誠足以當之。醴泉應制，匠意經營，安得此碑來之筆！半拇生又題。鈐『龔心釗印』章

以下皆爲册内簽條所書：

龔心銘題跋草稿

《房彦謙碑》，歐陽率更書。碑側有系銜，惜此本逸去。

歐公八分書入神品，傳世石刻止存此碑，而拓本又不多見，豈此石近已不存耶？余於光緒甲午初秋得此本於滬上，墨光黯淡，確係明拓。把玩久之，病魔爲之少却。景張誌於藥室。

又

性本道因法師碑，無一筆一畫不出自此碑。家學淵源，信有自也。史稱信本卒於貞觀間，年八十五；又稱性本少孤，其母教以父書，復購求父書撫仿，由是父子齊名，稱爲大小歐。

龔心釗題跋草稿

細玩筆意，斬釘截鐵，神妙處殆不可思議，不復食人間烟火矣。惟公家蘭臺獨得其秘，有唐一代書家，皆瞠乎其後矣。即公書《九成宫》《皇甫君》《化度寺》等碑，皆嫌爲法度所拘，落唐時板重氣習。此碑獨遊行自在，置之北碑中，亦推翹楚。歐公生平所書各碑，當以此爲第一得意之作，神來之筆，人生固不多得耳。

又

評歐書者謂爲狂將深入，又謂森森若武庫戈矛，此碑足以當之，非溢美矣。《化度寺碑》早經毁壞，《九成》《皇甫》

《虞恭公》屢經刓鑿，真面無存。然則欲求率更真際者，舍此碑更無問津之處矣。躋唐賢之門徑，以通右軍之精神，其在此乎？瑶林春瑮，故應球璧視之。

又

評歐書者動稱《化度》《九成》爲學書之準則，殊不知《化度》《九成》等碑尚不免唐代書家方整氣息。惟此碑獨遊行自在，變動不拘，歐公生平所書各碑，當以此爲第一得意之作，神來之筆，人生固不多得耳。

無名氏題跋

《彦謙傳》：彦謙前後居官所得俸禄以周親友，家無餘財，謂其兄元齡曰：『人皆以禄富，我獨以官貧。所遺子孫在清白耳。』

王敏先生按語

此碑拓本『貽喜邦君』之『邦』字未損，爲明拓本。

趙烈文舊藏明拓《九成宮醴泉銘》

說明

《九成宮醴泉銘》，唐貞觀六年（632）四月十六日刻。魏徵奉敕撰文，歐陽詢奉敕正書。碑文24行，行49字，凡1100餘字；額2行，陽文篆書題『九成宮醴泉銘』六字。九成宮，即隋之仁壽宮，唐太宗李世民曾避暑於此，因乏水而掘地，得水而甘，遂謂之醴泉。碑文記述唐太宗在九成宮避暑時發現醴泉之事。原石現存陝西寶雞麟游縣，立於杜水之陽九成宮遺址碑亭內，係國寶級文物。《九成宮醴泉銘》係歐陽詢晚年經意之作，是歐體書法傑出代表作。歷代書家推崇致極，元趙孟頫讚歐陽詢『清和秀健古今一人』，明趙涵評此碑爲『正書第一』，《九成宮》被後世奉爲『歐體』楷模。惟其如此，自碑立之日起，傳拓不斷，林侗《來齋金石考略》云：『《九成宮碑》已模糊，復爲惡令鑿損三十餘字。』朱楓《雍州金石記》

云：「每行盡處近爲俗子開鐫一二字。」

《九成宮醴泉銘》傳世最早拓本爲北宋拓本，國家圖書館藏本爲明中後期拓本，「重譯來王」之「王」字存上半，「雖休弗休」之「弗」字未剜爲「勿」。割裱本，1册，半開4行，行7字；册高32.3厘米，寬17.5厘米，墨心高24.5厘米，寬14厘米。收兩種拓本，前本含墨本20.5開，跋6.5開；後本含墨本20.5開，跋2開。趙烈文、蔣祖詒舊藏，有趙烈文題簽，趙烈文、宗源瀚題跋，鈐「烈文長壽印信」「趙」「天放樓」「臘語樓」「惠父」「能静居」「長生安樂趙烈文之印」「烈文之印」「蒲柳之姿麋鹿之性」「宗湘文」「源瀚之印」等章。

趙烈文題簽

唐《九成宮醴泉銘》彙裝。前本元拓，後本明拓。太宗貞觀六年，陝西麟游。天放樓鎮庫。

趙烈文邊跋

光緒丁亥九月朔，得之南杍秋唐生（杰），是年十月重裝，二十葉有半。天放樓記。

又

林佶《來齋金石考略》云：「《九成宮碑》已模糊，復爲惡令鑿損三十餘字。」朱楓《雍州金石記》云：「每行盡處近爲俗子開鐫一二字。」按：兩書皆本朝人作，是此碑重開在國初矣。趙崡《石墨鐫華》云：「余所收乃二十年前物，近復得數紙，其中被縣令使石工鑿三十餘字，余本又爲難得矣。」按：此書作於萬曆四十三年，是重開在萬曆二三十年間矣。安世鳳《墨林快事》云：「近皆漫滅，射利者乃妄爲洗之，其形模猶昔，而韞藉屑越。況增注其所缺二字（此指碑脚），以奴書充之，更堪嘔噦。」此跋作於萬曆丙戌，爲十四年，是重開又當在萬曆之初，或萬曆以前矣。西賈相傳，碑脚二字元世祇脱下一字，後數十年復脱上一字。業此者照橅別石一字一方，每拓全碑，以之補入，俗名戴補子九成。再後百餘年，遇葉姓令尹，遣粗工磨平碑脚，補刻二字，并剜碑中泐損字，率意修補，不成點畫，大爲此刻之玷。其説雖未見載籍，然以今日覆刻中之最著名者梁溪秦氏、雲間邵氏（或云：實趙氏角直人脱廿四字，存十六字。度萬曆重開之先，此碑脚必已無字百年，少亦數十年，而後有磨刻之舉。其無字時約當在明中葉宏（弘）、正間，故王世貞嘉靖時人，其藏品咸取精舊，而《弇州稿》此碑跋云：『文既殘闕，字亦模糊，視汴刻猶是未央瓦，不蕩古意。』疑所題即宏（弘）、正間拓也。安世鳳跋（與前引之跋通一首）又云：『余收舊本，自二字原缺外（亦指碑脚字，尋上文自明），字字皆完美如新，亦墨本之最希有者。』可見萬曆初所推希有之本已缺二字，則或尚前於宏（弘）、正，亦未可知。溯自南宋之始，下至胡元之末，凡二百四十餘年。自明洪武初，下至嘉靖初，凡百五十餘年。秦、邵祖本姑指爲南宋中葉所拓，約略計之，脚字存三十个者，經百數十年，至元末而存十六个；存十六个者，更經百數十年，至正、嘉而無一个。久近殊相當。故號斯拓爲在元世，余心亦頗許之。碑面至今上下共有横勒四道，其第二道至第三道、第三道至第四道之間，各有斜勒通之，最上第一横勒爲時至早。秦、邵祖本與此拓大同小異，而十一行『在乎一物』之刻，以非聞人，不可詳考。此刻今鬻之湖州人）二本核之，其碑脚字脱去者三行『以』字，五行『西』字，十一行『躊』字之太半，十二行『流』，十三行『之』，十四行『及』，十五行『出』，十六行『推』，十七行『屬』，十九行『書』，皆一字。其二、六、七、八、九、十、廿、廿一、廿二、廿三共十行未脱。斯二本號祖宋拓，而脱去一字者已有十行，是逐行皆脱一字者屬之元世，其説不爲謬悠矣。余此拓以重聘得之姑蘇漢貞閣碑肆，其二行『廊』，三行『侈』，五行『王』，七行『神』，十一行『陰』，皆存半字。十二行『東』，十三行『澤』，十四行『上』，十五行『泉』，十六行『挹』，十七行『言』，十九行『人』，廿行『天』，廿二行『色』，廿二行『與』，廿三行『戒』，皆全字，第稍隊剥。肆主唐生慎齋執以爲元世僅脱一字之拓，又云用寬簾紙，俗名蛇皮羅紋，亦爲元時物之證。余無以難之也。默計全碑廿四行，除首尾各一行提空二行（四行、十八行）之外，碑脚有字者止廿行，行損二字，計四十字。秦、邵所祖宋拓，脱十字，存三十字。此拓

『乎』字（覆本及著録皆作『乎』字，未知所據。而余此拓細審泐迹，似是『于』字）正當勒中。秦本亂後石殘闕，此字適不見，邵本則全泐無痕。此拓反有『乎』字下之殘筆作『亅』形，是轉勝於邵本矣。第三横勒在第一横泐後，秦、邵本首行起處有之，後不復見，此拓十行以前尚見綫斷。第四横勒又在後，秦、邵本未見，而此拓有之。第二横勒最晚，秦、邵本及此拓皆無，而余别有明拓重開本，四勒已全。拓手遲早之間，班班可考。所最異者，十四行之『乾』字左中之『曰』，此拓稍有泐迹，依然『曰』字，而秦、邵祖本及明拓重開本皆成『田』字。重開本無論已，秦、邵祖本當早此拓百數十年，何以先有斯誤？且此『乾』字中間另起小直，更非如曹全碑之『乾』字一筆泐穿之尚可説也（任筱沅中丞在江右見某氏藏唐拓本，曾用西法縮照，其『乾』字無此小直）。豈秦、邵祖本皆不足信，其碑脚存字，如西賈所云戴補子者歟？原拓不可見，莫得而測矣。《宋濂學士集》云：『醴泉銘刻於貞觀六年，至今七百有餘載（貞觀六年至洪武元年，凡七百三十七年）。石剥泐已久，世之所傳完善者，多非真本。』彼洪武時人之言如此，而後五百餘年反時時遇之。東南好事有力者，無宋拓九成，不名鑒家，念之豈不啞然？董其昌亦有『文字可讀者，皆後人重摹，此本雖缺，乃宋拓致佳』之語，互相印證。楊賓《鐵函齋書跋》云：『醴泉銘本凡八：一汴本（即《弇州稿》所云者，已見前）；一金士權本（元湯允謨《雲烟過眼續録》云：楊瑀藏《十七帖》《九成宮》，皆金士權所撰）；一米臨本；一董臨本；一余少愚本；一神廟宮中本；一『麟游』未鑿本；一『麟游』已鑿本。而率更原刻不與焉。』按：所説八本中，『麟游』未鑿、已鑿實一本，即余此拓及同裝之明拓重開本，是神廟宮中本。曩見蘇臬司李眉生鴻裔藏者，托紙係明官文書，識者指爲萬曆内府本，而亦無的憑。汴本、金士權本祇見跋語中，余少愚本大氐同然。大瓢矜奇衒博，不必其親見也。米臨、董臨并不可與覆本竝論。是名八本，而可指目者實二本而已。九成宮址即在今麟游縣西五里之天台山，謂率更自有原刻，麟游本爲重翻，則前石亡於何年，後石興於何代，必有説而後可，不得以悠然不盡之辭啓後人疑揣。顧余反不免信之者，憶同治丁卯季秋，客金陵節署時，曾於徐華野河清（山東昌邑人）寓中見南宋拓本，墨厚殆如一錢許，色作紅紺，書勢蹲注峻利而古逸氣驟，看之類登善，與今本頗不同。其碑中空格皆鐫南宋時人題名，如楊龜山（龜山卒於建炎四年，《四庫》目集類收入南宋）、吴璘、吴玠等，凡十餘處（當時有録人名一紙，今遍撿不獲），尤從來所未睹未聞。彼時徐以貴州道員避吏議乞歸，謀江南奏調，丐余請之府主，舉此爲贈，遂不敢爲信宿留。又直齋中簿書繁委，并不暇討論字迹之存亡完損，遂以歸之。未逾年，徐返山東，道殁袁浦，藏匣星散，至今念之不置。如率更果有原刻尚在天壤，徐本庶幾近之。然此碑之陰有太宗命從幸中書門下及三品文武官并學士自書題名，右側有宋吴翬等題名，左側有曾逢原暨明師皋、師夔等題名今尚在，斷不能謂非原石。豈屢泐屢磨，碑面故迹盡革除變易邪？而著録家亦無一言道及楊、吴諸人題字者。余采摭固不廣，抑真本難逢，世莫得而名言之也。天外冥鴻，弋人心死。吾寧抱殘守闕，信其可信云爾。至於家握隋珠，人抱和璧，以流傳爲世譜，以題詠爲宗盟，斯則愛衣文之媵而賤公女，幾何不爲吃公子笑矣。

光緒丁亥仲冬朔旦，趙烈文書。

又

頃閱《望堂金石》勾刻之本，碑足脱十字，『乾』字左『曰』誤『田』，與秦、邵本同。其藏印首吴琚。然則宋南度時，此碑闕泐已爾。第印多僞，加而望堂諸刻中多贋品，未遽足信也。

辛卯臘八日，静叟又筆。

又

此碑入本朝精拓著名者二次：一國初官拓本，亦號香墨本，有麟游縣印；乾隆中畢沅撫秦時所拓，號畢拓本，有西安府印。皆用佳楮精墨。余初蓄金石時，曾得畢拓本，後爲友人攫以去。嗣於吴門裝池家見吴平齋云整幅官拓本。畢拓視官拓遲百數十年，磨泐固不待言。而官拓本筆畫亦彌瘦瘠，不逮余此本實甚。此本則已瘠矣，然孫鑛《書畫跋跋》云：『陝石湮泐已甚，筆稍輕處多瘦細乏神。』是明世已爾，不必爲此本諱。且如第二行『六』字、第三行『膠』字、第八行『愛』字、第十一行『乎』字，均未經第二次重開。而紙墨佳善，無兩官印。其爲明隆、萬重開以後之拓，在國初官拓前無疑。孫承澤《庚子銷夏記》云：『率更正書多帶隸體，如首行「宫」字左點作竪筆正鋒一畫，乃隸法，近年拓本竟是一點。』余以元拓斠此本，信然。其書順治十七年作，云近年者，約略之辭，不必此十七年中也。余既以存字數信前本爲元拓，又以存筆勢定斯本爲明拓，深於此者，必能詳辨而篤信之矣。跋元本之同日又跋。

能静手筆。

宗源瀚題跋

詳考自宋至今拓本始末，精審博辨，累累二千余言，可謂精矣。惟以楊大瓢之説，疑麟游之外别有率更原刻，余檢《昭代叢書》所刻《鐵函齋書跋》中大瓢跋所得麟游未鑿本，歷舉平生所見諸本凡八，初無『率更原刻不與八』一語。麟游之石即在仁壽宫原基，安得别有原刻乎？《金石萃編》録此跋，删去後半而增此一語，致成疑案，不可解也。惠甫學兄其更有以牖我。

弟宗源瀚。

又

筱沅中丞所見唐拓用西法縮照者，已請唐慎齋刊行，『乾』字中仍作『田』，中丞蓋誤記也。余歷見佳本，無有不作『田』者。前寫此跋時，惠老尚在，越四五年遂下世，今無以爲質矣。

甲午夏瀚又識。

王世懋舊藏宋拓《温彦博碑》

説明

《温彦博碑》，唐貞觀十一年（637）十月二十二日刻，碑在陝西省禮泉縣昭陵。岑文本撰，歐陽詢正書。碑36行，行77字；額陽文篆書16字。

國家圖書館藏本爲宋拓殘本，九行「太子洗馬李綱」之「李」字中竪泐處雖已連及左右二點，然尚未損去；三十三行「藹藹高門」之「門」字未損。割裱本，1册，册高31厘米，寬16.3厘米；墨本11.5開，半開4行，行8字；墨心高24.5厘米，寬11.8厘米。前缺一百餘字，自「其神者國楨」起，另有士禮居舊藏本和簽條照片兩幀、駙馬李琪本照片一幀。王世懋、王掞、毕泷、春生遞藏。有王世懋、顧蒓題跋。鈐「潘曽沂鑒賞」白文方印、「秉衡私印」白文方印、「畢瀧澗飛藏印」朱文方印、「心遠堂」朱文方印、「亭亭山人」朱文長方印、「水竹居」朱文橢圓形印、「湖東草堂」白文方印、「藻儒鑒藏」白文方印、「損齋道人」白文方印、「功甫借觀」朱文長方印等章。

王世懋題跋

嘉靖壬戌秋，客有持《化度寺》《虞恭公》二碑來售。《化度寺》價稍昂，余時未甚知寶重，還之而留此碑，已乃大悔之。迄今廿載，始購有《化度》別本，然已不能還舊觀矣。猶幸當時不併棄此碑也。因命工重加裝潢，以貽子孫保之。

萬曆辛巳孟冬十月，世懋識。鈐「王氏敬美」白文方印、「損齋道人」白文方印

顧蒓題跋

歸里後見宋拓虞恭公碑凡五本，此本爲春生所藏，與黄蕘圃本尤爲著名，然視諸本皆有不同。黄本「穎」字作「示」（此字諸本俱模糊，惟撇筆可辨。余以歐帖他字結體推之，自當作「示」。但地名本當從水，則此撇未爲無因矣）。此「揚」字「勿」字形較長，且偏於左，而墨色紙理均出於宋無疑。姑摘此疑竇，以俟精於鑒古者參考。

嘉慶二十三年五月十三日庚戌，顧蒓跋。

李鴻裔舊藏明拓《伊闕佛龕碑》

説明

《伊闕佛龕碑》，亦稱《三龕記》《龍門三龕碑》《伊闕佛龕之碑》，唐貞觀十五年（641）十一月刻於河南洛陽龍門石窟賓陽洞内。中書侍郎岑文本撰文，諫議大夫褚遂良正書。

此碑乃磨去北魏造窟碑重新刊刻，現存32行，行51字，總計1600餘字，額篆書題『伊闕佛龕之碑』。碑文記述唐太宗第四子魏王李泰爲其亡母長孫皇后做功德等事迹，乃太宗諸子争儲産物之一。全文造句工整，辭風華麗，書法端莊謹嚴，被稱爲文辭家和書法家的『天合之作』，歐陽修《集古録跋尾》稱此碑『字畫奇偉』。

褚遂良（596—658），唐初書法家。字登善，錢塘（今浙江杭州）人，其先世本在河南，晋室南遷，徙居江南。褚遂良因『學問稍長，性亦堅正』，得太宗信任，爲太宗臨終托孤之顧命大臣，被譽爲『臨大節而不可奪者』，赢得後世仰慕。他與歐陽詢、虞世南和薛稷並稱『初唐四家』，其書取法二王，博采衆長，楷書作品前後風格不同，後期起伏多姿，跌宕有致，剛柔並濟，遒媚飄逸，儼然成爲唐之『廣大教化主』，代表碑刻有《房玄齡碑》和《雁塔聖教序》。早期楷書則清朗秀勁，方筆爲主，結體有隸勢，受北碑影響深重，碑刻以《孟法師碑》和《伊闕佛龕碑》爲代表。《伊闕佛龕碑》在存世衆多褚書碑刻中刊刻較早、字體最大，清劉熙載認爲寫得『兼有歐、虞之勝』，梁巘則以爲此碑乃褚遂良『中年筆也，平正剛健，法本歐陽，多參八分』。

國家圖書館藏本为何良俊清森閣舊藏明拓本，割裱爲1册；册高34.5厘米，寬19.7厘米；半開墨心高29.6厘米，寬14.4厘米；墨本43開，跋4.5開；半開3行，行6字。據張彦生《善本碑帖録》著録，此本首行『延閣』之『延』字未損，末行『皇祚於』及『年歲次辛丑』可見，『五』字可見末筆，是《伊闕佛龕碑》的傳世最佳拓本。且拓工精緻、字口如新，比《金石萃編》釋文多50餘字，經何良俊、畢瀧、顧文彬、李鴻裔等遞藏，有費念慈、錢大昕題簽，何良俊、畢瀧、張瑋、沈志達、趙烈文題跋。鈐「清森閣書畫記」「畢瀧鑒藏」「静逸庵書畫印」「元和顧子山秘笈之印」「過雲樓考藏金石圖書」「蘇鄰鑒藏」「鄞江李氏文房」「長生安樂趙烈文印」「蓉初珍藏」「臣大昕」「辛楣」「臣志達印」「東山世澤」「謝騤之章」「沈氏圖書」「字季英號屺室」「張瑋字曰愸彬」「西溟學士北海道人」等近30方印。

費屺懷題外簽

《三龕記》。宋拓本。西蠡秘笈。

畢瀧題内簽

舊拓褚河南《三龕像記》。明何拓湖清森閣藏本。神品。廣堪齋重裝。

錢大昕題内簽

宋拓褚河南《弎龕記》。明何元朗清森閣藏本。竹汀錢大昕爲静逸主人題。

何良俊題跋

是碑失去標額及書撰人姓氏，乍見其字畫古雅，謂其必唐初諸名公筆，而不敢定其爲誰也。及觀歐陽子《集古跋尾》，然後敢斷爲《三龕像記》。《跋尾》謂《三龕》爲岑文本撰，褚遂良書，蓋魏王泰爲長孫后造大像，資冥福者。《跋尾》謂貞觀十五年建，是碑有云「歲次辛丑」者。辛丑正十五年之干支也。其何疑焉？

畢瀧題跋

余昔年於吴門繆氏見褚河南《孟法師碑》，亦岑文本撰文。弇州先生題云「人間無二本」。雖賻池零落，墨光如鏡，真唐刻唐拓也。書法亦楷中帶隸，結體與此碑無二，想必書在一時耳。《孟法師碑》吴中名曰「千金碑」，索價甚昂，屢物色之不果。余觀此碑不在其下，可笑耳食者以罕見珍，何必舍易而就難哉？

竹癡記。

張瑋題跋

繆氏《孟法師碑》由臨川李春湖先生家佚出時，曾得寓目，楮墨間微嫌滯相，如窺雲霧匡廬似，衹以希見貴，安得此冊之神采煥發、雄逸兼至，渾疑河南手迹復現人間，真生平未睹之奇物也。上年明駙馬都尉李祺藏本《醴泉銘》發現，幸得綴墨冊尾。今又獲跋此刻石，桑榆眼福，突過前人，快何如之？著録家於『有爲非實』誤作『實』，『詠（編者注：『詠』，碑作『泳』）天池』作『地』，『太姒定祥』作『文以』，『辰居』誤作『大居』。未見如此古拓，何由訂正？至較他本多出五十餘字，別紙詳之。

戊戌大寒敔園識，時年七十有七。

又

取《金石萃編》所録文互校，則此本計多五十餘字，茲以朱筆識之。

藏室延閣/論眇帝先/而詠（編者注：『詠』，碑作『泳』）天池也/洎乎出□器之外/其言猶秕糠/七覺開緒八正/御六天絕智於無形之地遺三明/蕩無明於大夜三千世界隮法/是以載雕金玉闡其化/軒曜德配坤儀/贊王業/逮下彰厚/孝敬申於/胎教克明/顧蔑勝鬘/應乎千里之外/成道不踐於邊地/清流注於德水/既輪迴於/雅頌美其功/於鬼神/隨鐵圍而齊固敢憑/至哉茂則/橫海邁德/希聖雖遥/疑祇樹樓以（編者注：『以』，碑作『似』）增成/巳純孝克宣/東（編者注：『東』，碑作『來』）遊皇祚於/五年歲次辛丑。

若以校其他舊拓，則多出不下百許字。是此冊不獨爲習褚書者臨池之至寶，且亦史家考訂金石之所希見。亟宜影印傳世，有裨藝林非淺鮮矣。同日再題。

沈志達題跋

唐文皇自虞世南歿，謂無可與論書者，房梁公以褚河南薦，故當時内府名蹟並經河南標題鑒定，其書名與歐、虞相埒可知。褚書《房元齡碑》《雁塔聖教序記》俱晚年書，專以跌宕生姿。惟《孟法師碑》《三龕像記》渾勁古厚、遒峻方嚴，直奪永興、率更之席，真書中鳳凰矣。但《孟法師碑》人間無有二本，存四百六十二字，桂林李氏以千二百金得諸吴門繆氏。《三龕像記》近時椎拓者，僅至山摹字而止，且纖瘦失真。王述庵侍郎作《金石萃編》，從善本録入者，『貞觀十五年歲次辛丑』字已闕。此係何元朗所藏北宋精拓，年月完具，較他本特見肥厚。即有以千金市者，不與也。敵國連城，傳家至寶。此本在篋，不有天雨花其上，定有吉祥雲來護之。

咸豐五年七月初十日，歐齋學人沈志達並書。

趙烈文觀款

光緒丁亥中春，能静居士趙烈文觀於鰐谿之東震谿堂，欣賞愉快，識此。

黄葉主人舊藏清乾隆拓《晉祠銘》

説明

《晉祠銘》，唐太宗李世民撰並行書，唐貞觀二十年（646）正月廿六日立，在山西省太原市晉祠。首題『晉祠之銘並序』，額飛白書『貞觀廿年正月廿六日』。

國家圖書館藏本爲清乾隆拓本，裱本，1册，册高29.6厘米，寬19厘米；墨本24開，題跋1開；半開4行，行約6字；墨心高24.5厘米，寬15.5厘米。鈐『帋石山房』『黄葉閒人』『煌印』『效穀』等印。采訪號爲220941，1966年4月1日登記入藏。

佚名題書板外簽

舊拓《晉祠之銘》。

黄葉主人題跋

余舊藏此碑，甲子年裝潢成册，時加披閲，見其字帶鋒鋩，似爲近人輕動刀鑱所致，殊堪痛恨。及近日偶得此拓，兩相比較，兹碑實勝多矣。尚爲舊拓無疑。昔朱竹垞晉祠碑亭集聯云：『文章千古事，社稷一戎衣。』後人無不贊其精確。余尚存武曌《昇僊太子碑》，極知唐太宗夫婦皆有出人蓋世之才，是以筆墨咸空前絶後、超絶古今也。

黄葉主人識。鈐『文章有神』白文方印

梁啓超舊藏清乾嘉拓《房玄齡碑》

説明

《房玄齡碑》，唐褚遂良正書。唐永徽三年（652）立，在陝西省禮泉縣昭陵。碑文泐甚，書人、年月據《金石萃編》卷五十補，僅存上半截，碑下截漫漶。首題『大唐故尚書左僕射司空太子太傅上柱國贈太尉并州都督□』，額陽文篆書題『大唐故尚書左僕射上柱國太尉梁文昭公碑』。

國家圖書館藏本爲飲冰室舊藏清乾嘉時期拓本，册頁裝，1册，册高25.5厘米，寬14.5厘米，凡17開；半開3行，行6字，半開墨心高19.3厘米，寬10厘米。有梁啓超題跋，鈐『修盦』『飲冰室藏』『皇明留後』等印。采訪號爲25777，1961年7月22日登記入藏。

張繼篆書題簽

唐房元齡。光緒辛丑溥泉臨本。

梁啓超題跋

《房梁公碑》與《雁塔聖教》同爲褚登善晚年得意之作，此拓雖不如吾家所藏《聖教》之舊，視近拓則霄壤矣。

乙丑正月，啓超題藏。鈐『飲冰室』朱文橢圓形印

王敏先生按語

此碑拓本，第四行『繼響』之『繼』字泐少半者，爲乾嘉拓本。

梁啓超舊藏明拓《三藏聖教序記》

説明

《三藏聖教序記》，又稱《雁塔聖教序記》，李世民撰序，21行，行42字；李治撰記，20行行40字。褚遂良正書。此碑分左、右二石，一爲序、一爲記。序建於唐永徽四年（653）

十月十五日，記建於十二月十日，石立於陝西省西安市慈恩寺。石質較佳，至今未大損。

國家圖書館藏本爲梁啓超飲冰室舊藏明拓殘本，序中三『玄』字末筆未經鑿損，記中兩『治』字皆缺末筆。割裱本，分裝二册，上册爲序，墨本19.5開，題跋1開；下册爲記，墨本16開，題跋1開；皆半開3行，行7字；册高32.5厘米，寬16厘米，墨心高25厘米，寬11.2厘米。經祝少英、龐芝閣、梁啓超遞藏，有梁啓超題簽和校記，費念慈、龐芝閣、梁啓超等題跋，鈐『任公』『梁啓超』『飲冰室藏』『雙濤舊主』『祝氏珍藏』『飲冰室藏金石圖書』『龐芝閣金石文字記』『念慈之印』等章，1961年7月22日登記入藏。

簽題

《雁塔聖教序》

梁啓超題跋

雍、乾後拓本，凡『玄』字皆剜去末筆。此本如舊，亦明拓一證。

啓超記。

又

自周武時王褒入關，南宗書派風靡中原。至隋而南北匯流，各出新意，唐初而大成。率更融南入北，永興、河南融北入南，此其大較也。河南書淵源龍藏，而益加流媚，遂開唐宋人無限法門。《雁塔聖教》作於永徽四年，明年武氏立爲昭儀，又明年立爲皇后，河南遂以貶死。此碑實其最晚年手筆，所謂人書俱老也。此拓墨色極舊，拓手極精，細處如晴絲游颺，姿態畢傳，六七百前後物也。亡友費屺懷曾藏，亦足永念。

乙丑正月十九日，啓超記。

費念慈題跋

涿州李芝陔觀察藏宋拓《房元齡碑》，存千餘字，爲生平所見褚書第一。登善自奉詔侍書之後，結體小變，遂開有唐一代風氣。《雁塔聖教序記》與《房梁公碑》結法正同，所謂如鐵絲縈結而成者也。此舊拓殘本，猶可想見芝陔丈所藏筆意。

冬夜寒雨不止，追憶京師舊游，殊惘惘也。乙未十月少英仁兄屬題數字。

費念慈。

龐芝閣題跋

精神嶄露，墨古紙新，展閱一過，眼明神王，六七百年前物也。可寶可寶！

光緒丙午上巳，芝閣得於申江，記之。

王敏先生按語

此本序中三『玄』字末筆如舊，雍乾後拓本凡『玄』字皆剜去末筆，此本爲明拓。此本記中兩『治』字皆缺末筆，凡明拓皆如是。王蘭泉所藏精拓本，此『治』字已添筆封口，末葉『治』字尚如舊，近拓則兩『治』字口悉封矣。

羅振玉舊藏明末清初拓《李靖墓碑》

說明

《李靖墓碑》，唐顯慶三年（658）五月刻，碑在陝西省禮泉縣昭陵。許敬宗撰文，王知敬正書。碑39行，行82字，額篆書4行，行5字。碑下截泐甚，年月據《金石萃編》補，陰刻宋元祐四年二月六日吕山聖題記等。首題『大唐故尚書右僕射特進開府儀同三司上柱國贈司徒并州都督衛景武公之碑並序』，額篆書題『唐故開府儀同三司尚書右僕射司徒衛景武公碑』。

國家圖書館藏本爲明末清初拓本，第十行『三原考績』之『原』字，十一行『鼃鼉』之『鼃』字，三十三行『班劍卌人』之『卌』字不損。割裱本，1册，墨本23開，題跋1開；半開4行，行8字；册高30厘米，寬16厘米，墨心高23厘米，寬11厘米。羅振玉舊藏，有羅氏題簽並題跋。鈐『羅振玉印』。采訪號爲83663，1961年7月12日登記入藏。

羅振玉題外簽

唐《李衛公碑》，明拓本。宸翰樓藏。鈐『羅振玉』白文方印

羅振玉題跋

《李衛公碑》今日殘泐已甚，鑒藏家謂文中『金石』二字未泐者爲嘉、道拓本，『鼉鼍』二字未泐者爲國初拓本，『班劍卌人』之『卌』字未泐者爲明拓。若『斷鼇』之『鼇』字，則明初拓本矣。二十年來，見舊拓不下三十本，以江建徦所藏爲第一，『鼇』字未損；次則丹徒劉氏抱殘守缺齋藏本，與江本當雁行，惜多描墨。江本以戊戌年毀於火，嘗與建徦嘆爲不可再得，乃於都中無意獲此，『鼇』字未損，拓墨精善，不啻江本再見人世，驚喜無似。惜建徦已逝，不得並几共賞，爲可憾耳。

丁未冬，上虞羅振玉刖存父審定題字（第四行『鼇』字下[illegible]未損二字）。鈐『羅振玉印』藍色白文方印

王敏先生按語

此本爲明拓『卌人』未損本，『斷鼇』之『鼇』字亦未損泐，當爲明初拓本。

罗振玉舊藏明拓《李靖墓碑》

説明

同上。

國家圖書館藏本爲明拓『卌人』未損本，裱本，1册，册高32厘米，寬14.8厘米，半開墨心高23厘米，寬11厘米；半開4行，行8字，墨本凡24.5開，題跋0.5開。有羅振玉題跋，鈐『何元錫印』白文方印、『霜根老人』朱文方印、『章鈺』白文方印、『長洲章鈺秘篋』朱文方印、『葉氏珍藏』朱文方印。清理積壓所得，1975年10月29日登記入藏。

羅振玉題跋

此碑平生所見，以仁和王氏藏本爲弟一，殆是宋拓。予家所藏孫北海舊藏，『鼇』字未損，乃明代中葉以前拓，惜氈墨未匀。此本乃碩卿大令爲我作緣，『卌』字未損，爲明拓善本，特晚於孫本百年耳。光緒庚子仲春，上虞羅振玉記於歇浦梅福里寓居。鈐『振玉之印』白文方印

又

乙丑清和月撿贈式之外部。振玉又記。鈐『羅振玉印』『羅叔言』白文方印二方

王敏先生按語

此本爲明拓，『卌人』之『卌』字未損，『斷鼇』之『鼇』字右上角已泐，『黿鼇』之『鼇』字右下角已泐，『金石』之『石』字左下損少許。『卌』字未損者明拓本多一百餘字。

龔心釗舊藏清初拓《王公塔銘》

説明

《王公塔銘》，又稱《王公磚塔銘》。上官靈芝撰文，敬客正書。唐顯慶三年（658）十月十二日刻，石在陝西省西安市，明萬曆（1573—1620）年間出土於西安城南百塔寺。凡17行，行17字。

國家圖書館藏本爲清初拓『説罄』未損本。割裱本，1册，墨本2.5開，題跋1開；碑文半開5行，行9字；册高29.3厘米，寬16.3厘米，墨心高22厘米，寬12厘米。程震佑、江開、龔心釗等遞藏，龔心釗題簽。有江開、王汝亨、龔心釗題跋，陳繼昌、沈奇觀款。鈐『龔門氏』『心鏡』『懷西珍賞』『劉東印章』『訒齋欣賞』『新安春霆程震佑觀』『吴下阿奇』『江開之印』『江蓉殷氏』『江心鏡印』『陳氏蓮史』『心釗』『懷西』諸印章。

龔心釗題紙本簽

唐磚塔銘。『説罄』未損本。甲申春日，褒叟。

龔心釗題絹本簽

唐人磚塔銘。『説罄』未損本。丁亥臘八，懷叟題。

江開題記

此帖當寶藏之。

沈奇觀款

辛丑仲春吴下沈奇觀。

陳繼昌觀款

庚寅人日桂林陳繼昌觀於五羊客館。

王汝享題跋

『瑶臺青瑣，窅映春林。深閨窈窕，不勝綺羅』，昔人評登善語也。吾將移贈斯人。嘉慶庚辰仲冬月壽華居士王汝享識。

龔心釗題跋

磚塔銘出土後拓無虛日，今破碎，存字無幾矣。此尚是初斷時所拓，存百七十餘字，世所謂『説罄本』也。顯慶三年敬客書此塔銘，是年褚登善卒，上距虞永興之没二十年，疑爲薛少保所書，他人不能有此神韻。舊爲吾皖程氏、江氏宦家所藏，丙子得之燕估。

己卯龔釗。

郭尚先舊藏明拓《蘭陵長公主李淑墓碑》

説明

《蘭陵長公主李淑墓碑》，唐顯慶四年（659）十月二十九日刻，碑在陝西省禮泉縣昭陵。李義府撰文，駙馬竇懷哲正書。31行，行70字；額3行，行3字，正書題『大唐故蘭陵長公主碑』。

國家圖書館藏本爲明拓，第七行『第十九女也原夫』，『女也原』三字未損。割裱本，1册，凡32開，碑額2.5開，半開1行，行2字；碑文27開，半開4行，行7字；墨跋2.5開；冊高27厘米，寬14.5厘米；墨心高22.8厘米，寬12厘米。郭尚先舊藏，有趙世駿題簽、趙世駿及郭尚先題跋，鈐『天水郡圖書印』『聲伯審定』『郭蘭石藏』『蘭石居士』『增默盦』『雲心鑒賞』『山木道人』等印。采訪號94930，1963年8月16日登記入藏。

趙世駿題簽

《唐蘭陵公主碑》

趙世駿額後題跋

右額書秀竦之至。

又邊跋

唐人書法勝，每苦乏韻。以韻論則無如此碑者。

郭尚先題跋

《蘭陵公主碑》，撰者爲李義府，無書者名，頗類王知敬，亦頗類郭儼，最爲清婉。昔人目爲書中傾城，不妄也。

又

丙戌臘月，有以精拓昭陵各碑來售者，急典衣留之。《房喬》《薛收》《李靖》三碑下半段實無一字，餘則存字爲多，而《蘭陵公主》尤爲明朗。乃嘆庸工惜紙，止拓每行廿餘字者，爲可恨也。曩見宋拓此碑，亦每行廿五字。彼時若拓全石，當更可觀。望古興嘆。

又

唐高祖皆稱神堯皇帝，稱爲玉皇帝，亦僅見此碑。

又

是碑五十年前拓本，未足言舊。而氊蠟精審，文尚可讀，亦希覯也。

雲心三兄同年好之，即以持贈。丁亥春分尚先記。

又

李猫此文亦詳潤有體。《代國公主碑》言其琴阮之妙，便乖典則。

梁啓超舊藏明拓《三藏聖教序記》

説明

此碑又稱《同州聖教序記》，唐龍朔三年（663）六月二十三日刻，石在陝西省大荔縣，今存西安碑林。唐太宗李世民撰序，唐高宗李治撰記，褚遂良正書。碑文29行，行58字；額隸書2行，行4字。有云此石據《雁塔聖教序記》重刻，序記同刊一石。

國家圖書館藏本爲明拓本，2行『皆識其端』之『識』字『日』部右下角未增長，『其』字中央短横畫未損，18行『聖慈所被』之『聖』字可辨。割裱本，高27厘米，寬14厘米。序14.5開，記12開。梁啓超舊藏，有藍鈺題簽及梁啓超跋文。鈐『飲冰室藏』『惜陰堂記』『石樂門人』等印。

書衣外題簽

明拓同州本《聖教序記》。飲冰室藏。

藍鈺題書版外簽

明拓同州本《聖教序記》。丙辰之春藍鈺題首。

梁啓超題跋

碑爲龍朔三年建。褚河南以顯慶三年卒於愛州，龍朔三年則公卒後五年矣。末行『大唐褚遂良書在同州倅廳』十一字，筆法與全碑不類，其爲補題至易辨，顧何以解於『龍朔三年』一行，筆法與全碑如一耶？顧亭林謂恐是後人追刻，高江邨、王箬林皆云公嘗爲同州刺史，疑公殁後好事者取雁塔本摹刻，以志遺愛。然雁塔本故在，此本之非摹自彼本，至易見矣。王述庵又疑公所書非一本，有他稿留傳同州者，後人因以上石，然則『龍朔三年』一行，豈亦公豫書耶？故吾疑此碑非褚書，實當時摹褚者之所爲耳。書固極佳，然以比《雁塔》，則彼如游絲縹緲，此如繁英凝豔；彼如藐姑射仙餐風嚼雪，此如命婦瓊琚玉佩，品格固有間矣。兹拓兩『治』字皆闕末筆，爲明拓標識。吾於《懷仁》《雁塔》，皆藏有宋明精拓，與此可稱三妙。

乙丑正月十九日，新會梁啓超。

翁同龢藏明拓《三藏聖教序》

説明

國家圖書館藏本爲明拓割裱本，1册，册高25厘米，寬13.5厘米，凡26開。此本爲翁同龢、翁之廉舊藏，記中兩『治』字皆缺末筆，有蕭灑題簽，翁同龢題端并題跋。鈐『翁同龢』『同龢珍秘』『常熟翁同龢藏本』『翁叔平所得金石文字』『翁之廉印』『常熟翁之廉景芝父章』『笙華館』『作個閑人背一張琴一壺酒一溪雲』『不薄今人愛古人』等印章。

蕭灑題簽

褚遂良《聖教序》。昭明後人題簽。

翁同龢題端

言虞堂先生手裱褚公《同州聖教序記》。翁同龢署檢。

翁同龢題跋

此言虞堂先生舊藏本。龢兒時憙習是碑，常置几案。今一展玩，仿佛玉蘭軒中童讀時也。同治五年正月廿又三日，翁同龢題識。

又

虞堂先生，先公執友也。能文，喜蓄古碑，手自裝禳。工小楷，余兩兄皆從之遊。中年得狂疾，侘傺以卒。其子南金，今官安徽太湖令，有政聲，先生於是爲不死矣。是册籤署『昭明後人』者，蕭君少山（蕭君名灑，字曰某，非少山也），與先生相善，客遊以卒。

又

此明拓本，惜墨濃掩字。

又

壬辰正月六日，之廉從余乞是本，因以畀之。瓶叟記。

王敏先生按語

此本爲二『治』字缺末筆之明拓本，即『風雲之潤治』，『垂拱而治』之二『治』字未封口。近拓其『花連出淥波飛』之『淥』字上損如『潒』形，『人倫有識不緣』之『識』字言旁損如『[illegible]』，明拓本上述二字未損。近拓本有光緒戊子皖北宮爾鐸刻跋。

唐翰題舊藏清乾隆拓《道因法師碑》

説明

《道因法師碑》，李儼撰文，歐陽通正書，常長壽、范素鎸。唐龍朔三年（663）十月十日建立於陝西省西安市，陝西省博物館藏石。首題『大唐故翻經大德益州多寶寺道因法師碑文並序』，額正書横題『故大德因法師碑』，是小歐代表作。

國家圖書館藏本爲裱本，1冊，冊高28.4厘米，寬14.1厘米；墨本38.5開，題跋7.5開；半開4行，行8字，墨心高24.6厘米，寬11.5厘米。有唐翰題題跋，鈐『唐翰題』『遺直家風』『新豐鄉人庚申以後所聚』『質肅公孫翰題印長壽』『嘉興唐翰題子孫書畫記』『硯石山長』『冰生唐時』『陽』等印。采訪號爲220960，1966年4月1日登記入藏。

唐翰題題内簽

唐《道因法師碑文》。原刻未洗精本，紙墨神采大似臨川李氏所藏《邕禪師塔銘》宋拓本。鈐『唐翰題』白文方印

佚名金筆題記

己巳十月十七日重校明拓洗本，又得二十一字，皆腴潤有風緻。

唐翰題題跋

是本得於金小坡骨董舟中，鋒铓作作，不愧弇州眉宇間有風霜氣之目。越日從梅菴主人所假舊拓本校對一過，蝕闕處大致不甚殊，而神氣不逮是本之腴潤秀挺遠甚。乃後悉心逐字比勘，始知是碑在前明時亦經磨洗重開，非復常范舊刻矣。特出良工所爲，尚不失蘭臺榘步。然其間如『不倦』『倦』字、『玉柄』『玉』字，『赞國』『國華』兩『國』字之失部位者，不勝枚舉。『製錦』『製』字第二畫起筆處泐分許，洗本

轉完好，『迢遞逶迤』四字之波原本挺勁，洗本肥板有鑱損，『遂于寺北』『遂』字末筆原作分勢，『聳塔』『塔』字，『勝迹』『勝』字，兩波皆極重，校通體書迴出行間，洗本則一例匀整，此磨洗重開之明證。以從來金石家箸録罕有及者，乃爲拈出，以泥金圈重標於字旁，并記其略於册尾，與好古者共賞析焉。是本尚存明時裝池，未經揭裝者，紙新墨古，可寶也。近本泐者單圈別之。戊辰夏閏四月廿有八日，新坊鄉人唐翰題記於太湖廳東山公廨。鈐『唐翰題審定記』朱文長方印

又

據弇州山人語以證是拓，則知磨洗在嘉隆後矣。越三日又記。

又

妍潤峭逸如《皇甫元憲碑》，精整森嚴如《邕禪師塔銘》，淵源家學，盡在是矣。特收縮處不及大歐公之含蓄耳，未容輕置議也。然不獲原石精拓如此本者，亦烏能於千百年後爲蘭臺吐氣耶？嘗謂鑒別古人劇迹，慎毋隨人言下討生活，如相士然，必物色風塵中；如相馬然，必求之牝牡驪黄外。吾於是本竊喜別具元賞，乃連類書之。次日又記於唯自勉齋。鈐『四十元人齋』朱文方印、『質肅公孫』朱文方印

王敏先生按語

此碑明拓本『脱屣于夢境』之『于』字鈎末筆未損，爲明拓本。龍朔三年歲次癸亥十月辛巳朔十日庚寅建。長壽、范素鎸。己巳十月十七日重校明拓洗本，又得二十一字，皆腴潤有風致。

龔心釗藏明拓《李文及妻劉氏墓誌》

説明

《李文及妻劉氏墓誌》，唐麟德元年（664）二月十八日葬，明中期出土於陝西大荔。正書，24行，行24字，有棋子方格。

國家圖書館藏本爲宋紙明代精拓本，割裱本1册，共計10開，其中墨本8.5開，題跋1.5開；册高27厘米，寬14.5厘米；墨心高17厘米，寬8.7厘米。韓夢周、崇恩、龔心釗等遞藏，有龔心釗題簽，梁章鉅、龔心釗題跋；鈐『瞻麓齋』『理堂』『鴛湖』『雪鶴居』『崇恩』『仰之』『章鉅』『茝林』『臣韓鹿麐之印』『老華眼福』『真益齋』等印。采訪號83698，1963年8月16日登記入藏。

龔心釗題簽

唐《李文墓誌銘》。崇雨舲藏宋紙精拓本，梁退庵跋。

龔釗。

梁章鉅題跋

凡小唐碑多不署書撰人姓名，此《李文碑》亦然。是本亦宋羅紋紙所拓，墨色古澹，神彩溢發。比之逢兒新得近拓一紙，此爲字畫肥厚，故遠勝之。朱竹垞先生跋此碑，亦稱其筆法峻利秀逸，非王知敬、殷仲容不能造詣及此。余謂唐代工書者最多，雖不知名，彌可寶愛，亦不必區區虛擬爲誰氏書也。

歲在元黓攝提格仲春月望後二日，茝石觀察持此屬題。福州梁章鉅書於邗上舟次。

龔心釗題跋

《唐李文墓誌》，逼似褚登善筆意，蓋當時多學褚也。宋紙精拓，尤可愛，爰以宋楮記之。癸酉釗得於燕。

王敏先生按語

石在同州府金塔寺，石高廣均二尺五分，二十四行，行二十四字，正書。此本以宋朝羅紋紙拓。爲明精拓本。

梁啓超舊藏明拓《張元隱碑》

說明

《張元隱碑》，唐儀鳳元年（676）正月二十九日立，碑所在地不詳。薛稷正書。首題『有唐張先生真庵記』。

國家圖書館藏本爲梁啓超飲冰室舊藏明拓割裱本，1册，總計24開，其中墨本20開；半開3行，行7字；册高27.5厘米，寬13厘米，墨心高23.6厘米，寬10.8厘米。經黄璋、何紹基、梁啓超、龐芝閣遞藏，有梁啓超題簽，黄璋、梁啓超跋，鈐「飲冰室」「吴中墨正」「梁啓超印」「新會梁氏」「湘山」「龐芝閣平生珍賞」「觀妙齋圖書」「生平至寶」「臣黄璋印」「藝農」「子孫保之」「飲冰室藏」「龐芝閣金石文字記」「余名仁鎬」「張氏忍齋」等印。采訪號爲25724，1961年7月20日登記入藏。

何紹基題書衣外簽

薛書《真庵記》。

梁啓超題書衣外簽下記

何蝯叟曾藏，今歸飲冰室。鈐「飲冰室」朱文橢圓形印

吴中墨正題内簽

《張元隱真庵記》。鈐「吴中墨正」朱文長方印

梁啓超題端

海内孤本薛少保書《真庵記》。飲冰室珍秘。鈐「梁啓超印」白文方印、「飲冰室」白文方印

梁啓超墨本前題跋

《石墨鎸華》卷五著録《宋于真庵記》一種，云：「此徽宗爲道士于元隱羽化作。都轉運使任諒撰記，而集唐歐、虞、褚、薛、顔、柳、李陽冰諸書者也。其書歐、虞、褚居十之七，顔、柳、薛才間出。集刻俱善，但書而百衲，殊不足觀，存之以備一種。」此本剪裱顛舛，文不能盡讀，然中羼有「歐陽詢書」四字。且細審筆法，確多歐、虞，且確雜有顔、柳。趙子函百衲之説，似非全無據。然碑首明云「有唐張先生碑」，末云「儀鳳元年」，且元隱姓張不姓于，篇中亦不見「任諒撰記」語，豈趙氏所見别有一本耶？姑録此，俟他日再考。

戊辰清明，梁啓超跋。

黄璋題跋

右唐《張先生真庵記》，儀鳳元年正月二十九日立，薛稷正書。《廣川書跋》云：「薛稷於書，得歐、虞、褚、陸遺墨至備，故於法可據。然其師承血脉，則褚爲近。至於用筆纖

瘦，結字疏通，又自别爲一家。』余收藏碑帖幾及數百，而薛稷書並無片紙隻字。今得此碑，考宋迄今金石家，無有著録此碑者，始訝爲後人僞刻之物，及讀《廣川書跋》，不覺狐疑盡釋矣。爰什襲寶之。

藝農黄璋記，時在嘉慶己未冬十一月廿八日也。自。鈐『藝農翰墨』朱文長方印、『觀妙齋圖書』朱文長方印、『黄璋圖書』朱文方印

張仁鎬題跋

此碑與《袁天聰碑》相似，世不多見，臨池家當寶而藏之。忍齋張鎬識。鈐『余名仁鎬』白文方印、『張氏忍齋』朱文方印

梁啓超墨本後題跋

欲密處不通風，宜學道因（按：《梁啓超全集》第5226頁『欲密處不通風，宜學圭峰』）；欲疏處可走馬，宜學真庵。能兼之者，結體之能事畢矣。

戊午端午記。啓超。鈐『超』朱文方印

又

有持信行禪師碑來者，索直三千。摩挲一日，歸之而已。得此何渠不若邪？

同日又記。鈐『帖祖樓』白文方印

又

頗有剪褾錯亂之處，極可惜。第八開羼入『歐陽詢書』四字，尤奇。

甲子臘半記。超。鈐『梁』朱文方印

又

昔人云『買褚得薛』，今得薛，難於得褚矣。

同日又記。鈐『啓超』白文方印

又

初唐書家，歐、虞、褚、薛並名，而薛少保書現存者惟《昇仙太子碑》陰數十字。若《信行禪師碑》，則道州何氏所寶孤本，人間無其二矣。此《真庵記》次行題『鳳閣□□（二字原泐，裝者補填『舍人』，疑當作『侍郎』，待考）河東薛

稷書』，末行題『儀鳳元年正月二十九日立』。此碑自歐、趙以降，迄近代王、陸諸家，從未著録，碑後亦無一名人題跋及藏印（有嘉慶間黄璋一跋，其人似非績學之士），惟布套外一横籤『薛書真庵記』五小字，諦審確爲何蝯叟筆迹耳。碑既未經人道，自無所憑藉以施考證。惟紙墨極舊，殆非元明以後物。持以與景本《信行禪師》校，體勢、氣韻無二，則其非贋鼎蓋可斷言。然則此拓落吾手，良可以傲歐、趙，遑論餘子！董逌謂：『稷得歐、虞、褚、陸法至備，然其師承血脉，則於褚爲近。至於用筆纖瘦，結字疏通，又自别爲一家。』今觀此拓，誠然！大體近褚，而鎔鑄歐、虞處亦不少，宜其年輩稍後三君而能與齊名也。行間每雜行書，愈增婀媚，此亦前此所未有者。

乙丑獻歲多暇，點檢舊藏，以自怡悦，摩挲不已，輒復題此。啓超。鈐『梁押』朱文長方印

褚德彝藏清乾隆拓《夏日遊石淙詩》

説明

《夏日遊石淙詩》，唐久視元年（700）五月十九日刻，摩崖在河南省登封市石淙山。武則天、張易之等撰，薛曜正書。序25行，行41字，詩39行，行42字。

國家圖書館藏本爲清乾隆（1736—1795）初拓，割裱本。1册，85開，高25厘米，寬11.4厘米。褚德彝、蔣祖詒舊藏，褚氏題籤。有端方、褚德彝、李寶恂題跋。鈐『寒鐙釋篆雪履尋碑』『褚鄘堂所得碑版舊拓本』『褚德彝印』『褚日沱』『禮堂藏金石刻辭』『角茶軒捫碑之朱記』『穀孫鑒藏』『禮堂得來』『祖詒審定』『蔣祖詒』等印章。

褚德彝題簽

唐《夏日宴石淙詩》。國初打本。褚儀審定。

褚德彝題跋

《石淙詩序》在摩崖諸刻中最爲精妙，筆劃起訖用類雙勾者，雖細如絲髮，亦必刻出。其石師殆不讓昭陵諸碑刻工也。薛曜書鋒棱險峭，爲同時諸人所無。然細玩其結體，仍處處用褚法，大抵面目愈變，則神情愈合。誠懸力守二王，東坡醉心平原，皆此意也。此刻乾隆中曾經洗剔，此本尚是國初舊拓也。

端方題跋

或謂黄魯直書從褚登善得筆，因援《伯夷叔齊廟碑》爲證，似矣。愚謂宋四家無不寢饋於唐初大家者。即觀《石淙詩》，魯直殆無一筆不從此出也。是本爲國初所拓，精采可愛。惟禮堂大令寶之。

壬寅四月端方記。

李葆恂題跋

余客中州幾二十年，屢聞友人譚石淙之勝，欲遊不果。此石堅潔如玉，故至今不損。劉葆真太史往遊，手拓其碑以歸，爲余道之如此。此拓楮墨精好，較近時碑估本遠勝，宜禮堂先生之寶之也。

李葆恂。

清乾隆拓《李思訓神道碑》

説明

《李思訓神道碑》，俗稱《雲麾將軍碑》，唐李邕撰並行書，開元八年（720）六月二十八日葬，碑原立於陝西省蒲城縣橋陵，今藏陝西省渭南市蒲城縣博物館。碑文30行，行70字。首題『唐故雲麾將軍右武衛大將軍贈秦州都督彭國公謚曰昭公李府君神道碑並序』，額篆書題『唐故右武衛大將軍李府君碑』。

國家圖書館藏本爲清乾嘉時期拓本，裱本，1册，册高

34.5厘米，寬19.5厘米，凡18開；半開4行，行7字，墨本17開，墨心高27厘米，寬14.5厘米。有看雲生節録徐渭《書論》一段，鈐『賓谷審定』朱文方印、『鐵君過目』朱文長印、『瓜疇老人』朱文隨形印。采訪號爲94190，1963年8月15日登記入藏。

看雲生節録徐渭《書論》

李北海此帖遇難布處，字字侵讓互用，位置之法，獨高於人，世所謂集賢師之亦得其皮耳，蓋詳於肉而略於骨，辟如折枝海棠，不連鐵幹，添妝則可，生意却虧。

天池生書李北海帖。看雲生。

王敏先生按語

此碑舊拓本第六行『博覽』下『群書精慮衆藝』等字未損，此本已損。此本第九行『蓋小小者』之上一『小』字未損，爲乾隆年間拓本。

萬光泰舊藏清乾隆拓《李文安石浮圖銘》

説明

《李文安石浮圖銘》，全稱《李文安爲妻薛氏造石浮圖銘》，唐梁高望正書。開元十年（722）四月八日建，在北京市房山區雲居寺。首題『大唐易州新安府折衝李公石浮圖之銘』。

國家圖書館藏本爲明拓本，裱本，1册，册高29.7厘米，寬16.5厘米；凡12開，墨本10開，題跋2開；半開3行，行6字，墨心高22.5厘米，寬10.8厘米。有萬光泰、張廷濟題跋，鈐『肅親王善耆』白文大方印。采訪號爲94983，1963年8月16日登記入藏。

善耆題外簽

唐《李公石浮圖銘》

萬光泰題跋

右銘在涿州愢題山雲居寺左舍利塔下，雲居寺即俗所謂西峪寺也。舍利塔下四角各有石浮圖一，皆唐時造，皆有文，一造於景雲二年，一造於太極二年，一造於開元十五年，一造於十年，此銘是也。在舍利塔之東北角。乾隆丙寅，宛平查恂叔要遼陽高季冶、無錫雲上人暨予同游是山，四浮圖字畫皆未剥蝕，欲拓之不果。今忽忽又三年矣，雲上人已下世，季冶躬耕灤州，恂叔遠官桂林，予獨匏繫都下，偶於琉璃廠得此本，恍然如夢寐也。唐武德初始置軍府，以驃騎、車騎兩將軍府之，六年改驃騎曰統軍，貞觀十年更號統軍爲折衝都尉，諸府總曰折衝府，凡天下十道，置府六百三十四，皆有名號，新安其一耳。府兵之稱遂肇於此。説文無『衝』字，有『衜』，此銘『衜』兩見，皆作『衜』，唐人字學去古未遠，宜其俗書尚少也。

乾隆十四年四月十六日，秀水萬光泰跋於楊梅竹斜街之寓室。鈐『光泰之印』白文方章

又

唐人稱石經洞曰『雲居上寺』，此銘於西峪寺，稱『西雲居寺』，則東峪寺即東雲居寺可知。光泰又記。鈐『萬』朱文長印

張廷濟題跋

雲居寺四石浮圖，景雲二年者，王璬造，寧思道正書；太極元年者，田義起造，王利貞文，行書；開元十五年者，太原王大悦所撰，正書；此王文安造，梁高望正書，在開元十年四月。四刻皆載《萃編》，而王無題。考潛研堂止跋田義起一刻，而它不及。萬徵士此跋可以補二家所未及矣。萬字循初，號柘坡，秀水人，生員，乾隆元年丙辰順天舉人，舉詞科，年甫冠，有《柘坡居士集》。昔歲丙申初夏，因送兒輩試，至郡，老友歲貢生曹種水言純携歸於余。曹詩詞古文皆深造自得，六月廿八日故，年七十，惜未乞其書後。

道光十八年戊戌十月十八日，嘉興七十一歲老者張廷濟記。鈐『張廷濟印』白文方印、『張叔未』白文方印

王敏先生按語

此石浮圖銘，光緒年間拓本首行『大唐易州新安』，唐

字、易字、新字，第二行『道潛』之『潛』字泐如狀。此本以上諸字均未損，爲雍乾精拓本。近拓本有光緒八年五月宗室盛昱、蒙古錫鈞、永明周鑾詒同遊題記刻字。舊拓尚未題記刻字。

吳湖帆舊藏南宋拓《麓山寺碑》

說明

《麓山寺碑》，又名《嶽麓寺碑》，唐開元十八年（730）九月十一日刻，立於潭洲長沙府麓山寺（今湖南省長沙市嶽麓書院）中。李邕撰文並行書，文末署『江夏黃仙鶴刻』，學者以爲即李邕本人所刻。碑通高400厘米，寬135厘米，碑身高258厘米；碑文凡28行，行56字；碑陰爲屬吏題名和贊詞，分三層刻；碑側有米芾觀款，題曰：『元豐庚申元日，同廣惠道人來，襄陽米芾。』額篆書四字曰『麓山寺碑』，2行，行2字。此碑自刻立之日起即存於麓山寺中，保存完好，直至清嘉慶（1796—1820）初年碑石斷裂，殘石數度被砌入墻中，1962年，地方政府建亭保護。

國家圖書館藏本爲南宋拓，碑末『江夏黃仙鶴刻』未損。割裱本，1册，墨本30開，題端1開；册高37厘米，寬21.8厘米，墨心高27.6厘米，寬17厘米。陳璜、徐渭仁、龐芝閣、穆溎初、張競仁、吳湖帆舊藏，吳湖帆、王同愈題簽。鈐『心穀秘玩』『四歐堂印』『醜簃』『湖帆寶此過於明珠駿馬』『穆溎初珍藏印』『上海徐氏寒木春華館道光壬午後所藏』『河間龐芝閣考藏印記』『黃氏金石』『陳氏金石』『寄磻珍玩』『張競仁印』等印。

吳湖帆題簽

宋拓《麓山寺碑》。黃仙鶴本。吳湖帆珍藏。

王同愈題簽

宋拓《麓山寺碑》。庚午中秋，自槎溪來至滬西四歐堂讀碑，題此。王同愈。

董研齋舊藏清乾嘉間拓《郭家廟碑》

說明

《郭家廟碑》，又稱《郭敬之家廟碑》，唐顏真卿撰並書，代宗李豫隸書題額，自署廣德二年（764）十一月二十一日立。首題『有唐故中大夫使持節壽州諸軍事壽州刺史上柱國贈太保郭公廟碑銘並序』。此碑爲郭子儀爲其父郭敬之所立家廟碑，舊在陝西西安府布政司署内（據傳即唐代汾陽王府舊址），1950年移入西安碑林。螭首方座，高318厘米，寬170厘米；陽30行，行58字；尾刻清嘉慶壬申趙懷玉等觀款；陰刻郭子儀兄弟子孫官職名字，共4列，34行；額3行12字。

據《校碑隨筆》稱，宋拓本銘詞内第二句『號土』之『號』字右半清晰，到清初尚可辨，以後漫漶不清。明拓本銘詞中『芝馥蘭芳』四字均清晰，清初以後『芝』『芳』二字尚可見，而『馥』『蘭』二字已磨損。至嘉慶十七年（1812）刻趙懷玉、董曾臣等觀款，在末行『建』字下空一格。有翻刻本，原石已泐字，翻刻本均完好。翻刻本多失原字神韻，唯南宋留元剛《忠義堂帖》尚能體現顏書風神。

國家圖書館藏本爲飲冰室舊藏清乾嘉拓本，册頁裝，1册，册高29.8厘米，寬16.3厘米，凡54.5開；半開3行，行5字，墨心高21.3厘米，寬12.6厘米。采訪號爲25775，1961年7月24日登記入藏。

董研齋題跋

《太保祁國公碑》並碑陰，顏真卿撰文並正書，隸額，在西安布政司。按：敬之爲漢光禄大夫廣意之後。『廣意』，世系作『廣智』，碑載子儀官爵甚詳，大略與史傳合。史稱『振遠軍使』即單于副都護，『九原太守』即兼豐州都督也。又《通鑒》稱是年十二月拜尚書令，此碑建於十一月，即稱尚書令者，應是碑陰後書及之也。傳稱『武舉及弟，授左衛長史』，應依碑作『長上』。碑載子儀兄弟七人，孫十五人，曾孫二人。孫除子儀子八人外，曄是子琇子，昕、煦、晅，幼明子，昉、曉，幼賢子，晛，子瑛子，曾孫鋭是曜子，銑是映子。鈐『董研齋』朱文方印

趙烈文等舊藏三種《麻姑仙壇記》

說明

《麻姑仙壇記》，全稱《有唐撫州南城縣麻姑山仙壇記》，是顔真卿楷書代表作。

傳此帖有大、中、小三種，因原石均佚，故難尋佳本。據說原石立於唐大曆六年（771），在江西臨川，明季毁於火，元建昌知府梁伯達重建，後世代有翻刻。據載，宋刻帖本就有張之洞、何子貞、端方、羅振玉藏本和戴熙、趙子謙跋本等數種。亦有元刻本，流傳罕見。以後又有唐晏雲本，忠義堂何氏本、黃氏本，傳世情況複雜。《校碑隨筆》云：『上海原石石印本，即羅振玉所藏，有張廷濟跋，現也不知存於何處。』

大字本字徑約5厘米，已知善本有明藩益王朱祐濱重刻本，今藏故宫博物院，以及清戴熙跋本的影印本，藏上海博物館；中字本，字徑近2厘米，有南宋留元剛《忠義堂帖》本，今藏浙江省博物館；小字本，字徑1厘米左右，凡46行，901字，據張彦生《善本碑帖録》，宋刻帖不見收入小字本，明《停雲館帖》始收，世傳以南城刻本爲貴，最早拓本爲上海郭若愚藏本，石完整，字清晰，今藏北京故宫博物院。

國家圖書館藏本是三種三册，合裝一函，分别介紹如下：

小麻姑一

此本爲安儀周舊藏明拓本，裱本，1册，册高23.4厘米，寬12.9厘米；墨本2.5開，題跋0.5開；半開10行，行20字，墨心高16.9厘米，寬8.6厘米；有常贊春題跋，鈐『安儀周家珍藏』朱

文長方印、『古香書屋』朱文長方印、『偉豪所得金石』朱文方印、『心賞』朱文葫蘆形印、『祥』等印。采訪號爲75573，尾蓋『一九五三年十二月卅一日』印，1963年4月24日登記入藏。

常贊春題跋

《麻姑仙壇記》，向傳越州石氏本即小楷書，何子貞亦有宋拓小楷一本，雖模糊中猶見端勁之概。子貞詩云：『《麻姑壇記》能醫俗，除卻真山解道無。』蓋見傅青主小楷具此概耳。是本拓法精整，自較停云傳刻爲佳，況承多數賞鑒鈐章，尤足增重乎。

子俞屬爲識末，略述所知，以充册末。儼叟常贊春識。鈐『儼』朱文方印

小麻姑二

此本爲葉云谷摹刻初拓本，裱本，1册，册高25.5厘米，寬15.5厘米；墨本4開，題跋2開，半開高25.5厘米，寬15.5厘米；此本包括原刻和董其昌臨本兩個版本，原刻本半開13行，行20字，後有『葉氏風滿樓藏書畫』印記；董氏臨本字略小，半開11行，行20字，後有其題跋一則。有閻國祥題跋，鈐『國祥珍玩』『國祥私印』『詩禮後人』『祥』等印。采訪號爲94008，1963年4月24日登記入藏。

□雪禪題書板外簽

明拓《麻姑壇記》。癸亥仲夏月，雪禪題簽。

閻國祥題跋

顔魯公《麻姑壇記》，自南城原拓既亡，在人間者苦無善本，不獨陝刻全失本真，即文衡山停雲館所刻，亦毫無神理。此從宋拓重摹入石，余以三希堂較對，絲毫不爽。後有董香光臨本，尤饒飛動。內有葉氏風滿樓所藏書畫印及雲谷珍賞印，知爲收藏家所珍祕者，可寶也。

咸豐戊午孟夏之吉。閻國祥識。鈐『臣國祥印』白文方印、『兆興』朱文葫蘆形印

閻國祥録王樹題跋

附録：王虛舟三希堂刻顔魯公《麻姑壇記》跋

小字《麻姑壇碑》，歐陽公、趙明誠、都元敬、顧亭林

皆以爲後人補書，鄭樵、陸放翁則又確爲魯公，聚訟紛紛，迄無定説。予謂此帖字雖小而淳古寬綽，力出字外，信非魯公不能。平生所見前後建昌本，龍安寺本，及寶晋、停雲諸刻，字形雖具，神采都亡。此則真建昌原刻，紙墨精古，的爲宋拓無疑。余所收與此正同，而左角上方闕處猶短，蓋又在此上也。

康熙六十年六月十三日，良常王澍觀并記。

後閻國祥題跋

三希堂帖乃乾隆間刻於御府者，以有右軍《快雪帖》、大令《中秋帖》、元琳《伯遠帖》三墨迹，因顔其堂曰『三希』，而《麻姑帖》亦刻焉。後有諸名家四跋，乃録於帖之前後，以備參考。按：三希堂刻是國初周確齋本，此帖乃明季楊鳳麓本，皆摹於宋拓，故堪珍玩。慈颿再識。鈐『祥』朱文方印

閻國祥録徐用錫題跋

録三希堂顔魯公《麻姑壇記》三跋

按顧氏《金石文字記》，此碑元作大字，常恨石亡，拓本不可得見。小字乃補鎸新本，是萬曆初年刻，今觀世所傳摹，了不見筆意。吾友周君確齋出示此卷，審其紙墨，真宋拓無疑，而字之間架，雖分許而有尋丈之勢，令人不復繫思元碑。又昔人評此書秀穎，亦惟此尚可想見。後人不見此種，將惑於後主乂手並脚之誚，東坡瓦注賢於黄金之説，其誰爲魯公辯謗邪？吾友其寶藏之，康熙丁亥三月望日，題於揚州郡署。徐用錫。

閻國祥録陳奕禧題跋

黄山谷云，《小麻姑壇》是本朝一僧書，歲久已忘其名。予少時學各體書，皆易入，唯此難得，其疏密寬窄間架，蓋自然而不勉强，一篇章法如《廣平》《家廟》諸碑，幾幾乎入平原之室也。撫州石刻已亡，建昌有續鎸，乃明守季膺得羅近谿先生家藏本重模者。此拓肥瘦正與建昌刻相似。考顔書原石最頭肘狹，背有薛稷、歐陽詢等小字，在建昌郡齋。顔公豈與歐、薛同時？其語不足信，山谷必有徵據。然自是名迹，由吾所論如此。丁亥臘之廿四日，確齋示觀於北途舟次，舉以告之。海昌陳奕禧。

閻國祥録林佶題跋

魯公楷書大者無過《中興頌》，小者無過《麻姑壇》。然大字易留，小者易毁，今世所傳《麻姑帖》，率是停雲文氏刻，祇存形似耳。此本是舊拓，神采奕奕，猶有《宋廣平》《顔家廟》二碑遺意，真可寶也。卷今藏吾友黄研旅家。研旅來京師，出此共賞，老眼昏花，竊喜見此名蹟，又幸得繼徐、陳二君細書跋語後，應笑秃翁老不解事，强支吾在作據鞍矍馬伎倆也。

康熙辛丑芒種日，鹿原林佶跋於金臺寓舍，時年六十有二。

閻國祥題跋

黄山谷以此帖爲本朝一僧人書，宋世如有此僧，自當壓倒蘇、黄、米、蔡，夢英不足論也，何至竟忘其名？顧亭林又以爲補鎸新本，萬曆初年所刻。試思撫州、建昌、寶晋齋皆有宋拓，豈至萬曆間始刻於石乎？陳香泉云自是名迹，由吾所論，誠哉是言也！

國祥附記。鈐「閻」「國祥」印

中麻姑

此本爲蒯若木舊藏宋拓中字本《麻姑仙壇記》，裱本，1册，册高29.5厘米，寬13厘米；墨本4開，題跋2開，畫1開；半開6行，行20字，墨心高23.4厘米，寬7.9厘米。有趙烈文同其子元靚題跋，及其女趙愉畫麻姑一開，首開鈐「天放樓」朱方印，「鎮庫」朱文連珠印，畫上鈐「能静居士第五女」白文長方印、「趙愉畫印」白文方印、「員頓」朱文方印，拓本及邊鈐「禮卿府君遺物」朱文長方印、「蒯壽樞家珍藏」朱文長方印、「天放」朱文橢圓形印、「長生安樂趙烈文之印」白文方印、「陽湖趙烈文收藏記」朱文長方印、「登州戚璋叔玉敬觀」朱文長方印、「非昔元賞」朱文方印、「能静考藏金石」白文方印、「能静居」朱文橢圓形印。20元從特藝公司前門經營管理處購得。采訪號爲83828，1963年4月24日登記入藏。

趙烈文朱筆首開邊跋

咸豐辛酉三月廿七得於吴山于先生之孫壽年，時同避寇至上海。光緒壬午重裝四葉。天放樓記。

趙烈文題跋

何義門云，張紳《法書通釋》云有大、中、小三等，此是中者邪？余向未之考證也。

又

此碑有錢半村旃覆刻，改方石爲横條，增行减字刻，不能佳，略具形骸而已。後附跋云：『魯公《麻姑帖》，以蠅頭書爲，此本字畫稍大，而行世亦少，偶得宋拓，用鏤於堅珉，爲書家師範（二行『爲』下脱『貴』字）。壬辰臘月十二，趙次侯送斠，援筆記此。』錢旃何世人，俟考。静叟記。鈐『趙』朱文圓形印

又

《仙壇記》中字本罕見著録，張紳《法書通釋》云有大、中、小三等，是中字本。洪武時人見之矣。孫退谷《銷夏記》云：『撫州《仙壇記》，字形大如指頂，魯公最得意書，不知何時毀壞，世無見者。余得之故恭順家（恭順者明功臣吴允誠裔，世封恭順侯，崇禎間襲封者爲惟業，蓋即藏帖人子姓），宋以前拓，楮墨精好。至行世蠅頭小楷，乃慶曆中人僞書，舉世奉爲楷模，誤矣！』是中字本明清間尚有之矣，此本父執吴江吴山子先生所藏，不知與退谷所見者同石，抑血胤所遞禮也？聞道光間楊龍石有一本，詫爲鴻寶，其罕購見珍若此。咸豐辛酉歲，與山子先生之孫壽年同避兵滬瀆，壽年斥長物貿食，余時亦極困，往往枵腹過午，然猶節縮甚久，積數餅以餉壽年，乃後有之，守護至今。後人讀余跋，其忍狼藉之哉。光緒庚辰上元節，能静居士趙烈文書。鈐『趙烈文字惠甫』白文方印

趙元覲題跋

光緒廿又四年，岁在著雍淹茂建辰之月上巳後五日，君贤世光生見示此本及绛帖所刻第一種禊帖且本，海虞楊師載偕張頌欒欣賞旬日，因題。子元覲侍。鈐『同福』白文長方印、『五十二歲後作書以字行』朱文方印

吴湖帆舊藏明拓《大唐中興頌》

説明

《大唐中興頌》，唐上元二年（761）秋八月元結撰文，顔真卿正書，大曆六年（771）夏六月刻。在湖南省祁陽縣浯溪東山摩崖之上，今屬浯溪碑林。大字21行，滿行20字，共計263字。左行，首題『大唐中興頌有序』。《金石萃編》稱『碑高丈二尺五寸，寬丈二尺七寸』，高、寬皆在4.5米以上。碑文表達了平定『安史之亂』後歡欣鼓舞的心情。

國家圖書館藏本爲吴湖帆舊藏明拓本，首題下『有序』二字未損。割裱本，1册，85開。高30厘米，寬15.2厘米。吴湖帆、蔣祖詒遞藏，吴氏題簽。有蔣祖詒、吴湖帆、姚世鈺題跋。鈐『四歐堂印』『湖帆鑒賞』『吴湖帆』『醜簃長年』『醜簃長樂』等印章。

吴湖帆題簽

明拓《中興頌》，四歐堂藏。

佚名題簽

《中興頌》

蔣祖詒題跋

此明拓善本，頗罕覯，余求之數年不可得。壬申七月二十八日，余移家安樂新居，湖帆道兄以此本見贈。中興爲頌，其意甚盛，用識數語，以志嘉惠。

烏程蔣祖詒題記。

吴湖帆題跋

魯公此書與右軍黄庭經一鼻孔出氣，知書者自能辨之。

醜簃。

又

須如此舊拓，始見鋒穎畢露處，可以山陰小楷并觀。

又

此拓紙墨絶勝，與宋拓無異，氣韻充沛，自非明中葉後物。庚午夏歸四歐堂。

湖帆題。

姚世鈺題跋

《中興頌》未見舊拓。余有二本：其一康熙甲子先伯祖父副使公視學衡湘間携歸者，數年前又從同里吴檢討丈乞得一本，無甚優劣。此本剥蝕處較余所藏差少，其筆畫神彩亦微勝之。題簽三字頗似海虞馮補之手迹，當自中吴故家散出也。尚是百年舊拓，宜珍惜之。

乾隆甲子秋日，姚世鈺觀并記。

張廷濟舊藏清乾隆拓《温佶神道碑》

說明

《温佶神道碑》，牛僧儒撰文，裴潾正書，唐大和七年（833）建，在河南省安陽市。首題『唐故太常丞贈諫議大夫温府君神道碑並叙』。額篆書同首題。拓本罕見。

國家圖書館藏本爲裱本，1册，册高33.1厘米，寬17厘米；半開3行，行6字，墨本凡22.5開；墨心高25厘米，寬12.5厘米。有張廷濟、魏稼孫題跋1開，鈐『汪自楨印』『張熙考藏』『石門沈雲字伯雲秘笈之印』『謝城』『清儀閣』『張熙考藏』等印，1966年4月1日登記入藏。

佚名題書帙外簽

《唐太常丞温府君碑》。此拓不易得。

熙題書板外簽

《唐太常丞温府君碑》，清儀閣舊藏。熙題。鈐『熙』印

張廷濟題内簽

《唐太常丞温府君神道碑》，舊拓本。鈐『張叔未』白文方印

沈伯雲題内簽

《唐太常丞温府君神道碑》，舊拓本，清儀閣藏。叔未解

元、魏稼生先生題跋，伯雲珍秘。鈐『石門沈伯雲珍藏金石文字記』朱文方印

張廷濟題内簽

《唐裴遴正書温府君神道碑》。鈐『張叔未』白文方印

張廷濟題跋

《太常丞温府君神道碑》，裴潾正書，建中元年。

右碑係乾隆乙卯澉浦畢崑原丈所贈，《寰宇訪碑録》載浙江仁和趙氏拓本，知此石已佚。嘉慶丙寅，張廷濟藏識。鈐『清儀閣』朱文方印

魏稼孫題跋

按此碑立於大和七年，其題署在末一行，世多未見，詳具顧澗薲先生《思適齋集》。余舊得整幅，是拓上有篆額，既録原文，刊入拙著《績語堂碑録》，而拓本旋爲某君竊去。近觀侯官李氏藏碑，復見整拓二紙，流傳既多，其紙墨皆不能舊，疑原石或尚在人間也。此本裁剪不完，而持校拙著，訂訛補缺，凡十一字，蓋椎拓較緻，爲乾隆以前本，且經叔未翁賞鑒，深可寶重。癸酉六月，從祥伯先生借觀，二十四日剪燈校畢，因記。錫曾。鈐『稼孫』朱文方印

王敏先生按語

此本《温府君碑》爲乾隆年間拓本，拓工極精，字口清晰，裱本挖裱精拓，挖鑲加墨綫，裱工極精緻，楠木面擦漆。

何焵舊藏明拓《東林寺碑》

説明

《東林寺碑》，李邕撰并正書，原碑開元十九年（731）七月立於九江東林寺，陰刻唐裴休、宋米芾和蔣之奇等題記。此碑後毁於火，元至元三年（1337）四月初八重立。

國家圖書館藏本爲何焵舊藏明拓本，裱本，1册，册高31.5厘米，寬15厘米，凡32開；半開3行，行6字，墨心高27.6

厘米，寬13.2厘米；有何炯題簽和蕭君題跋，鈐『何炯』『特雅』『阿炯』『長嘯』等印。采訪號爲94929，1963年8月16日登記入藏。

何炯題外簽

《東林寺碑并序》。李邕文并書，開元十九年七月十五日建。鈐『何炯』朱文方印（按：此簽據王敏先生書補，今僅存『林寺碑』三字）

蕭君題跋

《東林寺碑》爲北海精心之作，惜石燬於元至正間，原拓已如孤星。余癸未夏偶遊歷下，大雨阻敬古齋，王賈本舊識，時已疾甚。出此本相示，詫爲奇遇，亟議價收得。册内有何炯印章。何，明晋江人，著有《清源文獻》《示兒編》，有正書局印行，臨川李氏藏本，與此蓋同一血胤也。

三臺蕭氏尚君子堂秘笈。鈐『蕭君印信』章

王敏先生按語

此碑元至元三年重刻，爲明拓本，明裝裱，墨紙鑲邊，精折裱本。淡灰色花綾包紙背面。

龔橙舊藏清拓《造院修佛殿功德記》

説明

《造院修佛殿功德記》，又名《修佛殿功德記》，後梁貞明六年（920）九月二十五日記，正書。首題：『維大梁國貞明六年歲次庚辰九月己丑朔廿五日癸丑鄭州滎陽縣□□鄉朗封管録□創建造院及建佛殿功德記。』

國家圖書館藏本爲册頁裝割裱本，1册，册高28厘米，寬17.5厘米；凡7.5開，墨本6開，題跋1開；半開7行，行字不等，墨心高21厘米，寬12厘米。龔橙、陳范、鄒安遞藏，有鄒安題跋。采訪號83876，1963年8月19日登記入藏。

陳范題外簽

後梁《造院修佛殿功德記》。仁和龔氏舊藏，夢坡。

龔橙題内簽

□□貞明六年九月滎陽，《造院修殿［功德］記》。

鄒安題跋

此記不見於金石各録，碑石早燬，已成傳世孤本。舊爲陳季槃所藏，有龔孝拱題籤，惜稍損破。庚戌得於川沙沈氏各墨拓内，即據以補入《訪碑續録》。

鄒適廬。鈐『壽祺』朱文方印

又

梁碑傳世不多，朱梁尤少。此記楷法秀厚，爲各梁碑之冠。是與前梁《舊館壇記》媲美。壬子偶檢箱篋，復記於旁，時正開社士研究金石云。

安又記。鈐『鄒』白文方印

鄒安録龔橙題跋

後梁貞明六年滎陽縣□□《造院修佛殿功德記》，歷頌司徒、長官、評事、鎮常侍、諸英、儒信士、維那等，而皆無姓名，自叙每奉甄推，慚□筆硯，亦并不出名。末云列諸維那芳字竪石鐫名云云，乃晤別書，必在其陰，而此自滎陽某村移縣龍泉寺陰函大殿東壁。

鄒安題跋

上影移龔宅耕先生《金石刻墨所見目録》下册識語，末云與陳寄盤知此拓原爲龔氏之物。龔氏目録無刻本，近自其家借閲。

乙卯秋七月，適廬。

劉體乾舊藏宋拓《廣政石經》

説明

《廣政石經》的刊刻肇始於後蜀孟昶廣政（938—965）

初年，又稱《蜀石經》或《後蜀石經》，因立於今四川成都，又有《成都石經》《益都石經》之稱。後蜀宰相毋昭裔主持刊刻，張德釗、楊鈞、張紹文、孫逢吉等書丹上石，自廣政初年始至宋徽宗宣和五年（1123）畢工，刻『十三經』長達一百八十七年。共刻《周易》《尚書》《毛詩》《周禮》《儀禮》《禮記》《論語》《孝經》《爾雅》《春秋左傳》《春秋公羊傳》《春秋穀梁傳》和《孟子》，宋晁公武補刻《古文尚書》，並校諸經異同，著《石經考異》附刻於後。《蜀石經》體量巨大，耗石近千塊，字數逾百萬，成爲歷代石經中規模最龐大的一種。

和歷史上其他六次儒家刻經相比，《廣政石經》有很多鮮明的特點：首先，七次刻經中，惟《廣政石經》經注並刻，行款類宋版古書，經文用單行大字，注疏用雙行小字，注文排在經文之下，經注並行，相映生輝。其次，刊刻內容和規模最大，《廣政石經》刊刻了一套完整的『十三經』及注文，字逾百萬，石逾千數，宏工巨制，空前絕後。第三，刊刻时间最長，《廣政石經》始刻於廣政初年，後蜀時期完成了《孝經》《論語》《爾雅》《周易》《毛詩》《尚書》及『三禮』的鐫刻，《春秋左氏傳》僅刻十七卷，至宋皇祐元年（1049）成都府尹田況補刻《公羊傳》《穀梁傳》和《左傳》十八至三十卷，《孟子》在北宋中葉被立於學官，上升爲『經』，故徽宗宣和五年（1123）蜀帥席貢又補刻《孟子》，至此，蜀刻『十三經』全部畢工，刻經時間長達一百八十七年，是歷代石經中刊刻時間最長的。第四，书法精美，《蜀石經》的刊刻者『悉選士大夫善書者模丹入石』，可見題名者有張德釗、楊鈞、張銘文、孫逢吉、朋吉、周得貞等人，皆後蜀以书法見長之人，陳德謙、武令昇等鐫刻。《蜀石經》嚴謹的體例和峻整的書法，一直深受前人好評。楊守敬評價曰：『《蜀石經》經注並刻，宏工巨制，可謂空前絕後。』何紹基曾以『專精』二字稱之，洵非虛美。第五，歷代儒家刻經中，只有《廣政石經》出自一個地方割據政權，在我國歷史上也是獨一無二的。當時中原喪亂，士大夫多到蜀中避難，後蜀兩位君王孟知祥和孟昶，皆重視文事。尤其後主孟昶，在位三十餘年，休養生息，興文求治，蜀中尚稱安定，其相毋昭裔具非常之才，捐資興學刻書，主持刊刻石經，这些都是《蜀石經》産生的原因。

宋室南渡後，《蜀石經》一度曾替代《唐石經》（在西安碑林）成爲當時儒經定本。在清乾隆時期和民國時期，分别有少量《蜀石經》殘石出土，現大多收藏在成都、重慶博物館。

國家圖書館藏《蜀石經》共九册，包括宋拓《蜀石經》七册，《蜀石經題跋姓氏録》一册，陳氏木刻《蜀石經》一册。采訪號爲225001，1970年8月10日登記入藏。各册信息詳見下表。

附：《蜀石經》各册信息一覽表

册次	内容	墨本（開）	題簽（個）	題端（開）	繪畫（幅）	題跋（開）
1	《左傳》卷十五	53.5	4	1	1	21.5
2	《周禮》卷九、卷十	75.5	3	1	1	13.5
3	《左傳》卷二十	3	5	3	1	52.5
4	《穀梁傳》卷八、卷九	6	1	1	2	20
5	《公羊傳》卷二	19	2	6.5	2	33
6	陳氏木刻《蜀石經》					
7	《穀梁傳》卷九	2.5	4	2	1	64
8	《蜀石經題跋姓氏録》					
9	《周禮》卷十二	22	2	3	2	37.5
	總計	181.5	17	17.5	10	242

第一册《左傳》卷十五

書衣外綉簽

宋拓《蜀石經·左傳》弟十五。下綉『蜀石經齋』白文方印

瞿鴻禨題書板外簽

宋拓《蜀石經·春秋左氏傳》第十五卷。瞿鴻禨爲健之親家題。

何紹基題内簽

《蜀石經·春秋左傳》第十五卷。何紹基題。

楊晋康題内簽

宋拓《蜀石經·春秋傳集解》第十五。幼雲十一弟世大人屬，愚兄晋康。

勱廷題内簽

宋拓《蜀石經·春秋左傳》一卷。勱廷。

何紹基題跋

孟蜀所刻石經，《孝經》《論語》《爾雅》，張德釗書；《周易》，楊鈞、孫逢吉書；《尚書》，周德貞書；《周禮》，孫朋吉書；《毛詩》《禮記》《儀禮》，張紹文書。惟《左傳》不題書者姓名。晁公武所述如此。此册第十五卷，起襄公十年，至十五年。卷末注出經七千九十三字，注五千二十四字。字有歐法，古味殊勝。秋來見青陽吴氏《蜀石經·周禮》《公羊傳》各一册。又見山陽丁氏嘉祐二體石經四巨册，皆爲作詩。今復睹此，墨緣駢萃，目不給賞，漫占一絶：

書律深嚴近率更，卷終字數見專精。如何不著誰人筆，輸與張楊後世名。

咸豐丁巳九日，蝯叟何紹基。

顧麟士繪《蜀石經齋圖》並題記

《蜀石經齋圖》。癸丑暮春爲健之先生鑒正，西津顧麟士。

王樹枏題跋

蜀石經齋記

往者余宰青神，門人陳蓴卿示余《蜀石經·尚書》，凡三十六字。後歷八年之久，窮搜博訪，求片石殘文，卒不可

得。及余改官甘肅，以事至蘭州，偶見葉菊裳學使座上有以《蜀石經·左傳》一大巨册求售者，索價甚高。菊裳既堅持之，余亦匆匆返中衛而去。戊子之秋，廬江劉君健之爲余言伊手藏《蜀石經·左傳》《周禮》《公羊》《穀梁》殘卷，都經注四萬六千餘言，翌日出行篋中《左傳》相示，則蘭州所見故物也。是册起襄公十年，盡十五年。爲卷第十五，爲葉五十三又半，爲字經七千九十三，注五千二十四。曾宏父《石刻鋪叙》謂《蜀石經·左傳》三十卷，蜀鐫至十七卷而止。今此十五卷，蓋猶廣政間舊刻也。他經皆著書人姓名，而此獨不署，亦無年月可徵。且其中唐蜀諱文並缺，論者惑焉。不知蜀經悉依太和舊本，《左傳》一經蓋取原拓上石，故唐諱仍舊，而遇蜀諱，則亦減其一畫以避之。觀其不著書人，審知其爲太和原本無疑也。《公羊》《穀梁》乃宋時補刻，不得謂之蜀經。健之獨取『蜀石經』三字，以名其齋者，蓋即《左傳》《周禮》二巨册言之，從其重也（《周禮》凡三卷，都九十七葉半；《公羊》殘卷十九葉；《穀梁》殘卷弍葉）。五季當中原多事之秋，典章文物掃地殆盡。孟蜀據偏隅之地，竊號四十餘年，獨能以兵革餘暇，與其諸士大夫研經習藝，演迪宗風。莊子曰：『去國期年，見似人者而喜。』況夫處今之世，而猶有拳拳服膺此事如健之者。其爲喜不更可知乎？烏虖！古物之銷亡久矣。其不幸而殘，賊於庸夫俗子無知之手者，不知凡幾。即幸而托之有其人，藏之得其所，而遭時多故，水火之災，兵戈盜賊之禍，歷年愈遠，則傳世愈稀。其僅而存者，又或子若孫視之不甚愛惜，一再傳而後杳焉，不復知其何屬者，所在皆是也。夫人與物，特一時之所寄耳。聖人之於天下，高士之於一身，烈夫之於名，庸人之於利，千態萬狀，不可殫形。雖所寄之事不同，而物之相需而至者，一若各任其人之自爲取携，如芻豢薦帶之不能强以相喻也。健之博文耆古，踵其先公文莊之後，治蜀有政聲。石經之獲，其或者天以蜀人之故物報我使君，而君亦以不忘蜀人之故，矜寵而珍異之，以答天之厚貺與？不然者，以千年灰燼之餘，昔人之所不經見者，一旦而君乃獨得之，其爲難能而可貴何如也？語曰：物常聚於所好。君苟進此，以更求所謂十經者，又惡知天之不盡發其藏，以厭君之望也？

戊子重陽後一日，新城王樹枏識於宣南之君子長生館。

瞿鴻禨題端

宋拓《蜀石經·春秋左氏傳》第十五卷，蜀三石經主人屬，瞿鴻禨題。

楊寶臣題跋

右宋拓《蜀石經·春秋左傳》第十五卷，起襄公十年，盡十五年，五十三葉半。卷末自注經七千九十三字，注五千二十四字。第一葉有『東宮書府』印，第二十五頁有方印，模糊不可辨。墨紙裝界，朱字標識均宋款誌。以阮氏重刻十行本校之，異者六十餘條，多與《校勘記》所引諸善本同。其諸本未見者十餘條，皆嚴氏《蜀刻毛詩考證》、馮氏《蜀石經考異》所遺也。按：《蜀石經》刻於孟蜀廣政中，《春秋》三傳至宋皇祐元年方成，自來著録家未能分晰。吴任臣《十國春秋》云：『毋昭裔按雍都『九經』，令張德昭等書，刻石成都。』趙清獻《成都記》、席益《石經堂記》略同。洪文敏《容齋續筆》云：『《成都石經》字體精謹，有貞觀遺風，唯『三傳』至皇祐元年方畢工，殊不逮前。』王伯厚《玉海》略同。晁子止《石經考異》序云：『《左傳》不誌何人書，而詳觀其字畫，亦必爲蜀人所書。然則蜀之立石蓋「十經」。』《讀書志·石經左傳》云：『此不題所書人姓氏，亦無年月。按：文不缺唐諱，而缺「祥」字，當是孟知祥僭位後刻。』今以此殘本勘之，諸説皆未盡合。惟曾宏父《石刻鋪叙》云：『《蜀石經·左傳》卅卷，蜀鎸至十七卷止。』最爲明確。卷中『祥』『詳』『察』等字皆缺筆，其爲孟氏所刻無疑。又正在十七卷以前，曾氏之言信而有徵矣。晁氏言亦近是，而未辨補刻起自何卷。又云不避唐諱，而此卷『世』『民』字皆缺筆，『弃』『葉』『愍』等字亦皆缺避，與子止説未盡符。或十卷以後有不避者，然既非蜀刻又不應避蜀諱，不見全碑，無從知子止所由誤也。《蜀石經》悉遵太和本，爲唐代傳寫之遺。開成僅刻經文，孟氏並鎸各注，故可寶貴（石經《廣政》《開成》同出太和舊本。殘本《周禮》『前弱則勉』，《左傳》『子矯曰』，《公羊》『淫于蔡』數條可證。唯《毛詩》多異，致啓近儒誣詆。然雍都『九經』，亦未必止有一本也）。晁子止《考異序》備言監本不可盡從，蜀刻固已可嘉。持論平允，不愧名儒。南宋末，蜀石湮没，元明無聞，國朝黄松石始得《毛詩·周南》《召南》《邶風》。後歸黄蕘圃，又佚《周南》及《鵲巢》序。陳芳林得《左傳·昭二十年》殘本，僅六百餘字。後更歸唐陶山及鄉梁茝林。余嘗夢想蜀刻。壬子冬，息於親家陳頌南給諫處，見《周禮·考工記》殘本六千餘字，《公羊》殘本五千餘字。《周禮》爲蜀刻，與阮刻異同至二百餘條。《公羊》爲宋補刻，異同二十餘條。給諫校録其文，愛不釋手。青陽吴子肅昆仲博學多文，爲之博稽而詳説之。余已詫談經之難，得見非偶，今復睹此册，亦萬二千餘字，與《毛詩》《周禮》《公羊》鼎足，《左傳》殘文未足擬矣。獨怪《金石萃編》及阮氏《校勘記》於蜀刻殘本逞臆譏評，殊乖闕疑之義。及觀《周禮》殘本，同異極多，足訂今本鄭注之誤。而此册與《公羊》校寫精審，訛舛特尠。

《公羊》刻於田元均，猶可謂據長興本。《左傳》實蜀刻，亦與《毛詩》《周禮》不同。乃信諸經既依太和舊本，自不得臆改原文。其與長興板本，或大加删改，或只襲舊文，是以迥不相侔，不可執彼誣此。今世傳經注，北宋板久湮，長興原本豈可復觀？幸得蜀石殘本，足稱希世之珍。厲樊榭、全謝山輩，僅見《毛詩》一本，考訂題咏，流傳海内。錢竹汀又多見《左傳》殘字，嘆爲衰年樂事。今此册與《周禮》《公羊》於湮淪千載後，忽先後出天壤間，亦可云儒林之盛矣。《毛詩》及《左傳》殘字未知流傳何所。倘有力者並摹《周禮》《公羊》及此册，同壽諸石，或權付棗梨。既同漆書竹簡之奇，復見鐵畫銀鈎之致。至寶獲傳，當亦晁、張諸君所深許也。至阮氏《毛詩校勘記》出段大令茂堂之手（見《經韻樓集》），茂堂老夙，不應疋陋至此，蓋有爲而言。吴子肅辨極詳，兹不復贅云。

咸豐六年丙辰重九日，昭武楊琺臣敬觀竝誌。

張錫庚題跋

《蜀石經》刻於孟蜀廣政中。其《左傳》卅卷，鐫至十七卷止。此卷第十五，猶是孟蜀時刻也。晁氏《讀書志》謂《蜀石經·左傳》按文不缺唐諱，而缺『祥』字。今卷中『世』『民』等字皆缺筆，『祥』『詳』字亦缺筆，似此本非孟蜀所刻。而卷中何以又缺蜀諱？按：《蜀石經》悉遵大和本，其於唐諱，當是依舊經本書寫。而於當代之諱，不可不避，故二者並缺筆。晁氏謂不避唐諱，考《大和石經》中唐高宗諱治，中宗諱顯，睿宗諱旦，玄宗諱隆基，文宗諱涵，皆不缺筆。兹卷如《傳》十三年『晉侯蒐于緜上以治兵』，筆亦不缺，蜀刻自是依之。晁氏所見，或偶值其不缺處，未嘗遍觀而詳考與？此拓字迹端勁，紙墨古澤，間有剥蝕，其爲蜀石宋拓無疑。式古堂主人索題，爲書數語，以誌眼福。

京江張錫庚星白氏跋。

趙光題跋

《蜀石經》本至不易得，自來考據家得殘本數紙皆極寶重之。此册爲《春秋經傳集解》第十五卷，起襄公十年，至十五年。經注共一萬二千百一十七字，首尾完善，紙墨俱古，逼真宋拓。書者不知爲誰，結體全仿歐法，可爲臨池之助，宜好古者什襲而珍藏之也。案頭展玩，古香可愛，聊書數語，以誌眼福。至考覈辨證，昭武楊君言之綦詳，不復贅述。

咸豐七年丁巳正月廿九日，昆明趙光識。

張德容題跋

蜀本石經流傳絶少。式古堂主人得《春秋經傳》第十五卷，首尾完好，持以相示，不禁嘆爲奇珍。因携歸齋頭，展玩累月，知宋人所稱引，多以蜀刻爲證。前輩搜訪金石，往往未得一見。趙谷林得《毛詩》殘本，遂招集同人賦詩題跋，以爲希遇。今獲見此本，翰墨因緣，正復不淺。遂携詣蓉師，共加鑒賞，并附識數語於左。

松坪張德容。

沈兆霖題跋

《孟蜀石經》與後唐『九經』板本同時並出，俱祖《太和石經》，而異同非一。學者每資石本以考定板本，故尤珍之。此册爲《左氏傳》第十五卷，首尾完好，合經注一萬二千一百十七字。考曾宏父《石刻鋪叙》稱蜀石經《左氏傳》録至十七卷，餘皆宋補刻。則是卷尚是孟蜀原刻，《左氏傳》雖不題書人，而端方精謹，與唐石經如出一手，或當時寫經字體類如此也。趙清獻《成都記》謂石凡千數。胡元質作堂，名『石經堂』。是趙宋時已極寶貴，不知何以流傳絶少。國朝黄松石、陳芳林諸公得《毛詩》《周禮》《左氏》《公羊》殘本，往往傳觀記咏，奉若球璧。今式古主人於無意中得此册，不知其源流所自。意古刻或不盡銷沉，特無人以表章之，則亦淪棄於廢紙簏中而已。既幸睹茲刻，尤冀異日之獲覩佗篇也，因識數語歸之。

時咸豐七年歲在丁巳暮春中澣，錢塘沈兆霖。

祁寯藻題詩

宋拓蜀石經殘本歌

有客示我《蜀石經》，《春秋》斷簡《左氏傳》。其字萬有二千餘，宋紙柔韌敵唐絹。東宮書府印宛然，熨眼已驚烏玉片。細看鈎畫具歐法，貞觀遺風猶未變。鴻都三體賸殘隸，開成勒石名久擅。蜀刻經注獨兼存，雕版並出較精善。惜哉蠶叢兵燹餘，石室摧隤梵宫絢。流傳至今二三策，往往咨嗟動邦彦。此本得之式古堂，或是晁洪昔所見。楊君作記嘆希有，好古諸公劉覽遍。漢唐原流多著録，巴蜀文雅鮮論撰。張楊孫周盡能事，僕射研經亦妙選。離披氈蠟尚神采，卓犖山川有書卷。峨眉缺月秋埽空，三峽餘波净如練。書家競誇元和脚，世人但學蘭亭面。抽豪欲補金石編，歐趙前頭敢輕衒。

咸豐七年立秋前三日，大雨中觀并題。壽陽祁寯藻。

朱学勤題跋

予年十七，隨侍北上，道出吴門，得唐太守仲冕所刊《蜀石經·毛詩》殘本。前有顧茂才澗蘋序，頗詆此書。舟中篝燈讀之，未暇詳校也。其後入京師，聞陳侍御頌南有《周禮》《公羊》殘本，亟思一假讀以擴聞見。而侍御方以直聲動天下，予以秋試入都，引嫌不敢往見。及予通籍入詞館，將修前後輩之禮，而侍御又乞假回閩，卒不得一讀以償所願。至今念之，未嘗不攪予心也。今年春，同年張松坪比部爲予言，式古堂主人藏有《左氏傳》一卷，亟往假歸卒讀。起襄公十年，盡十五年。經七千九十三字，注五千二十四字。洪容齋《隨筆》云：「『三傳』至皇祐元年畢工，殊不逮前。」晁昭德《讀書志》曰：「《左氏傳》不題所書人姓名，亦無年月。按文不闕唐諱及國朝諱，而缺「祥」字，當是孟知祥僭位後刊石。」此卷『祥』『詳』『察』等字均缺筆，與晁氏所言合。而『世』『民』亦缺諱，即偏旁字從『世』從『民』者，亦多省缺。考曾宏父《石刻鋪叙》云：「《蜀石經·左傳》三十卷，蜀鐫至十七卷止。」然則洪氏、晁氏第指田况所補言之，故與此卷未盡合也。自宋以來，言《蜀石經》本末者最詳，若席氏（益）、晁氏（公武）、洪氏（邁）、趙氏（希弁）、曾氏（宏父）、王氏（應麟），及國朝之顧氏（炎武）、萬氏（斯同）、吴氏（任臣）、杭氏（世駿）、王氏（昶），均有記述。而家竹垞翁所考尤詳，獨不言其亡佚何時。考無名氏《寶刻類編》，作於宋理宗朝，石經尚入著録。其後僅見於陶氏（宗儀）、趙氏（均）二家之書。然其所據，恐出自傳拓之本，未必原石尚在。故以楊氏（慎）之博雅好事，未嘗一言及之，以夸其鄉邦文物之盛。則自合州賓館《禮記》數段而外，蓋略無存者矣，故妄斷以謂亡於元初。特當其時，士大夫高談性命，不復以是措意，卒至淪没而不可考見爾。然宋人甚重其書，多引以爲證。徽國文公注《論語》，號稱矜慎，亦引用其説，以考今本。與《釋文》合者三科，與《正義》合者三科，與相臺岳氏本合者十四科，與石經合者六科，均足正今本之謬。蓋毋昭裔勒石之時，以太和舊本爲據，其勝於今本宜也。其偶有舛錯者，則全氏（祖望）所云爲書既多，不能無誤者是已，而顧氏獨詆之，何歟？噫！自唐以後，經學之不明久矣。陸元朗之音義，顔籀之定本，往往沿俗本之誤，學者不以是廢其書。况蜀僻在西陲，當干戈俶擾之際，而毋昭裔等能以經學爲急務。今此《左氏傳》殘文一卷，其是者可訂俗本之訛，其非者亦足以廣異聞。惜乎！晁公武《石經考異》已佚，無由盡睹其異同也。顧氏所言，無乃近於失考也乎？式古主人屬予跋，因考其亡佚之由，以辨顧氏之誤，書之册尾以歸之。然則向之欲一讀《周禮》《公羊》而不可得者，天其以是償之矣。

咸豐强梧大荒駱日南至，舊史氏仁和朱學勤修伯甫識於宣武城南寓邸之結一廬。

葉名澧題詩

式古堂中富名翰，示我一册尤瓌奇。發編古采動心目，孟蜀刻石存孑遺。《春秋左氏》第十五，一萬二千文有奇（居宜切）。以注附經昔未見，潛研数紙當時推。廿年前遇陳仲虎，摹版成帙欣相貽。醵金將助幸同學，風流儒疋堪追思（陳雪峰文學始得吳門黃氏景寫《毛詩》殘本，又從車秋舲得《左傳》殘字三葉，即錢辛楣先生所見本也。同人助資合刻成册。雪峰一字仲虎）。安得好事踵斯舉，萬本流播經生帷。淮東丁叟儲汴刻，昨者劉覽今神馳（丁儉卿封翁晏得北宋汴刻石經，余曾寓目考證，並爲題跋）。矧茲寶墨更希有，摩挲何讓商周彝。率更筆勢宛親授，餘事亦復凌等夷。孫張楊周各騁譽，寫孤經者知爲誰。惜哉計贏不能奪，持璧欲返空嗟咨。

漢陽葉名澧觀并題。

楊傳第題詩

經師守家法，首別今古文。校勘辨同異，迺以板本論。許紅與紂緑，踳駁常紛紛。惟取印證多，藉知面目真。石經肇漢代，踵事繁貞珉。孟蜀雖僭位，猶復崇典墳。溯惟廣政年，昭裔方秉鈞。善書張楊輩，鐫石垂千春。晁洪並著録，譚執徵舊聞。展轉兵劫餘，九經難具存。《毛詩》槧殘本，近有三山陳。《周禮》及《公羊》，珍弆閒南閩。《左氏》誰手筆，考古名久湮。嘉定見數策，跋尾嗟賞頻。片玉留人間，足抵連城珍。矧茲萬餘字，經注排星雲。一卷悉完好，氈蠟函古芬。秋宵翦明燭，校讀殊忘勤。一字究六書，更比《開成》純（襄十年『郰人紇』『郰』字《唐石經》及《釋文》、宋本俱從『卯』作『聊』，惟此從『取』作『郰』，與《說文》合）。楷灋亦精絕，率更庶其倫。是當不脛走，無待懸國門。惜哉腐儒槖，不得千百緡。題詩誇墨緣，聊記吾情欣。

咸豐八年中秋節後四日校讀一過并題。陽湖楊傳第。

文雅多才彦。此經不署何人筆，論書亦是一時冠。規摹奄有率更法，姿媚奚啻《蘭亭》面。森森勒石樹學宮，奕奕宏文配禮殿。漂流略異鄴遷雍，寶重將同魏溯漢。即今殘字且奇獲，何況孤本驚罕見。翠墨千椎色香古，龍文百斛精采爛。聞公更據鼎足三，周禮穀梁存幾段。連璧兼收信無價，遺經獨抱真堪羨。行篋光騰萬丈高，滄江夜月看虹貫。

健之親家於役長沙，出示宋拓《蜀石經·左傳》，愛玩數日，題此歸之。

宣統辛亥四月，瞿鴻禨識。

吳慶坻題詩

雍都善本成都刻，偏霸猶知崇九經（石經刻於廣政中，用太和九經本）。太息儒風垂敝日，摩抄石墨倦眸醒。抱蜀堂中長物三，廿年塵夢憶宣南。期君莫靳官泉布，劍合延津侈美談（吳興張叔憲藏《蜀石經·春秋左傳》及《穀梁傳》《周禮》凡三册。壬辰在嬾眠胡同抱蜀堂中展讀竟日。君既得此册，而《穀梁》《周禮》二册，尚在京師葉君所）。

潘祖蔭題跋

憶在頌南師齋中，曾見《周禮》《公羊》殘本，時壬子秋八月也。丙辰夏，碑估以小蓬萊閣所藏漢石經殘字求售，旋爲大力者負之以歸，至今猶懸心目。今觀此册，益用憮然。

咸豐戊午春二月，吳潘祖蔭記。

汪鳴鑾、洪鈞、吳大澂等觀款

光緒四年歲在戊寅十又二月，錢唐汪鳴鑾郎亭、吳縣洪鈞文卿、吳大澂愙齋同觀。

瞿鴻禨題詩

中郎石經久殘斷，正始三體餘灰炭（魚豢《魏略》云：掃除太學灰炭，補舊石碑之缺壞）。孟蜀刻石亦無存，寥落人間《廣陵散》。黃翁好古傳祕册，藏弆《毛詩》纔二卷。方舉輣饑證異聞，藝林題識矜珍玩。豈圖後人逢至寶，更得《春秋左氏傳》。襄第十五首尾完，儼然宋拓字逾萬。當年疆宇紛割裂，五季典常嗟壞亂。誰言閏位盡榛蕪，猶解尊經討文獻。鎸從廣政頗嚴謹，本仿《太和》無改竄。張楊孫周各書丹，巴蜀健之觀察重來長沙，出此册命題。時謝病將行，率成二絶奉教。辛亥四月吴慶坻。

江瀚題詩

唐政不綱龜鼎遷，五季割據何騷然。竊國唯知恃武力，土苴經典夸戈鋋。前蜀後蜀等亡國，孟昶應較王衍賢。朝堂設匭達幽隱，宫掖納諫輕嬋娟。況復雅意好文學，石經今日猶流傳。首建議者毋昭裔，甲辰之歲初開鎸。《孝經》《論語》及《爾雅》，德釗書石成於先。是時中原正多故，契丹石晋兵禍延。閩中弑奪亂尤亟，南唐吴越差安便。蜀獨從容免戰伐，儒生猶得勤丹鉛。其後諸經並刊石，廣政訖於皇祐年。禮殿屢經遘兵劫，久已零散爲荒烟。我昔成都睹殘石，幾度求訪嗟無緣。喜君嗜古得此本，《周禮》《左傳》堪摩研。公穀雖刻自田況，立石尚居嘉祐前。開封石經有兩體，楊南仲篆稱精專。共疑石亡在元末，昔人未見心拳拳。詎知汴學存石二，陳留還賸《周官》篇。古物有時會發見，蜀經安料無日全。爲君作歌復嘆息，連年烽火哀西川。

健之仁兄世長，三年前相遇京師，即屬題所藏《蜀石經》拓本。因循日久，今始克償。詩字兩劣，亦聊塞教責而已。

戊午孟冬長汀江瀚。

章梫題詩

漢石無存唐石裂，辟雝荒草蔣衡書。蜀經歷劫留殘墨，『三傳』《周官》宋拓初。回首文莊治蜀年，我從文慎泛紅蓮（光緒辛壬之間，善化瞿止庵師督蜀學）。尋碑踏遍蠶叢道，廣政經無片石傳。松石精藏世所奇，召南詩與邶風詩。洪楊亂後歸何許，番舶如梭事可疑。五季荒無儒可阮，華陽兵子頌弦聲。古今蜀亂觇先後，好守遺經待太平。

戊午秋九月至京師，健之道兄延住其蜀石經齋，題請教正。寧海章梫。

閻孝損書閻迺竹跋

光緒十二年丙戌，朝廷用先文介公言，命廬江劉文莊公帥蜀。蓋同治初，公襄辦曾文正公軍務至東，先考一見傾心，歷久不忘者也。後三十七年壬戌，迺竹始識公子健之先生於北京。身世家國之感，有同情焉。過從既數，知君藏有《蜀石經》。迺竹雖未之見，然嘗聞先考言：咸豐時，翁文端公長户部，一日以石經見示。余目爲蜀刻，且轉示楊驤雲。驤雲即以畫稿筆書數十百言於册，墨瀋淋漓。文端頗訝其通侻，而亦未嘗不驚其博辨也。先考之言如此，今健之所藏殆即此本。當五季之時，天下俶擾，人紀幾絶。歐陽公、朱文公皆嘆爲壞亂已極。惟孟氏據有兩川，於舉世戰争之日，獨知尊經。其立國及四十年，較中原差安，非無故也。今自辛亥以來，邪説侮聖，蔑經之言日滋，而戰禍亦日亟。即文莊公昔年撫綏之蜀，亦久罹兵革。求如孟氏之保境息民，豈可得耶？於是慨然三嘆而識之。

乙丑二月花朝，閻迺竹命兒子孝損代書。

第二册 《周禮》卷九、卷十

瞿鴻禨題簽

宋拓《蜀石經·周官禮》第九、第十卷。瞿鴻禨爲健之親家題。

曾廣鈞題跋

蜀石經齋記

粤若邃古，几蘧栗陸。刊岱宗，鎸雲亭。緑文赤字，金泥玉檢。緜歷遼曠，殆滅没而弗紀。昧旦丕顯，讒鼎疑書。日新又新，乙盤比頌。事在吉金，誼非樂石。至於成蒐岐鼓，體似車攻；穆獵壇山，文同吉日。經之有石，其昉於此乎？由是堂谿典繼軌於熹平，邯鄲淳聯鑣於正始。舟壑遷貿，法器刓殘。章蔀不居，淪胥盡矣。《開成》繼起，今差完具。頗傷蕪累，未足司南。惟孟蜀廣政之十經，出中唐太和之善本。猶守周隋之舊，未嘗孔陸之遺。六朝碎金，披揀時遇；兩宋群籍，校讎所資。毋昭裔者，范長生世稱蜀才，賈大隱不忘唐臘。家通長樂之樹，藉官爲井絡之柏皇。恩弘天口，將鎸地肺。彼殆見乎越絶孤峰，太平山猶刊青領；房山僻縣，小西天尚刻紺迦。柔雌之義雲蒸，猛馬之文潮霈。豈可使七聖微言，九皇精誼。圓珠妙旨，虹玉煌科。春日載遲，廢歸藏而不讀；樞星上應，任酒誥以俄空。雍都博士，不滿鄭覃；洛下書生，儻逢趙至。吾少也賤，借蕭困於一鴟；書之失誣，讀晋幾迷三豕。幸際風雲，夢通丹漆。將資九石，遍刻群經。淮禽填海，早銘陋巷之膺；商駏馳河，終刻彭城之背。良以龍賓易蝕，不如丹井之砂；鳳子雖深，可伐青城之麓。既鎚既鑿，是琢是雕。盡斥私財，不關公帑。鸞停鵠峙，張楊之功德無方；贔子魚文，卓鄭之樵蘇儻繼。或有瓊華公主，潤以茶園；花蕊夫人，資之粉磑。並趣萷氏，蔚爲石皇。寫官則渤海永興，一臺二妙；定本則石渠天祿，四闢六通。經注兼存，古今所獨。以校長興官本，建郡坊刊，優勝何止三長，異同動以千計。信可以衒官開成，僕命嘉祐者已。但以錦江歲緬，玉壘年訛。鳳玫將桑海同流，鯨甲共槎河亂轉。地翻海眼，亟沸池灰，火繞少城，頻聞酒氣。是以趺摧腰折，理斷紋斜。殘紙浣花，戕那得天。雞有二孤，傳緜竹頌。可云星鳳無雙，佚存四萬七千餘字。健之都護求而得之，寶而藏焉。其求則掘禮淹中，訪易河内；其得則楚琛雞次，晋合龍光。其寶而藏之也，爲之殊庭，處以閒館。文窗四扇，非無玉女飛仙；蓮漏層檐，守以金徒銅史。藥欄花樹，盡帶經香；寶晋英光，呼爲石友。又以孤本秘儲，含章不曜；欲使羽琌册府，遍虎觀之英游。水碧金膏，借麟洲之神；技潛英貢，巧玻璃有魂。倒景呈奇，明月留魄。以石印石，以經證經，無假毛錐，不煩氈墨。蟬翼略同於響拓，蚊巢不爽於儀豪。種玉十雙，獲庶玉萬有五億；縮金一寸，變精金三十六鑪。白練裙何止得羊，青琅玕至於抵鵲。乾嘉之墨妙，時賢之筆精附焉。先經起義謂之題，後經終事謂之跋。顧萬本無其物，固塞叟之疑竇；翁錢無見於全，亦盲公之捫象。若乃魏藏照乘，趙握連城，靈蛇自矜以有神，天馬甘捶而不易。遠則谷林（趙）松石（黄），近猶雁影（李）鷗莊（陶）。然而芍藥只割數行，葫蘆僅持片簡。雖玉枕蘭亭，分得六陵秋色；而紫絲步障，終輸十里春風。豈若健之，搜獲之勤，頻更積朔。著録所及，只缺二南。横結緑以架文樑，辟荔曜靈均之宅；絡懸黎而嵌釦砌，蓬蒿華仲蔚之居也哉。鶴鳴於野，虹氣騰天。皇帝爰在冲齡，允中歷數，委轡泰卷之野，褰裳汾水之陽。遜志來修，眷言往藉。嘉孤臣之所寶，飛宸翰以垂文。薤葉銀鈎，照耀絳雲之館；芝英鐵綫，咀含紺雪之華。賜篆額曰蜀石經齋。常侍登牀，真争飛白；仙人嘯樹，如獲還丹。固臣下之至榮，亦天情之怡曠也。乃有江南群彦，河北諸儒，東海經生，西湖詞客，競依寶樹，幽讚元珠。牡丹無壯月之訛，許緑得雌霓之韻。蜀得唐失，校《魯論》之字八十宗；蜀寫宋鐫，説《堯典》之文三萬字。亦有善言名理，比類芬芳；以爲仍世帥蜀，斯文有緣。旄節前勛，尚照沉犀之浦；袴襦遺愛，猶留硎馬之鄉。淮館仙人，本思公子；犍爲文學，最憶郎君。託猛志於刑天，寄春心於望帝。何難述淵明之酒，見平陽於羹。海棗蒸而仍生，固爲佯對；老桑烹而未卜，誰則前知？毋争西伯之坐談，且驗南公之遺讖。僕憂患羈栖，飄零年鬢。久已智珠不照，意井全枯。返殘錦於邱遲，還仙豪於張載。豈有五雲太甲，銘益州夫子之廟堂；十色雯華，映蜀郡文翁之畫壁。衹以銀猿峽急，字江多絶續之虞；白雁氛長，學府有興亡之恨。不攄露益，且懼天穿。同在横流，誰爲獨往？加以宏農孔雀，本北海之通家；汧渭鳳凰，降博陵之姑子。既游聖域，敢閟卮言。胡天游序三洞璇華，尚鋪棻於珠庭翠刻；孫星衍跋關中金石，彌珍護於方闕員珉。二子之用心，雖欲從之，末由也已。

健之先生屬題《蜀石經》，因爲作記。環天曾廣鈞。

姜筠繪《蜀石經齋圖》並題記

《蜀石經齋圖》。癸丑九月寫，爲健之仁兄先生屬正。大雄山民弟姜筠。

姜筠題詩

不與時流好古同，傳經中壘有家風。保殘守缺真良産，何必籯金是富翁（君産自遭世變，頗有所損，故調之）。

聖道人心正齟齬，君家猶結石經廬。好尋山水幽深處，藏盡中朝四庫書（方今治體多法西方，文體多沿東土，聖經賢傳，幾同弁髦，爲之一嘆）。

健之仁兄大人屬寫圖成，奉題二絶博粲。癸丑重陽前四日，弟姜筠未□稿。

楊晉康題簽

宋拓《蜀石經·周禮》第九、第十。幼雲十一弟世大人雅屬。愚兄晉康題。

楊慶麟題簽

南宋拓《蜀石經·周禮》第九、第十本。幼雲世叔大人屬題。松陵楊慶麟。

潘祖蔭題端

宋拓《蜀石經·周官禮》第九、第十殘本。潘祖蔭爲幼雲尊兄題。

第三册《左傳》卷二十

陳寶琛題簽

宋拓《蜀石經·春秋左氏傳》第二十卷，陳寶琛爲健之老弟題。

楊鍾義題詩

皖江二劉吾舊友，楹書枕祕皆玢璘。嘉祐二體世僅見，廣政五册尤奇珍。兩家所寶并寓目，五季追溯先蹙頻。知祥知唐亂可竢，寬賦誅盜安蜀民。恭孝初政裔作相，民勞小休非無因。韓集蕭選不脛走，十經次第垂貞珉。文字豈必關治忽，差勝杖杜羞朝紳。褫本墨守太和舊，癸甲何事訛葵申。拂塵掃葉自古嘆，貞觀書體猶清純。皇祐更得田况續，熹平不逐中郎湮。新義時已有萌蘖，朝報幸未遭訶嗔。南都剞劂特後起，西川戰伐嗟先淪。新都偷書號博物，隻字未與丹鉛親。黄陳趙張得百一，翁錢段何辭紛綸。吾宗又翁較雍刻，酒闌星鳳詩坐賓。文莊持節訪石室，乖崖畫像留峨岷。健之問絹涉冥想，經注矗立摩訶濱。物聚所好喜入手，思摹萬本傳千春。蜀石經齋勝抱蜀，天章捧出光輪囷。禮文備物魯所秉，褒諱貶損今誰陳。治隆唐宋法周孔，學宗服鄭追洛閩。津橋杜鵑偶然耳，經正民興存乎人。近聞汳石有新獲，雙龍未合延平津。玉海傳經亦賢者，何時互假傳其真。老我菑畬業久廢，旃夏口義徒斷斷。菜根可齩書可了，一瓻願作由東鄰。

丙寅夏五題奉健之仁兄審正。留坨居士楊鍾羲。

溥儀題端

《孟蜀石經》

劉體乾題詩

庚申五月，體乾以所藏《孟蜀石經·左傳》册請陳弢庵太保代爲呈進御覽，敬乞宸題。仰蒙賜書『孟蜀石經』四篆字。感激榮幸，恭賦紀恩。

睿藻煸爛史籀文，從來石墨未前聞。球圖寶守貽孫子，述德毋忘誦世芬。

先臣曾有賜書樓，此册應居最上頭。獨抱遺經重太息，時人原不解春秋。

劉體乾謹題。

又

雲漢天章降紫宸，君恩逾格爲先臣。竹窗石屋傳嘉話，異數新頒到海濱。

報國承家志未伸，流離滄海倦遊身。堂名載德非誇遇（己未二月，蒙賜『世載其德』扁，敬以載德名堂），天語留將示後人。

辛酉十二月，蒙御筆賜題『蜀石經齋』扁，恭賦紀恩。劉體乾。

吴慶坻題詩

璀璨天題炳日星，尊經籀古見皇情。鴻規遠紹乾隆盛，獵碣親摹十鼓成（乾隆朝以太學石鼓存字不及半，因就所存三百十字集成十章，鐫新鼓置太學戟門外。其首章末章爲御製，自二至九命尚書彭元瑞補綴成之。今上題字作大篆，與純廟補史籀古文蓋先後同符云）。

家法相傳典學勤（聖祖始終典學，嘗御乾清宮，發御書一千四百二十七幅，自魏晋以逮唐宋元明，諸名蹟無不臨橅。凡紙尾必署云臨某某書），珠林寶笈焕天文（《祕殿珠林》《石渠寶笈》，皆首冠御書。《寶笈》初編、續編成於乾隆朝，三編則嘉慶間所輯也）。小臣昔忝承明列，猶願簪毫紀舊聞。

先臣惠澤溥三巴，有子耽研石墨華。天語焜煌褒載德，五雲長護世臣家。

祕笈曾窺抱蜀軒，麟經重與撫殘編。湘洲惜別無窮意，一夢瞢騰又十年（《蜀石經・左氏傳》十五卷，舊爲張叔憲藏，曩在京師嘗見之。比歸健之，余又爲題句，則辛亥三月，余將去長沙時也）。

吳慶坻敬題。

楊鍾羲題詩

昭仁初日麗栱桭，獨被榮光感世臣。聖意教忠兼教孝，春秋大義要重伸。

周宣神武狩岐陽，車馬攻同定再昌。才藝從臣無此筆，鸞翔鳳翥待天章。

庚申五月，廬江劉體乾所藏《蜀石經・左傳》，蒙御題篆文四字。幸獲仰觀，恭紀截句二首。漢軍楊鍾羲謹識。

沈曾植題詩

龍書雲篆倬昭回，捧到江南海霧開。八角垂芒甄道運，光明都自日天來。

金石林中睿藻傳，母侯老骨亦榮延。老臣企緩須臾死，尚想爭書御榻前。

健之仁兄以御題册首字見示，拜觀之下，恭紀小詩。曾植。

余肇康題詩

蜀刻《周禮》《春秋》三傳殘拓本，御題『孟蜀石經』四字卷端。健之七兄姻世先生屬題，謹賦截句五首恭紀。

河洛圖書擁伏羲，不教經籍付支離。亶聰元后春秋勝，文字潛龍鬱律時。

褒題餘燼出叢蠶，雲漢昭回燦玉函。天縱聖人繩祖武，章皇仁廟此登三。

十經注脚本成孤，片石陵遲等破觚。留得聖權親灑翰，宅中典學犖洪圖。

已向先皇乞鏡湖，即家起復拜恩殊（肇康以宣統辛亥七月奉旨起復原官，不一月而武昌變作矣）。十年草莽微臣在，丕冒欣看到海隅。《周禮》即今猶在魯，《春秋》三傳并尊王。故人耿耿懸霄漢，一掬丹心捧聖皇。

庚申冬孟，同客申江，世姻愚弟余肇康敬題。

陈三立題詩

殘遺《蜀石經》，收聚十獲五。勤搜兼巧遇，彼蒼眷嗜古。流傳閱百年，藏者可指數。踵觀盛師儒，證辨析絲縷。鯫生安置喙，瞠視屢起舞。尤幸邀天章，篆畫出冲主。雄姿走螭龍，奥雅胎石鼓。劉侯爲發篋，光精爛庭户。方將却魔魅，復旦萬物睹。守闕留伏申，待訪孰與伍。

庚申冬月陳三立謹題。

吴慶燾題詩

鴻都三體久湮淪，踵起開成迹亦陳。廣政井蛙彼何世，却將麟筆壽青珉。

尊王大義揭崔嵬，省識宣尼志不灰。草莽一時收涕淚，天章雲漢仰昭回。

先後蓉城幾度修，曾聞遺石盡琳璆。什邡任令家何處？留待時清詔使求。

庚申除夕孤清敬題。

章梫題詩

龍文巍焕侔天地，下視大海游鴻戲。蜀霸銷歇留殘經，神堯標目筆花翠。端居遵養已十年，夕惕若厲乾先天。蚩尤妖霧塞穹宇，黄帝會師進坂泉。臣昔拜受宸章賜，螭虯蟠鬱丹青字（丁巳二月，蒙賞『言炳丹書』四大字真書）。晨夜旁皇捧日心，白髮蹉跎閲年四。漢家玉琯來和闐，落紙銀豪珠露鮮。古法岣嶁夏禹迹，奇觚倉頡史籀篇。艱貞錬石仁山静，鬱默旁求歲月永。六書點畫太平春，一手回抱出冲聖。共伯爲政杼軸空，百神環衛天子宫。周宣中興勒石鼓，行見六合銷兵戟。亶聰重化民父母，戡亂上紹仁皇武。臣體乾暨臣章梫，同頌聖功普天普。

宣統庚申，健之同年蒙賞御題『孟蜀石經』篆文四大字。辛亥用東坡得御書紫薇花詩韻慕紀求教。弟梫。

秦樹聲題詩

東平鼎貴門，北海天逸姿。折節事蟲魚，龍性時一癡。遠捃汲冢古，近鈎孔壁奇。孤棹潯陽雪，素衣京雒緇。《熹平》漢風邈，《太和》唐運瘵。兩川駭龍戰，銜吏踵餅師。賢相毋昭裔，徽景復在兹。回首鯉庭誨，舊畬發新菑。安知非司馬，文采暖犍爲。珍符睨奕葉，寶鼎雜靈芝。區甸日墋黷，碣逾廣政時。雄虺銜九首，道消貴守雌。君其錮石室，勿使嬴灰嗤。

簡之道長敦題所獲《蜀石經》，嚴思不周，心故益拙。

乙丑三月秦樹聲。

王乃徵題詩

嗜古獲殘帙，快於威鳳見。矧分霄漢光，日華星有爛。詣君石經齋，如斗懸宸翰。仰瞻已悚肅，展卷彌歡嘆。古意襲冰斯，飛灑天機貫。潤氣珠璧涵，墨采雲霞絢。多能聖餘事，已著冲齡旦。四海倒懸心，日夕誦雲漢。尺幅播垓埏，足副謳歌願。孟氏昔盜臣，乘亂竊西甸。猶藉文事遺，寵荷奎章焕。潛德宥萬方，奚啻愜清玩。小臣蜀編氓，對兹增感戀。

壬戌新正月中江王乃徵敬題。

吳士鑒題詩

蒲津鏤板復鐫經，伐石功成百十齡。禮殿東南堂久圮，晁張遺籍亦飄零（《蜀石經》之刻，創議於毋昭裔，昉自廣政元年，至宋皇祐元年乃竣工。席益記略言胡宗愈築堂於禮殿東南隅，以貯石經。王深寧言晁公武參校經文不同者，著《石經考異》。張■又爲《石經注文考異》）。

漢唐箋注共騈羅，古本相承出《太和》。若校勝朝南北槧，訂譌匡謬定應多（趙谷林云：《蜀石經》有箋注小字，校明南北雍刻本，其間字句正誤甚多）。

國諱猶能奉李唐，非關蜀士避書祥。洪評王品皆精詣，太息昭陵澤尚長（洪容齋、王深寧均言《成都石經》於『淵』『世』『民』字皆缺畫，猶避唐諱。晁公武云：《左傳》於孟知祥之『祥』字缺畫。吳敬之《周禮殘碑跋》云：『翔』字避知祥之嫌名）。

古誼輞飢證薛君，幸從元朗著單文。三家詩已成微學，唐宋之間未放芬（阮文達《三家詩補遺》云：《蜀石經》作『愸如輖飢』。案陸氏《釋文》『調』亦作『輖』，音同。知『輖』字出三家詩也）。

竟將《廣政》作《開成》，務本坊前渺舊黌。時地紛歧非目驗，寒山家學騖虛聲（趙靈均《金石林時地考》謂《蜀石經》在西安學宫，此明人考古之疏。靈均，趙凡夫之子也）。

芳林祕笈在吳閶，曾記蘇齋考釋詳。劍合延平賴滄趣，衰年樂事固應償（吳中陳芳林所藏《蜀石經·左傳》殘本，翁覃谿曾跋之，謂字體較《開成》差小。錢竹汀亦獲見此本，及黄松石《二南》《邶風》兩卷，云是衰年樂事。芳林此帙後歸梁茝林。戊午歲，陳弢老爲君作緣，今亦歸尊齋矣）。

晋江淵粹扇儒風，自籀遺經補柳東。身值道光全盛日，苗張諸老倡酬同（陳頌南藏《周禮》《公羊》蜀石經，作《石經考異補》，刊入《籀經堂類稿》，視馮柳東《石經補考》又加詳焉。今亦爲君所得。頌南官京師，日與苗仙麓、張殷齋諸老講學，有《題仙麓殷齋論心圖詩》。余嘗題跋，綜論道光一朝學派）。

抱蜀無言謹護儲，幾同三篋得亡書（張辟非藏《蜀石經·周禮》《左傳》《穀梁》，爲楊幼雲石箏館物。辟非自號抱蜀老人，某日讌潘文勤、吳窓齋、王文敏諸公，席間出示同人。有好事者匿之，客散而老人大駭，翌日始送歸。此光緒初京師軼聞）。湘中二妙皆耽古，手裒縑囊劫火餘（庚子之亂，老人所藏流入廠肆，爲李亦元、陳詒重二君所得，旋均歸入君齋）。

璇題爚爚下層霄，稽古殊榮邁衆僚。翁阮潘吳無此福，榜書直欲冠熙朝（君既得諸家所藏，顔其居曰『蜀石經齋』。上親書榜以賜之，復題『孟蜀石經』四字於簡端）。

敬題健之世叔所藏《蜀石經》，率成絶句九章，即蘄教正。

癸亥七月侄吳士鑒。

朱祖謀題詩

西川殘霸鵑啼歇，江山未銷文藻。正始青珉，開成翠墨，氈蠟流芬多少。遺經自裒。對厨几虹輝，揭櫫鴻寶。善本擨抄，大戔一片瑞雲繚。

天章倬漢喬麗，是鸞迴鳳舞，飛下蓬島。秘笈鎸華，奇觚悟謏，家法珠林能紹。微臣頌禱，念游藝冲齡，中興禎兆。十碣募刊，右文看再造。

齊天樂。癸亥十二月，健之仁兄以御題册首篆文見示，敬賦。朱祖謀。

鄭孝胥題詩

蜀經題字見龍翔，虹月高齋寶墨香。今日君恩遍湖海，貞風凌俗仰天章。

孝胥敬題。宣統九年，御書『貞風凌俗』四字，賜臣鄭孝胥。

曹元弼題跋

宣統癸亥冬，劉健之觀察自申浦與余書，告以所藏《蜀石經》拓本，左右采獲，合成巨編。前年入朝，蒙皇上御題大篆簡端，并特賜『蜀石經齋』匾額。元弼聞言，欽仰舞蹈不自已。夫《蜀石經》爲海内僅有之本，經注文與今本多異。阮氏元《毛詩校勘記》嘗論其略，段氏玉裁《經韻樓集·讀詩序禮經二注》篇，又亟稱《關雎序》石本之善。經師論定，無待贅言。惟當兹運厄陽九，禮樂分崩，聖文殘落，倍蓰新莽亂時。而儒臣抱殘守缺如彼，聖上稽古同天如此，此豈非乾坤不息，而義畫堯典、周禮孔書以來，人倫攸叙之天下，不終淪爲榛狉蹏迹之明徵耶？憶光緒甲辰，朝廷詔天下立學，蘇州正誼書院始改學堂，觀察延余主講。余謂學莫先明倫，首舉《孝經》大義授諸生，觀察深然之，賓主相得至歡。每論世道人心之變，籌挽回補救，相與慨乎言之。豈意滄海横流，竟至於此。天道循環，長夜待旦。他日三雍講藝，四庫收書，觀察將以是本精摹復刊，放阮文達《士禮石經校勘記》之例，辨章得失，因舊加詳，上備天禄琳琅之藏，下資函丈青衿之肆。一卷之書，而神運聖教，可默參其消息焉。卦月直臨，歲行將起中孚，敬抒愚陋，繫言卷後。

吴縣曹元弼謹跋。

趙啓霖題詩

奉題健之仁兄所藏蜀石經拓本

熹平鑿石刊經文，中郎書之太學門。後來繼者魏三體，篆隸蝌蚪何紛綸。有唐開成宋嘉祐，當時鎸刻磨不磷。二千年來委塵劫，流傳墨本嗟無存。國朝經生事撣討，嚴丁臧馮皆洽聞。安得置身當漢季，四十六枚觀其真。廬江劉侯嗜古者，區區不憚搜訪勤。孟蜀殘拓希代寶，輾轉獲之海王村。周官左氏及公穀，零篇斷帙彌可珍。光豐迄今盛題咏，不與凡籍同湮淪。由來龍劍終合併，物聚所好歐公云。磊落宸翰照縑素，精采爚爚騰高雯。拜觀肅然生悚敬，商彝周敦寧足論。自從長興鏤板出，剞劂不復求貞珉。學者披誦雖簡便，考證古義誰問津。何況邪説日蔓衍，大道有若芻狗陳。天禄瑰奇石渠祕，十九流落瀛海濱。劉侯抗心眷邱索，對此孤本神爲欣。冢碑寺碣尚寶貴，矧茲聖賢垂訓尊。五季自昔稱亂世，猶知六經當尋温。曷若今日掃地盡，吐棄周孔同狉榛。岣嶁岐陽往迹在，冥冥呵護俱有神。展玩此册三歎息，斯文未墜資傳薪。

甲子十一月，趙啓霖。

商衍瀛題簽

宋拓《蜀石經·春秋左氏傳》第二十卷。健之道兄屬衍瀛署簽。

無名氏題跋

咸豐己未五月，上書御史臺請誅肅順。書入，樞臣擬以誣蔑大臣，應斬監候。文宗不許，僅降一級調用，遂不出。同治初，以胡文忠、祁文端、曾文正三公疏薦，特擢山西河東道。

康有爲題詩

從嗤五代晦盲極，孟蜀猶能刻石經。孤本東宫存巨册，千年珍護有神靈。

星辰糺縵賜書樓，東壁光芒世往求。歷代帝王誰擅篆，冲齡掇古仰雲虬。

皇上題『孟蜀石經』四篆字，瞻仰讚歎。《孟蜀石經》元明少見，健之觀察兄乃能搜藏《左傳》《周官》《公》《穀》四經，都五萬字，今其大成矣。乙丑冬至後三日縱觀之，可謂眼福。佛經印度已失，全在中國（以大乘言之）。孔經在《開成石經》，而注則惟《廣政石經》有之。《公羊》何注皆孔子口說，尤足重。雖宋人補刻，而亦附蜀石以傳。後復無窮，而中國文字爲兩。大教所繫，不能磨滅。萬億年後，考經考文賴健之以傳，健之亦遂萬億年不朽，冀速付石印以傳之。康有爲。

夏孫桐題詞

益州寶刻，鳳羽虬鱗，護經香球璧。祧唐綿宋，憑證取嘉祐開成沿革。殘珉潛曜，幾胝沫、承平耆碩。問等閒、豐劍荆弓，尚帶滄桑顏色。

前塵雁影齋空，憶酒畔春燈，醉啓瑶笈（光緒中曾於李亦元齋中見之）。雲烟嘆逝，輸鄴架百衲天教成集。晨星傳本，衹一二遺珠難覓。卜勝緣珊網終收，更許十經題室。《瑶華》

健之仁兄得楊幼雲、張叔憲、李亦元所藏《蜀石經》，又續收陳芳林、陳頌南兩本，自署所居曰『蜀石經室』。此外見著録者僅黄松石、趙晋齋二家，不知尚在人間否。物聚所好，劍合會有時耳。詞以祝之。

乙丑春分節，江陰夏孫桐。

王樹枏題跋

四十五年不爲駢體，公乃强人所難。勉應尊屬，竭兩晝夜之力，始脱稿奉上，乞公倩人代寫。老年衰懶，怕執筆，伏惟亮詧。不宣。健之仁兄。

弟王樹枏頓首。

又（林開謩書）

蜀石經序

物常聚所好，情各有所鍾，自古皆然，於今爲劇。吾友劉健之觀察舊藏蜀《廣政石經·左傳》都字若干，《公羊》都字若干，《穀梁》都字若干，《周禮》都字若干，室如委宛，價重連城。爰彙殘編，屬爲小引。竊考石經之刻，歷代所傳有一二三字之殊科，定三五六經之正則。風霜易剥，惟唐爲最完。經傳並鎸，在蜀爲尤備。公武所考，尚窺文豹之全。嘉熙以還，竟等茅鴟之逸。偶拾墜字，獲若真珠之船。博采遺文，擔入碎金之集。况萃諸家之寶，蕞殘滿車，搜五厄之文，琳琅照室。今以版本經注，參證異同，伶泠止正之形譌，訟埇蹤從之義別，『不敢當夕』之脱『敢』，『之子于歸』之奪『于』。凡兹異字同音，皆足繩箋訂傳。至若《尚書》之雲夢，夾土則非；《周禮》之祭軓，作軌斯戾。《論語》本三戛而作，《左傳》遺六物之占。大都賸簡流傳，堪作全經羽翼。又況知祥之不避親諱，乃知道孋互譌；《三傳》之不署書人，悉用太和舊本。往者洪文敏贊其字體，趙晋齋重以手摹，菜果同甘，鐵炯共嗜。雖曰好古，猶其餘事。嗟乎！西蜀偏隅，尚儀型乎聖典；東宫小印，竟流落於人寰。展卷流連，增予感喟。

乙丑三月，新城王樹枏撰，長樂林開謩書。

蕭愻繪《石墨奇緣圖》並題記

石墨奇緣圖

陳芳林舊藏《蜀石經·左氏傳》第二十卷，經注六百六十二字。戊午十一月，陳弢厂太保爲之作合，歸健之先生。因爲寫圖，以誌喜也。蕭愻并識。

鄭沅題端

宋拓《蜀石經·春秋左氏傳》第二十卷，戊午十一月，健之七兄命題。沅。

梁章鉅題簽

《蜀石經·左氏傳》殘本，退菴藏。

致曲山人題簽

《孟蜀石經》

翁方綱題簽

《蜀石經·左氏傳》殘本，覃溪題。

何紹基題跋

今年在京師兩見《蜀石經》，以青陽吴氏所藏《公羊傳》《周禮》爲最富。大興鄭氏《左傳》襄公，卷次之餘皆有記及詩。冬杪南游吴門，門人梁平仲出此册，一歲中三見矣。書此以志眼福。

道州何紹基。

翁方綱題詩

右《孟蜀石經》昭公二年傳，凡卅有五行，行或十四字，或十五字。視開成石本差小，字體亦略近之。『伯有之亂』句注誤多一字，餘無異。曾宏父《石刻鋪叙》云：『益郡石經《春秋左氏傳》三十卷，蜀鎸至十七卷止。凡三傳畢工於皇祐元年己丑九月望日，帥臣樞密直學士京兆郡開國侯田況、益州路諸州水陸轉運使曹潁叔、提點益州路刑獄孫長卿暨倅僉皆鎸銜於石。《成都志》又謂《公》《穀》田況所刻。』又云：『《詩》《書》、「三禮」不書歲月，《春秋》三傳則皇祐元年訖工。宋有天下九十九年矣，通蜀廣政元年肇始之日，凡一百一十二禩成之，若是其艱也。』按此，則《左傳》十七卷以前蜀所鎸，十八卷至三十卷入宋以後所鎸也。然是至宋始畢工，非宋刻補附也。即以宏父所引《成都志》，謂《公》《穀》二傳爲田況刻，則《左傳》是蜀原刻無疑，第其後十三卷成於入宋之日耳。至於《孟子》十二卷，方是宋人補刻，不得因此而謂《蜀石經》之《左氏傳》亦出於宋人所補也。又晁公武《郡齋讀書志》云：『《蜀石經·左氏傳》三十卷，不缺唐諱及國朝諱，而缺「祥」字，當是孟知祥僭位後刊石。《穀梁傳》不缺唐諱、蜀諱，而缺「恒」字，知刊在真宗以後。意者其田況乎？』據此條，則《左氏傳》刊石於孟蜀時，尤可證也。晁志又云：『《左氏傳》不著何人書，詳觀其字畫，亦必蜀人所書也。』又晁氏《讀書附志》云：『《孟蜀石經》，惟「三傳」至皇祐初方畢，故《公羊傳》後書云「大宋皇祐元年歲次己丑九月辛卯朔十五日乙巳工畢」。』然則三傳之畢工，直至皇祐時耳，非《左氏傳》畢工於皇祐也。第拓本絶少，其在於今，真虬甲鳳毛矣。《春秋》内外傳，芳林既皆精心考正，著有成書，爲功經訓甚大，宜造物以希有之物畀之。雖寥寥殘葉，何啻球璧視之邪？予昔聞此，覬幸一見而未得遂。今按試南昌，而芳林假守吴城，其裝册適自杭寄來，郵以見示，因爲考次其略，書於册尾，並繫以七言詩一篇云：

響山書屋《蜀石經》，六紙想像存畸零。十年思之今始見，開成楷瀌疑模型。書人書時俱莫考，諱祥想在孟氏廷。九經十經同記載，三傳二傳別渭涇。以儕紹文與朋吉，四門館益燈熒熒。太和開成去百載，文翁石室垂精靈。殘波瘦縈竟何補，中有汗竹當時青。六物之占賈服本，征南集解所未聆。此紙傳文昭之二，前十七卷誰畦町。皇祐之前廣政後，虬龍片甲鸞一翎。晁家考異不可覿，四十六科鐘扣蓬。復聞重開漢石隸，越州空想鄱陽銘。芳林先生擅樸學，古文舊書啓秘扃。遠參亭林近紅豆，内外傳義水瀉瓶。天以此本報勤劬，使爾齋閣輝日星。我昔曾摹越州字，恨不同跋鐫嶺嵤。楊南仲篆尚餘幾，胡元質語信可聽。安得鄱陽續滂喜，與君日日同窗櫺。

乾隆五十二年歲在丁未夏六月六日，書於南昌使廨之蓬鶴軒。北平翁方綱。

段玉裁題跋

冶泉老友著有《内外傳考正》，爲士林所重。嘉慶辛酉秋捐館後始從長君啓宗索觀《蜀石經》數百字，不勝人琴之感，因請錢少詹竹汀作跋。瞿木夫亦和覃溪詩韻於後焉。

壬戌清明日，玉裁記。

錢大昕題跋

《蜀石經·春秋》殘本，正文三百九十五字，注二百六十七字，皆昭二年傳，《左氏》之第廿卷也。據曾宏父《石刻鋪叙》云：『《益郡石經·左氏傳》卅卷，蜀鐫至十七卷止。』此殘字在十八卷以後，或疑宋人續刻。今考《成都志》，但云《公》《穀》田況所刻，不及《左傳》。此本遇宋諱，初不缺筆，其出於孟蜀，無可疑者。宏父雖云『《春秋》三傳皇祐元年九月訖功』，而兼采《成都志》之言，則固不以《左氏傳》爲況刻也。《詩》《書》《禮記》《周禮》皆有書人姓名，而無刊石年月。《儀禮》則并無姓名，與《左傳》同。大約諸經書石本同一時，而卷帙有多寡，故鐫成有先後之殊，工成或在宋代，字畫實皆蜀刻。《左傳》於諸經中文字最繁，鐫成亦最在後。唯《公》《穀》二傳，廣政中未有寫本，直待田況續成之耳。考蜀之亡在宋乾德三年乙丑，距皇祐元年己丑八十有四年。使《左傳》果刊至十七卷止，僅存一十三卷，何至遷延八十餘年始告成事耶？

嘉慶壬戌三月，觀冶泉先生藏本，因爲考證如右。竹汀居士錢大昕識。

瞿中溶題詩

茂堂段先生以陳芳林明府所藏《孟蜀石經·左傳》殘本見示，即次册中翁學士韻。

王鱣祥寫蓮華經，紺塔歷劫多飄零。去年友人携以示，楷法尚有唐儀型。奈何孟蜀九經刻，殘字僅得儲彤廷（内府藏《毛詩》半部）。芳林先生今賈服，疏解經誼析渭涇。豐城作令識劍氣，獲此至寶光晶熒。輕裝載歸傲廉石，物得其所文真靈。我聞汲汲訪石室，舟中空望蓬萊青。神仙之境不可即，伏生口授音難聆（去冬訪明府於虎邱，未得）。前繼開成後嘉祐，安得於此分畦町。酉陽齋頭今忽睹，如睹天外墮鳳翎。細溯原流叩梗概，一時欲撞洪鐘莛。公言武林有一本，夭夭恐鞠心常銘。山谷家中實藏弆，張君親款嫏嬛扃（張賓鶴於黄松石家見之）。我膺唯唯挾册走，直判一借酒罄瓶。歸來挑燈細校録，墨采眩目如奔星。文爲昭公二年傳，征南注並雕嶺峇。六物之占證册府（先生言《册府元龜》引有『六物之占』句），李君筆記嗤道聽（《六硯齋筆記》曾見蜀石經，又譌爲唐刻）。長歌追步紀歲月，後十五載摹軒欞。

壬戌清明嘉定瞿中溶書於古泉山館。

沈曾植觀款

宣統己未臘月，嘉興沈曾植敬觀。

余肇康觀款

庚申九月，長沙余肇康敬觀。

孫星衍觀款

嘉慶十一年丙寅人日，陽湖孫星衍觀於安德使署之平津館。

阮元觀款

道光壬寅四月，阮元觀於節性齋。

江鳳彝、錢泳觀款

道光辛卯十一月廿七日，虎林江鳳彝、句吳錢泳同拜觀於江蘇藩署之箴白堂。

梁章鉅題詩

中郎矩型夐莫稽，蓬萊閣石如斷珪。嘉祐光堯並湮墜，何况蕞爾龍岡西。寥寥數紙左昭傳，四十六科孰指迷。六物之占事亦近，獨不得證賈服歧。書人書時缺附筆，楊張孫周知繫誰。諱祥諱察要足據，孟家上石當無疑。鮚埼亭中廿年夢，廣仁帙尚存輞鐖。蘭泉萃編又晚出，僅執摹本分町畦。側聞宋賢昔徵引，廣政似壓開成遺。開成無注此特備，風行江左當年宜。胡然頹落百無一，盡化基墻揚泥灰。歷劫塵餘幸留此，髣髴益郡原氈椎。松石湖墅互得失，谷林往矣芳林追（黄松石、趙谷林及湖墅王家皆藏《毛詩》殘本者。此册爲陳芳林郡丞所藏）。方林賓又莡林獲，墨緣巧遘非人爲。蘇齋十載覬一見，跋尾不惜千圓驪。八百年前好楮墨，南州悔未同鐫治。竹汀居士經韻叟，但憑眼福相矜奇。古香冉冉入我室，欲冠諸帖争虹輝。禮殿東堂久難問，合州賓館倘在兹。且續厲全作詩話，莫隨謝客嗤申葵。

道光辛卯冬季重裝畢題此。福州梁章鉅。

又題跋

右《孟蜀石經》殘本，爲元和陳芳林郡丞舊藏，今歸余篋。所存昭公《左氏傳》六紙，凡三十有五行。行或十四字，或十五字，注在每句之下。後有蘇齋師長跋及詩，又有段若膺、錢竹汀二先生跋，皆辨《左氏傳》亦刊石於孟蜀時，惟《公》《穀》二傳爲田况所補刻，至宋皇祐初畢工。按晁公武《石經考異》云：「蜀人立石蓋十經。《孝經》《論語》《爾雅》，廣政甲辰歲張德釗書。《周易》辛亥歲楊鈞、孫逢吉書。《尚書》周德貞書。《周禮》孫朋吉書。《毛詩》《儀禮》《禮記》張紹文書。惟《左氏傳》不誌何人書，而「祥」字闕其畫，亦必爲蜀人所書。」又校經文不同者，《左傳》四十六科，及昭公十二年「六物之占，在宋衛陳鄭」云云。又全謝山《鮚埼亭集》「程克齋譏《蜀石經・春秋》以甲午爲申午，以癸卯爲葵卯」，此皆應於《左氏傳》中檢勘者。今此本寥寥數紙，均無從證驗矣。全謝山謂宋人所稱引，皆以《蜀石經》爲證，而不及《唐石經》者，其故有二：一則《唐石經》

無注，《蜀石經》有注，故從其詳；一則南渡後《唐石經》阻於陝，不至江右，故當時學官頒行之本皆《蜀石經》。不知五百年以來，何以澌滅殆盡。余按顧亭林考證《唐石經》至詳，而於《蜀石經》則絶無論及。曹能始《四川名勝志》云：『諸刻本今皆不存，惟《禮記》數段在合州賓館中。』則在前代，並拓本已屬難得。近畢秋帆尚書撰次金石最爲宏博，其跋黄小松所得《熹平石經》殘字，以未見《蜀石經》爲恨。惟王蘭泉侍郎《金石萃編》載《毛詩》卷首之後半及卷二，然尚是據吴中所摹湖墅王氏本，而實未見黄氏廣仁義學之真本也。廣仁本爲黄松石故物，松石即小松之父。松石没後，其本歸趙谷林，曾招集厲樊榭、全謝山共觀賦詩。據谷林詩自注，則在當時首卷本全，故厲詩、全跋皆舉『調饑』作『輖饑』爲異文，正在首卷之前。今《萃編》所載已無『輖饑』字，知摹本亦已殘缺，而蘇齋師則並此《毛詩》摹本亦未得見。其於此本先得之耳聞，後竟無緣收之篋笥，故詩中有『十年始見』之句。信乎此本希有而僅存，真當球璧奉之矣。既繫以詩，因復次其大略，俾後有考焉。

梁章鉅載識。

朱綬題詩

漢熹平，立石經。始第五，本成蜀。廣政僭朝偏霸解重儒，玉霄此舉所見僅。是年國政已寖弱，瑞篆猶聞記銅印。相臣按雍首經畫，時閲八秋工未竟。《公羊傳》繫宋皇祐，可證諸經皆早定。胡家作堂久傾廢，斷石牛蹄幾蹂躪。人間摹本見絶鮮，空想成都文學盛。昭二年傳紙數番，秘笈誰收脱灰燼。德釗逢吉疇所書，太和開成真季孟。安定先生眼如月，泛海珠船獲琛賫。錢題段跋語盡遒，北平詩篇更奇勁。官銜鼓静罷僚謁，退坐焚香發清興。長吟石鼓昌黎韓，上抉經心高密鄭。若留全傳箴膏肓，四十六科應指正。先生博精文選理，宜與毋邱聲氣應。米齋書畫十萬軸，是夜虹光騰寶晋。

茝林先生正。朱綬呈稿。

朱珔題詩

岐陽獵碣囊賢詠，昌黎以後推東坡。詞人率皆慕奇古，詎若經義行江河。鴻都門外有遺製，繼述摹範前朝多。孟蜀僣主能尚學，文翁石室車頻過。時維廣政紀元載，貞珉采擇從岷嶓。詩書三禮先蔵事，逯及盲左功蹉跎。其初成者十七卷，入宋纔得全鎸磨。《公》《穀》續刻出田況，此仍蜀手非由他。細參晁氏《郡齋志》，觀彼諱缺知無訛。猗嗟西州片隅耳，乃克建立碑嵯峨。惜哉桑海幾更變，淪落難覓邱山阿。迄今零賸僅六紙，不隨荆棘埋銅駝。昭二年傳文數百，圓貫都似珠翻荷。當日繕寫果誰子，横几想見精戈波。嬴秦隸體久沿襲，奚須鬱律詩蟲蝌。嬗代頗與晚唐近，開成所勒應同科。至漢一字魏三字，未識較視終云何。揭來拓本漸稀少，珍重曷啻金盤陀。芳林司馬著撰富，祕笈曾獲勤摩挲。翁瞿篇什錢段跋，綴尾疑結珊瑚柯。流傳舊物歸雅好，又向瓦研齋中羅。鑒衡夙擅名迹夥，藉兹作冠輝羲娥（君詩有『欲冠諸帖争虹輝』之句）。我昔葩經覯殘帙，陳生寄贈鮮如瑳（金陵陳生宗摹刻《蜀石經·毛詩》殘字，曾寄余）。天幸君復示瑰寶，急除塵坋晴窗眡。庚子肅拜念誠切，題識敢媲韓蘇歌。講堂歲莫快吟賞，冰屑縷縷毫端呵。

芷林五兄同年屬賦，即請正句。道光壬辰初夏，蘭坡朱珔呈艸。

梁章鉅題詩

孟蜀《廣政》本十經，斷碑殘碣多飄零。六紙僅留左昭傳，芳林寶此存儀型。是時成都富文學，德釗逢吉同一廷。載筆諱詳復諱察，蜀刻宋刻分渭涇。開成楷法此其亞，未許田況分餘熒。書人書時事鄭重，呵護欲乞文翁靈。崇儒致瑞固其理，篆文八十銅印青。胡爲卅卷早湮没，申午葵卯空耳聆。八百餘年等灰燼，四十六科孰畦町。堪喜吾齋墨緣至，吉光片羽鸞一翎。蘭泉所據僅摹本，管窺奚異鐘撞莛。輖饑亦載廣仁帙，安得並几偕題銘。合州賓館起遐想，貞珉無復東堂扃。谷林湖墅極搜討，所守亦僅同挈瓶。毋昭鏤版乃盛舉，後先經訓懸日星。崇勛庭榭不可問，晴虹直貫峨眉嵤。段錢望古並遥集，蘇齋謦欬尤可聽。且爲鴻都作後勁，古香冉冉同窗欞。

道光壬辰冬十月，步覃溪先生韻。逢辰。

張之洞觀款

光緒七年十二月十一日，南皮張之洞觀。

陳寶琛題跋

此冊爲楊甘州廷傳所藏，文襄留觀累月，撫晋行前一夕始題而還之。比余再至都，則已歸力農部鈞。吾友劉健之觀察既有《周禮》、三傳諸册，都四萬六千四百餘字。聞予言，亟力致，自是孟蜀殘刻幾盡爲君有矣。人世遷嬗，數十年間，一物而繫今昔之感，猶喜其類聚於所好也。

己未十月十日，陳寶琛識。

陳衍題詩

醫隱請題《蜀石經》，謂我能作覃溪詩。晴窗呵凍試走筆，聱牙詰屈窮恢奇。我云文字各有當，風騷雅頌隨所施。大夫九能多韻語，豈限言志心所之。倉頡篇暨急就章，效者昌黎樊宗師。覃溪焉能創體格，鈔書當詩寧所訾。桐城文派禁考據，韻語作跋聊量移。洛州刺史隳皇綱，知祥崛起天西陲。石經開國即肇始，中原塗炭堪歔欷。開成完足不足貴，關中如山堆唐碑。凡物罕者乃見珍，殘磚斷瓦争護持。此本僅存數百字，魯昭二年傳抱遺。終於心印爲褚師，斷自欒施字子旗。如魏殘字始以齊（《隸續》載魏三體石經八段，排比失次，當以『齊人侵魯疆』段居首），如漢殘字終以菑（昭廿五年《公羊傳》『以人爲菑』，漢石經『菑』作『則』）。覃溪賦詩廁跋尾，竹汀樾堂相追隨。所争蜀寫與宋寫，諱祥諱察亦諱知。凡兹缺筆儼鐵案，曼多徵在例則歧。襄三十年衍一字，阮校勘記辨豪釐。每行字亦無定數，十四十五難規規。多者乃至十七八，是傳是注宜離辭。第十八行竟全缺，熟視無睹獨何居。潛研堂有金石跋，與此題字頗異詞。馮教授據錢摹本，考異兩則殊傳疑。所云改易作故易，及敓遂字當改爲。今觀此本本作改，從已從古分指撝。上大夫送下有遂，不識譌奪從何時。又疑此行十九字，擠寫胡不嫌差池。可知考證失眉睫，何止甲癸訛申葵。伯淵伯元惟署款，木夫棊溪快翻披。就中蝯叟見最夥，厲全但聞校調飢。抱冰紙尾已千古，退庵藏弆今在兹。雲烟過眼類如此，西蜀北宋誰高卑。

庚戌大雪後五日，爲醫隱先生賦長句三十二韻於京師舊秀野草堂。陳衍。

陳衍書祁嶲藻詩

有客示我《蜀石經》，《春秋》斷簡《左氏傳》。其字萬有二千餘，宋紙柔韌敵唐絹。東宮書府印宛然，熨眼已驚烏石片。細看鈎畫其歐法，貞觀遺風猶未變。鴻都三體賸殘隸，開成勒石名久擅。蜀刻經注獨兼存，雕版並出較精善。惜哉蠶叢兵燹餘，石室摧隤梵宮絢。流傳至今二三策，往往咨嗟動邦彦（趙谷林所得《毛詩》殘本，厲樊榭、全謝山諸人皆有題跋。錢竹汀曾見《左傳》殘字，嘆爲衰年樂事。近時陳頌南慶鏞亦得《周禮·考工記》《公羊》殘本，見楊湘筠寶臣跋記）。此本得之式古堂，或是晁（《石經考異》）洪（《容齋隨筆》）昔所見。楊君作記歎希有，好古諸公瀏覽遍。漢唐源流多著録，巴蜀文雅鮮論撰。張（德昭，紹文）楊（鈞）孫（逢吉，朋吉）周（德貞）盡能事，僕射研經亦妙選（毋昭裔）。離披氈蠟尚神采，卓犖山川有書卷。峨眉缺月秋掃空，三峽餘波淨如練。書家競誇元和脚，世人但學蘭亭面。抽豪欲補金石編，歐趙前頭敢輕衒。

右𥜥谻亭後集《宋拓蜀石經殘本歌》。自注：首行題『春秋經傳集解襄二第十五』，次行題『杜氏盡十五年』，另是一殘本。其詩中小注云『竹汀曾見《左傳》殘字，嘆爲衰年樂事』，此本竹汀題跋無此語，則《潛研堂集》寫定時所自增改，余詩所謂『潛研堂有金石跋，與此題字頗異詞』者也。醫隱屬余爲録祁詩並記。石遺老人。

勞乃宣觀款

癸丑重陽後一日，桐鄉勞乃宣敬觀。

梁鼎芬觀款

宣統癸丑九月十二日，番禺梁鼎芬拜觀。

章梫觀款

宣統戊午十二月廿八日，寧海章梫拜觀。

商衍瀛、胡嗣瑗觀款

宣統己未正月廿六日，番禺商衍瀛、開州胡嗣瑗同拜觀於健之蜀石經齋。嗣瑗記。

商衍鎏觀款

己未三月十二日，瀋陽商衍鎏拜觀。

陳毅觀款

宣統己未四月初九日，湘鄉陳毅拜觀。

王乃徵觀款

宣統十二年庚申九月二十六日，王乃徵拜觀。

沈曾植題詩

蜀石經齋匾已寫，《蜀石經》冊墨未濡。劉侯打門督諸則，堅坐不上追鋒車。嗟我行篋尠善本，四十六科靡掲櫫。覆監本與校監本，漆板久矣長興初。何況紹興逮阮岳，隆準想像雲仍餘。輕心掉以明監本，一言不智蘭泉吁。毋昭裔者喫族歟，祖本或出開元儲。板本已同文選刻（毋昭裔請刻板印九經，見《玉海》，蓋即岳氏所稱蜀大字本也），石本欲補鄭覃疏。莊園卅萬鹽鐵羨，句林孫張門館俱（昭裔孫尚孟昶女，子守素入宋，藉莊田茶園以獻，詔酬其直三十萬。句中正等皆其館客。並見《宋史》）。刻先奏後事可想，彼固私鐫匪官摹。句家孝經事可例，不然昶也能崇儒。蜀臣在朝篤思舊，檮杌紀年其忽諸。降王入朝外戚從，十七卷止滄桑歔。九十九年京兆補，清獻記爲舊聞抒。俸金獨辦績玆偉，依大和舊傳譌乎。晁張考異泯不傳，望古令我長睢盱。後來重鐫勘唐蜀，表章彼相期吾徒。藝風老人躡雲去，發疑恨遲析疑孤。寒燈老眼思躊躇，古事明問王文舒（蜀石有注，唐石無注，祖本非一了然。後來雍都開成云云，皆《成都記》『文字一依太和之舊』一語啓之。晁氏心知其非，不察言，意當詳在《考異》耳）。

宣統己未臘月立春後八日，呵凍爲健之仁兄題。寐叟植。

鄭孝胥題詩

《蜀經》五冊在一几，劉氏名齋誠可喜。世亂誰能寶闕文，影刻流傳殊易耳。《雍都》九經想遺範，注本更非《開成》比。廣政書成皇祐年，天水既亡石旋毀。國朝黄陳獲殘拓，《毛詩》《左傳》聞遠邇。樊榭謝山嘗賦詩，辛楣得觀已暮齒。二冊當時名最盛，儻令劍合尤爲美。健之健者盍求之，不朽盛業在斯矣。

己未二月廿四日，風雨中爲健之仁兄題。孝胥。

郭曾炘題詩

開成刊石踵東京，宋刻猶輸蜀刻精。空使後人悲露電，即今片羽重連城（《弇山集·開成石經聯句》『蜀經成露電，宋刻亦榛荆』）。節度謳思在兩川，過庭鯉對憶當年。鄴侯家學繁能嗣，插架重添一段緣。

健之世丈大人屬題。侯官郭曾炘。

劉體乾題跋

右《蜀石經·春秋左氏傳》卷第二十殘本，昭公二年三十五行，傳三百九十五字，注二百六十七字。自『子也』起，至『恤而』止。第十七行『吾聞』下闕一行，『之曰忠信禮之器也卑讓禮之宗也』大字十四，『宗猶』小字二。以《唐石經》校經，以岳本校注。『以大國之事』注『務共大國之命』，岳本脱『之』字，餘無異文。馮氏登府《石經補考》謂『是以亂作』注『改易禮制』，石經『改』作『故』。『使上大夫送，遂致此執辱之罪』，石經『送』下無『遂』字。案石經本作『改』（陳刻木本亦作『改』），並非作『故』。『送』下『遂』字亦未脱去。陳雪峰影寫刻木本，誤字甚多，『逆女』作『送女』，『少齊』作『少姜』，『前年游楚所擊創』作『擊傷創』，不獨『送』下無『遂』字也。馮氏又謂『伯有之亂』注『在襄三十一年』，石經同。錢氏大昕曰：『伯有死在襄三十年，注衍「一」字。』阮氏校記曰：『淳熙本、纂圖本、明翻岳本、監本、毛本無「一」字』是也，此釋不誤。册中翁覃溪閣學、錢竹汀詹事、梁茝林中丞跋，皆較量蜀刻、宋刻。考曾宏父《石刻鋪叙》云：『《益郡石經·春秋左氏傳》，蜀鐫至十七卷止。』又云：『「三傳」畢工於皇祐元年。』又云：『《成都志》謂《公》《穀》田況所刻。』晁公武《郡齋讀書志》云：『《蜀石經·左氏傳》三十卷，不缺唐諱及國朝諱，而缺「祥」字，當是孟知祥僭位後刊石。《穀梁傳》不缺唐諱、蜀諱，而缺「恒」字，知刊在真宗以後。』（《左氏傳》十五卷，唐諱亦缺，晁氏之説，或十七卷以後歟？）又云：『《左氏傳》不著書人，亦無年月。詳觀其字畫，亦必爲蜀人所書也。』《石經考異》云：『蜀人立石蓋十經。』今以諸説相證，蓋《左氏傳》三十卷，孟蜀時刻石，十八卷以下，宋時畢工耳。觀此二十卷字體，視十五卷不異，可證一也。且以裱册行款言，《周禮》《左傳》每半葉六行（似是原碑十二行，或二十四行爲一層。），《公羊》《穀梁》每半葉五行（似是原碑十行，或二十行爲一層。），行款已變更蜀刻之舊。《公》《穀》爲田況所刻，可證又一也。《公羊》『敬』字、『殷』字缺筆，避宋諱。此本『敬』字不避，更灼然可見其非宋刻。前人僅見此殘本，未見《公羊》《穀梁》。若果見之，以行款、避諱定蜀刻宋刻，則不煩言而解矣。

癸亥七月初七日，劉體乾識。

劉體乾録錢泳《履園叢話》片段

蜀石經

福州梁茝林先生爲江蘇方伯，得《孟蜀石經·春秋》殘本，正文三百九十五字，注二百六十七字。計三頁，共三十五行，皆昭二年傳，《左氏》之第二十卷也。後有翁覃溪閣學、家竹汀宫詹跋語，考之甚詳，定爲孟知祥廣政中據蜀時所刻。曾宏父《石刻鋪叙》謂爲皇祐元年樞密直學士田況刻，非也。先生既賦詩於後，復以示余，真古刻中之祕寶云。

右録句吴錢泳梅溪《履園叢話》。健之。

徐世昌題跋

長洲葉鞠裳編修題劉蒽石藏宋石經，謂石經惟唐開成刻尚在西安府學。宋南渡後，榷場本不易得，士大夫貴蜀本。蜀石已佚，樊榭、蘇齋所見僅《毛詩》殘字。虬龍片甲，幾與漢《熹平》殘碑並重，頗疑其言之太隘。劉君健之十餘年來得諸家所藏《蜀石經》拓本，皆道光、咸豐間所出，在昔人著録之外者。供客摩挲，歎爲珍寶，益信書生眼福後勝於前。光緒間，黄縣丁氏藏魏《三體石經·尚書·君奭篇》殘石一百二十二言。今洛陽新出《春秋》《尚書》殘石一千七百七十一字，多逾十倍。以此例之，安知《廣政》十經，不全在天壤間耶？東坡云：『人失亦人得，要不出區寰。』健之至誠所動，石墨有緣，他日聚於所好，又安知太乙之精，不獨厚爲全耶？健之言經注都四萬六千四百餘字，與今本多異同。繆藝風曾作校記，余未之見爾。不能有所糾補，石經祇廣政所刻有注。跋内《熹平》《開成石經》下『無注』二字似可渻。蔣衡字湘颿，作蔣衡湘，當是寫官譌奪。凡『葉』字宜從《説文》本字作『箓』。箓，籥也。籥，竹笘也。《廣雅》：『籥，箓笘籥也。』《一切經音義》引何承天纂文云：『書篇爲籥。』故《廣韻》：『篇簿，書箓也。』瑣瑣檢繩，無關要義。以健之好古虚懷，故走筆及之。

甲子春二月，水竹邨人。

金蓉鏡題詩

石經之刻凡有七（漢、魏、晋、唐、宋、清凡七代，私家刻者不計），經注兼陳則數蜀。文字謂有貞觀風，流傳寥寥罕著録。其書盡用太和本，字精義稠懸正鵠。聯翩博士祕書郎，德超令昇相繼劚（書者張德釗、張紹文、周德貞、楊鈞、孫逢吉、朋吉，鐫者陳德超、德謙、武令昇）。尤奇出於兵火中，丞相昭裔殊不俗（晁公武云『凡歷八年，其石千數。蜀相毋昭裔捐俸，取九經琢石，尤偉然也』）。十經羅列燦若星，廣政未終皇祐續。歷年一百八十七，宣和更以《孟子》足（宣和五年，益帥席鐫《孟子》，運判孟惜繼成之）。郡齋所記三百科，異同分列亦以篤（晁公武撰《考異》，復屬張㚟校注，成四十卷）。惜哉黄趙陳芳林，殘卷僅有數十束。廬江劉翁淹群雅，收集不避寒暑酷。公羊周禮發舊藏，春秋三傳略可屬。止庵玻厂憶舊緣，筱珊校記炳餘燭。以視張㚟竟若何，寶之不異天球玉。蠹餘宜熏篤耨香，深心休近彈棋局。此皆北宋以前本，紙墨未經諸儒觸。曷不摹印告四方，長文南仲有遺躅。我聞竹垞考經義，蜀降諸人皆不辱。孰謂汲古竟無功，且免考功恣蠹蠋（豐坊有《大學古本石經》）。覃溪數紙照壁鮮，蓬萊一石映水緑。况兹碻砢備四經，皇衢定可駸驤騄。石榴花發眼正明，髭毿匝地文還縟。深明閣下我欲遊，望風先寄歌一曲。比鄰爲謝徐遵明（謂徐積畬），玉臺嶄新咋出幞。古歡且當錦城遨，鍵户催下湘中醁。

蜀石經歌奉贈健之仁兄大人察正。甲子四月十七日，香嚴弟金蓉鏡。

魏家驊題跋

劉健之先生藏《蜀石經・周禮》《左傳》《公羊》《穀梁》各若干卷，經注都若干字。藝風前輩曾爲校記。《周禮》孫逢吉書，《左傳》不誌書人，《公羊》《穀梁》則宋皇祐初田況知成都時所刻石也。夫以健之積二十餘年之勤求，其有一二力所不能致者，止盦相國、弢厂太保復爲之助，海内舊藏孤拓，始聚而有之，蓋得之之難如此。愚以爲五季之末，學校廢棄，兵戈擾攘極矣，而毋龍門乃按雍都舊本，刻石於成都學宫，以彰文化，洵不朽之盛事。今之時，學絶道喪，視龍門時何如？如健之者，獨能抱殘守闕，望古遥集於日月湛冥、風雨瀟晦之天，自是别有懷抱者。夫豈嗜奇好古，所能罄其藴奧哉？

甲子七月，魏家驊。

吴昌碩題跋

曩見顧亭林、萬季野、杭大宗《石經考》，朱竹垞《經義考》，皆有《蜀石經》而未見拓本。明徐興公《紅雨樓題跋》僅有《左氏傳》一跋耳。乾隆年，廣仁義學《毛詩》兩卷，屢見著録，他經亦未之聞也。今健之先生出示《周禮》《左傳》《公羊》《穀梁》六册，都一百七十五葉，經注四萬七千餘字，自幸眼福。至考證異文，前有晋江陳頌南侍御校記，後有江陰繆筱珊太史校記，叙述故事，則翁覃溪閣學諸公題跋詳盡，無待贅言，但記獲觀歲月而已。

甲子歲十一月幾望，安吉吴昌碩，年八十一。

曹允源題跋

劉健之觀察所藏蜀石經跋

桂未谷氏謂歷代石經但刻正文，惟蜀刻有注。吴任臣氏謂蜀廣政十四年，詔勒諸經於石。祕書郎張紹文寫《毛詩》《儀禮》《禮記》，祕書省校書郎孫朋吉寫《周禮》，國子博士孫逢吉寫《周易》，校書郎周德政寫《尚書》，簡州平泉令張德昭寫《爾雅》，字皆精謹。當五代之亂，畺宇分崩，文字殘闕，孟蜀獨能舉諸經刻石以嘉惠學者，天之不絶斯文，孟氏與有功也。世傳蜀相毋昭裔爲布衣時，從人借書，有難色。比貴，命工雕印九經諸史，自是鏤板盛行，蜀儒文學名天下。嗚呼！自唐季以來，學校廢絶，迺以蜀地偏隅，而上有劬學崇文之主，下有通經稽古之臣。即當時繕寫石經張紹文、孫逢吉輩，皆經生善書，冠絶古今。故石室十二經，與精鎸蜀本各書，皆天下之瓌寶，世不易見，何其盛與？盧江劉健之觀察，秉先德文莊公之教，於學無所不窺，而尤耆石經。踵文莊後宦蜀，有治績，爲政餘暇，日事搜訪。歷舉近歲所得《公羊》《穀梁》《左傳》《周禮》石經殘卷，都經注四萬六千四百餘言，可謂富矣。歐陽公云：『物常聚於所好。』顧好之而得與好之而不得，此其中有天焉。觀察之於蜀民痌瘝不忘，其於石經亦痌瘝不忘者也。天特以其愛蜀民之故，報之以蜀經。凡古人所不易得者，君則心誠求之，必得而後已。左右采獲，彙爲巨編，鑒古之精，世罕倫比。其以蜀石經名齋，所以誌天貺也。

乙丑秋中，吴縣曹允源謹跋。

劉體乾録錢大昕跋

右《春秋左傳》殘本三百九十五字，注二百六十七字，吴門陳芳林所藏，皆昭二年傳，《左氏》之第二十卷也。曾宏父《石刻鋪叙》云：『《春秋左氏傳》二十八册，三十卷。序一千六百一十七字，經傳十九萬七千二百六十五字，注十四萬六千九百六十二字。蜀鎸至十七卷止。』此殘字在十八卷以後，或疑宋人續刻。今考《成都志》，但云『《公》《穀》田況所刻』，不及《左傳》。此殘字中遇宋諱，初不缺筆，其出於孟蜀，無可疑者。宏父雖云『《春秋》三傳則皇祐元年九月訖功』，而兼采《成都志》之言，則固不以《左氏傳》爲況刻也。《詩》《書》《禮記》《周禮》皆有書人姓名，而無刊石年月。《儀禮》則并無書人姓名，與《左傳》同。大約諸經書石，本同一時，而卷帙有多寡，故鎸成有先後之殊。工成或在宋代，字畫實皆蜀刻。《左傳》於諸經中文字最繁，鎸成亦最在後。非蜀亡之日尚有未經繕寫者，留待宋人續補也。唯《公》《穀》二傳，廣政中未有寫本，旋遇國亡，此事遂輟。直至皇祐初，田況作郡，始續成之耳。考蜀之亡在乾德三年乙丑，距皇祐元年己丑八十有四年，使《左傳》果刻至十七卷止，僅存後十三卷，何至遷延八十餘載始告成事耶？南宋時蜀石經完好無恙，曾宏父、趙希弁輩述之甚詳，而元、明諸儒者絕無一言及之，殆亡於嘉熙、淳祐以後。近錢塘厲太鴻曾見《毛詩》《左傳》殘字，作詩紀之，予訪求四十年不可得，蓋流落人間者希矣。

録《潛研堂金石文跋尾》，以與此本跋微有不同也。乙丑，劉體乾。

錢駿祥題詩

石經肇自東漢季，三體書立鴻都前。有唐開成續篆刻，碑林移置來西安。世代緜褫歷百劫，椎鑿毀棄無一全。孟蜀有國慕文化，十經經注同雕鎸。迄今又閲九百載，亦復散佚沉荒烟。劉君好古具精識，搜求孤本窮歲年。左氏公穀及周禮，購價不惜千金捐。錦軸排比列几案，即以所得顔齋榜。吾朝開創多耆宿，極盛莫如乾隆間。爾時蜀刻始出世，殘拓二卷毛詩箋。蘭泉侍郎特著録，名流驚詫争傳觀。樊榭賦詩謝山跋，所惜窺豹徒一斑。君今展轉獲多種，真可傲睨諸前賢。走也論交屬孔李，兩家情誼相周旋。頻年契闊隔南北，欲飽眼福愁無緣。何當買棹黄歇浦，走訪高齋探琅嬛。願以此言爲息壤，有如金石侔其堅。

健之仁兄世大人屬題所藏孟蜀石經，賦此呈教。世愚弟錢駿祥，時年七十有九。

張謇題詩

累代石經刻凡七，其二者全餘半佚。三體二體字雖奇，此有注箋推第一。公武以來校讎家，考異後先稱細密。儵然孤本到劉家，引重以經榜其室。尊經孟蜀誠非常，當時已無能頡頏。金塗造塔陋吴越，澄清刻帖嗤南唐。卷中四萬八千字，字字珠船足珍祕。老矣孿經眼尚明，在手奇觚良快意。頗聞漢魏之石經，片玉年來常出地。更思戴記合州城（傳説合州賓館有《禮記》數石，蓋蜀石經之僅存者），待訪時時縈夢寐。吁嗟蜀碧埋重重，干戈擾攘今古同。寧惟五代與十國，兵滿川西南北東。傳經石室思文翁（謂趙堯生），故人天末無由從。何來好事妄男子，刻經慫恿平林雄。經成一卷千室空，齊魯今已人烟窮，不如抱經菰蓬中。

健之先生以《蜀石經》拓本見示，古意磅礴，殘注獨完，平生所見無與埒者，因賦長章以誌快睹。張謇。

姚永樸題詩

石經權輿於熹平，繼在正始與開成。孟蜀之後有兩宋，清頒太學資蔣衡。字體因時判同異，秉意要欲爲世型。遥遥相距三千載，陵谷移徙朝市更。搜奇非無好事者，飄零散落如飛英。偉哉劉君收蜀刻，論價不惜逾連城。周官外有春秋傳，字字觸眼皆光精。代遠文殘彌可貴，爰拓萬本存其形。曩在先朝隆盛日，峨峨髦士趨彤廷。詔徵遺書同蒐討，七閣並建規模宏。而今風尚殊疇昔，新學是競古義輕。豈知海客都彬雅，載歸吾籍聞充楹。國有與立能無念，天喪斯文實可驚。石鼓所出徒聚訟，猶使韓蘇發幽情。而况六藝聖者訂，鴻寶忍令抛榛荆。感君寄我滄江上，篝燈夜對心神清。願藏諸篋垂永世，貽謀豈在金滿籯。徵題先後皆耆俊，綴名簡末寧非榮。

廬江劉健之先生以所得孟蜀石經付影印，屬題，賦呈教正。

桐城姚永樸。

第四册《穀梁傳》卷八、卷九

陳寶琛題書板外簽

宋拓《蜀石經·春秋穀梁傳》第八、第九卷，陳寶琛爲健之老弟題。鈐『弢盦』白文方印

王樹枏題詩并序

健之仁兄道席，屢奉惠書，衹以老朽頽唐，嬾於執筆，加以《清史》功課忙迫，急待成書，有日不暇給之勢。昨又惠我諸公題跋，已照指示各節編訂矣。頃讀山谷效進士作《觀成都石經》五律一首，謹次其韻，賦呈我公一閲。身處危城，藉此消遣，不敢云詩也。至屬考訂《嘉祐石經》，則仍閣筆也，匆匆，不宣。

曩年訪經石，風雨蜀宫寒。漢魏傳遺法，龜龍焕大觀。丹文出灰劫，墨寶豈叢殘。物已聚所好，心猶樂不盤（揚子雲《逐貧賦》『宗室之宴，爲樂不盤』，《東都賦》『樂不極盤』）。窮搜到嘉祐，愉快勝居官（《論衡》『玩揚子雲之

篇，樂於居千石之官』）。

弟子王樹枏頓復，戊辰（1928）三月二十五日。

汪大燮繪《蜀石經齋圖》並題記

《蜀石經齋圖》。乙丑清和爲健之仁兄作，弟汪大燮。鈐『伯唐』朱文方印、『汪大燮印』白文方印

《蜀石經齋圖》。健之仁兄雅令，伯唐弟汪大燮。鈐『伯唐』朱文方印、『汪大燮印』白文方印

羅振玉拓本邊跋

《孟蜀石經·春秋》《穀梁》傳文公第六殘葉五行。鈐『東宮書府』印

羅振玉題跋

《孟蜀石經》原石久佚，僅明内閣存拓本全部，見《文淵閣書目》及萬曆間張萱撰《内閣書目》，尚完全無闕，萱所撰《疑耀》亦記之甚詳。本朝藏書家僅見《毛詩》殘卷，金陵陳雪峰明經曾據橅本録本（編按：當爲木）。嗣閩江陳氏、漢軍楊氏藏《周禮》《左傳》《穀梁》殘卷，展轉歸廬江劉氏。曩曾寓目，前均有『東宮書府』朱印。此『文公殘卷』僅存首五行，亦有此印，知三經亦爲内閣佚出者，人間殆無二本也。予此本得之大庫殘籍中。先是滿洲某君亦得《穀梁》殘卷數十行於内閣大庫。健之先生既已重金購致，擬寫影以傳之。移書乞此五行，因題後以歸之。

丙寅（1926）仲夏羅振玉記。鈐『羅振玉印』『羅叔言』白文方印兩方

王國維題跋

『東宮書府』印，古書畫中不甚經見。惟傳世《南唐二主詞·阮郎歸詞》下注《呈鄭王十二弟》後有隸書『東宮書府』印，考《南唐二主詞》係南宋高、孝間人從真迹輯録，則『東宮書府』印一印，自是汴宋之物。此拓此印乃篆書，與後主《阮郎歸詞》後隸書印不同，然當是一時之物。蜀石經並有此印，當是北宋拓本矣。

丙寅（1926）仲夏海寧王國維書於析津旅次。鈐『文學侍

從」朱文方印

鄭沅篆書題端

宋拓《蜀石經·春秋穀梁傳》第八、第九卷。健之七兄命題。乙丑（1925）三月沅。鈐「叔進」朱文方印

陳寶琛題詩

石經踵例開成體，孟蜀書逾汴宋遒。各抱殘編誇得寶，廬江劉壓貴池劉（聚卿藏《嘉祐石經》四册）。

左癖千金换得來，此行又載《穀梁》回。遍收斷爛成「三傳」，槧本應堪補相臺。

健之世老弟收藏《蜀石經》最夥。六年前得《左傳》三開於都下，頃來又得《穀梁傳》五開，立願欲盡海内所有歸於其齋。物聚所好，有志竟成，跋予望之，索詩志喜，爲拈二絶，俚俗塞責而已。

乙丑（1925）四月二十四日，寶琛。鈐「弢盦」朱文長方印

劉體乾題跋

右宋皇祐田况補刻《春秋穀梁傳》第八、第九卷，存經注九百四十二字，本内閣大庫物，後歸滿洲彦惪君。余習聞之，今年託朱君幼平以重價買得。年來食無餘貲，居無定宇，猶揮斥鉅金，可謂玩物喪志矣。客中多暇，以《唐石經》校經，「古者有四民」，《唐石經》作[illegible]，避太宗諱；「二十有七年」，《唐石經》作「廿有七年」。以遵義黎氏《古逸叢書》影刻紹熙本校注，「四丘」紹熙本作「四邑爲丘」，石經誤脱「邑爲」二字。餘無異文。舊藏《春秋左氏傳》第十五卷首葉有「東宫書府」印，此本首葉印正同。上虞羅氏買内閣大庫殘籍，檢出《穀梁》第六卷首葉五行，亦有此印，可知世間別無他本。今日獲此，仍冀異日再有所得也。

乙丑（1925）三月廬江劉體乾跋。鈐「劉體乾印」朱文方印、「蜀石經齋」白文方印

蕭方駿題詩

《熹平》經刻石早亡，二三繙本隸不臧。魏家《三體》

字尤劣，純用楷法肇《開成》（叶）。唐人干禄工書體，九經刻石字清明（叶）。沿及孟蜀事仿刻，校勘先正句與章（石經自廣政元年起，先訂章句）。廣政七年春三月，模丹上石開工場。先刊《孝經》次《論語》，又次《爾雅》皆同行。繼成《易》《書》《毛詩》《禮》，《春秋》三傳及《公羊》。蜀鎸《左傳》十七卷，餘皆宋繼同《穀梁》。畢工皇祐元九望，衆經乃立學宫傍。經文六十萬字弱，注字八十三萬强（諸經惟《爾雅》及後刊《孟子》不載經注字數，餘均詳載，經文共五十九萬七千二百四十六字，注共八十三萬零二百六十二字）。最後入石有孟子，席旦彭慥合就将（宋宣和五年蜀帥席旦暨運判彭慥方入石）。更鏤《古文尚書》版，公武取之吕大防（古文《尚書》吕大防得之於宋次道、王仲子家，元豐五年壬戌鏤版，乾道六年庚寅晁公武取以入石）。書手鎸工名姓在，武孫周陳與諸張（書手張德釗、孫逢吉〔又作朋吉〕、張紹文、周德貞、張大固，鎸工陳德謙、武令昇、張延族、陳德超）。或爲僕射或爲令（《孝經》《爾雅》皆右僕射毋昭裔置石，平泉令張德釗書丹），或爲博士校書郎（指周德貞、張紹文等）。一百一十又二禩，全碑告成追漢唐（蜀廣政元年肇始，至宋皇祐元年九月十五訖工）。字體清謹刀法正（宋洪邁謂《孟蜀石經》字體清謹有正觀遺風），千歲猶發墨花香。廬江公子雅好古，石經搜羅勤收藏。先得《公》《穀》及《周禮》，後收《左傳》尤精良。經注五萬餘千字，富有乃過陳（芳林）趙（晋齋）黄（松石）。題室名曰『蜀石經』，遍求名達密商量。我昔偶見《尚書》本（《堯典》一篇，經注皆全），乃在魏子鶴山莊。此物不知歸何所，會當函求山之陽。更聞尚有藏經在，皮置劉君雲門房（鄉人劉雲門藏有《詩經》，至今未能寓目）。閟守不肯輕示人，頗欲同君較短長。此經著録始宏父（宋曾宏父纂述《石刻鋪叙》記載益都石經最詳），何（焯）錢（大昕）翁（方綱）桂（馥）考證詳。杭州御書已殘缺（紹興御書石經秦檜所鎸，曾見殘本《大學》），嘉祐二體亦荒凉（《嘉祐篆楷二體石經》亦見《尚書》數行）。宋紙宋墨那易得，錦贉檀匣宜裝潢。此經尚得留人世，願君寶重同琳瑯。安得蜀中息征戰，偕君再訪石經堂（《蜀石經》立碑之處名『石經堂』，陸務觀訪楊先輩不遇，因至石室落句云：出門還惝恍，到屋打碑声。自注：墻東即石經堂。詩作於淳熙四年）。

健之學長以舊藏《蜀石經》册子屬題，率成七古一章，鈔請兩教。

乙丑（1925）四月弟蕭方駿蟄蟄公初稿。鈐『蕭方駿印』白文方印、『蟄蟄公』朱文方印、『龍友甲子以後書畫』朱文方印

高祺題跋

蜀石經齋記

魯殿發藏，斯珍祕簡；鴻都鎸石，以牖儒行。經有專授，學以迪躬，非誇龍威之奧、雞次之博也。吾《蜀石經》，泐自孟氏，時閲千載，散佚無徵。昔盧江劉文莊公帥蜀，祺受經石室，列籍弟子，禮堂得謁高眹，上舍有愧張叔。於石經拓本，未之得見。健之爲文莊公令子，勵下帷之劬，嗣傳家之學。安世默識三篋，韋賢早授一經。酷好石經，不辭搜討。先後購得《蜀石經・左傳》卷十五，計五十二葉半；《周禮》卷九、卷十，計七十五葉半；《穀梁》卷九，二葉；陳芳林所藏《左傳》三葉。繼又得《周禮》卷十二，《公羊》卷二。獲非一時，價逾千金，遂以『蜀石經』名其齋。汲古得炙，思齊自昔。國步既更，秉節繼武。初巡東川，再帥全蜀。避蘇瓌之舊坐，如元將之相代。以經術飾吏治，寄篤好於平生。文莊公之澤，感人深遠。健之崛起，益宏厥績。然則以蜀石經名齋，示不忘蜀，抑蜀之人士所不能忘也。甘棠芨舍，於此永之。己未，祺與健之同客都下，囑爲作記。適賦南征，未及握管。乙丑，復晤於京師，日月易得，寒燠七更。爲責宿諾，不忘久要。并告以又得《穀梁》殘本十葉，其焠掌之專，食蹠之富，雖在經生，弗克齊迹。嗟乎！貞石易零，片褚（按：當爲『楮』）久淪。洛陽碎沙，鄴都没水。隋宮用爲礎柱，周軍毀爲炮石。貞觀稽古，衹得數段。常山作志，第列空名。求如張燾之十版、晉玉之小塊，譬之騏驥一毛，虯龍片甲，洵難遒

矣。健之勤探索於劫火之餘，廣裒集於行役之際。胸懷超卓，紳佩有循。考蜀之石經，刻於廣政七年，《周禮》爲孫周吉書，《左氏》不列書人姓名。《公》《穀》二傳爲宋田況補刻。健之所藏，應是原拓。張俞謂孟氏好文，楊慎稱後蜀多士。邇年兵燹，迭震干戈，求如十黄三白之歌，數重花外之咏，已渺如天際，未卜何時，更何論宗愈作堂、席氏補刻耶？祺學殖久荒，華年已晚，實愧貞履之敷陳，勉作邯鄲之學步。華陽高祺謹記。中華民國乙丑（1925）四月。鈐『祇熙五十以後作』朱文方印

孫雄題跋（書於有『詩史閣』字樣信箋上）

蜀石經齋記

共和紀元之十有四載，歲在乙丑暮春之初，廬江劉健之使君重莅都門，卜城南之幽居，過西甎之隘巷。惠風彌暢，同唫修褉之詩；舊雨既來，漫廣絶交之論。相與感歎時事，陶寫性情，借青史以澆胸，指白水以誓抱。籀汶長九千字，義析江河；飲謫仙三百杯，腸餘芒角。蠹魚三食，殊俗嗜之酸鹹；歐鳥孤飛，喻吾儕之閒適。一日酒半，言曰：『余所藏《蜀石經》拓本，子既爲題柏梁體詩四十五韻矣。近者余搆一精舍，即以『蜀石經』爲齋額。況有舊君宸翰，彌增蓬户寵光。地遜瑯嬛，書陳宛委。鳥革成室，聊供汗青之儲；虹輝燭天，待撰飛白之記。子其爲我記之。』余避席唯唯。溯夫五季俶擾之世，已值九州鼎沸之時。郏鄏之重器屢遷，洛汭之攻車消歇。藐兹西蜀，屹乎中流。壽經訓於岡陵，斠注文之同異。夏書作乂，魯論舉隅。説可兩存，旨原一貫。化隆菁沚，廷臣競出私財；意寓黍離，唐諱猶從缺筆。蘭泉樊榭，箋釋忘疲，龍泓兔床，淪疏就軌。芳林則得諸菰里，晉齋則寫授梓人。異字可別魯魚，孤本有如星鳳。物聚所好，憶永叔之名言；解經不窮，證考亭之集注。健之使君綆劬汲古，亭築問奇，校經無間於晦鳴，得寶似由於神助。官禮既字逾二萬，盲經亦數越七千。《公》《穀》晚出，名稱宜從主人，陳頌南、楊幼雲舊藏，身後欣逢知己。覩開白虎，峙魯殿之靈光；劫歷紅羊，聞孔庭之絲竹。良由濡染家學，發揚國華，錦城夙樹，甘棠玉壘。曾隨

旌節渡河證史，熟知己亥之譌，束帶授經，虔修庚子之拜。長興鏤版，能辨烏焉；熹平失碑，久諳故實。詩富題襟之集，譚蓺賓臨；易符盍簪之占，析疑友萃。洵晚年之至樂，亦通德之休徵。惟是辛壬以還，迭遘陽九之厄，天澤易位，殺牛或敢爲尸；干戈耀鋋，封鯨不聞懲慝。祖龍煽焰，戎馬生郊。民困甚於鴻嗸，經生埋其駿骨。棲賢山畔，石龕半付劫灰；顯慶陵中，漆簡莫搜逸字。詩標新體，聚星之堂已蕪；天喪斯文，扶風之帳誰啓。將落共淪於荆棘，其亡孰繫於苞桑。辟廱嘆鐘鼓之聲，新亭隕河山之涕。千鈞一髮，悵墜緒之飄靈；八索九邱，嘆德音之寥寂。竹素嚶鳴之好，願矢平生；松柏歲寒之盟，相期耐久。健之使君倘與下走有同感乎？是爲記。

師鄭弟孫雄初稿。

夏壽田題詩

盧江公子蜀石經歌　下鈐『直心居士』白文方印

史籀十鼓椎不敗，熹平邕書無一在。蜀人伐石規太和，禮殿千年發光怪。三經斷楮乾嘉藏，武林學舍毛詩黄（松石）。盲左傳陳（芳林）夏官趙（晉齋），中間喪亂更洪楊。盧江公子何神力，道咸以後重蒐得。四經四萬七千言，樊榭龍泓不曾識。《禮經》《公》《穀》《左春秋》，陳書再出亦相投。迎經釋菜禮未畢，歲逢金豕沈神州。蜀經初刊從廣政，百十二年皇祐竟。艱難刻畫尚劫灰，氈墨長年豈非幸。前歲宣南相過從（君出蜀經索長歌，又示兩公孫文課），今年再遇益龍鍾（君參合肥會議，余方杜門卧病，再辱强起擁彗，遽責宿諾）。蓬萊藏室一神往，滄海桑田百感同。君家先勛冠淮泗，節旄晚歲經堂至。當年越石坐中人，先子盧諶故從事。百年喬木漸無存，四海干戈白晝昏。先疇舊德未淪替，禮樂明堂得再論。干戈禮樂由人致，經神無恙安巾笥。幸有公孫兩鳳雛，他年好付行中秘。典午當塗過眼徂，抱殘守闕信吾徒。忽憶曹倉李爲政（君所藏經，先爲吾湘李亦元有。李與余先後一科鄉舉，湘綺先師嘗目爲李爲政、夏不觚），慚愧蕭齋夏不觚。

健之老兄學長正。

壽田呈草。鈐『夏壽田印』白文方印

周貞亮題詩

考古及刊經，泐殘不爲病。一字與三體，辨説久成紊。《熹平》迹早湮，《正始》石僅剩。《太和》故未刓，搜及蜀《廣政》。五季數霸朝，好文推李孟。昶尤解笑昇，衹能作小詠。毋相他無傳，勒經其手定。不徒出家錢，群書付雕印。溯當創造年，實始晋開運（石經刻始蜀廣政七年，實晋開運甲辰）。初劖衹十經，製作猶未盛。書者實五人，不獨平泉令（書者實張德釗、孫逢吉、張紹文、周德貞、孫朋吉五人，《十國春秋·毋昭裔傳》僅屬之德釗，殊漏略）。迨宋皇祐初，《公》《穀》始刊正。宣和補七篇，全經工迺竟。計其程功艱，百年閲幾更（曾弘父謂廣政元年肇始之日，至皇祐元年訖工，已歷一百一十二年。又七十五年，宣和五年癸卯，始湊鐫《孟子》成）。胡爲校唐刊，差謬亦已甚。三百有二科，致煩郡齋訂（宋乾道中，晁公武取《蜀石經》校唐版本經文，不同者三百二科，著《石經考異》刻石）。其石訖宋亡，何年佚已盡。歷元明兩朝，論定到楊慎。類爲泛濫詞，難作石存證（楊升菴輩於《蜀石經》泛論大概，大都未見石本）。錦里傳新編，輿地志名勝。偶云得斷珪，後人孰從聽。越清八百年，殘編出忽迸。煌煌三家藏，前後若輝映。紅羊一炬餘，蕩焉已成燼（已上皆據原跋）。公從何處來，忽得奇寶訊。不惜擲巨金，三經竟合併。四萬六千言，字字資考鏡。高齋署蜀經，海内無其並。我聞考亭翁，《魯論》詳故訓。中引石經文，據此爲徵信（朱子《論語集注》引石經者，即謂《蜀石經》）。惜哉今不存，無由備參證。願公寶此本，護若群經命。下以正賈、孔，上以匡服、鄭。

乙丑（1925）春，健之道兄先生屬題《蜀石經》拓本，草草應命，即乞教正。

漢陽周貞亮未足草。鈐「貞亮」「周伯子」朱文方印兩方

邵章題詞

展瑶函霸業賸遺經，光氣射蓉城。任金戈鐵馬，君王好古，汗簡長青。十萬降旗偏豎，騎火嘆縱横。片石銅駝下，氈蠟無聲。

漫詡蓬萊珍賞，笑藏家享帚，斷落書籝。問蒲津祖刻，千載墨華馨。只依稀，洞僊詞碣，瘞摩訶，一例感零星。留真本，覶銀鈎處，價壓熹成。

乙丑（1925）春暮，題奉健之先生所庋《蜀石經》，寄八聲甘州，即希正拍。弟邵章。鈐『□菴倚聲』朱文方印

李國松録馬其昶題跋

石經惟蜀刻有注。廬江劉君健之得其殘葉百八十，爲考四卷。自亭林、季野暨乾嘉道咸諸老所説罔弗具，可謂詳矣。昶以爲是經始晁公武爲作《考異》，朱子集注《論語》，亦有取焉。范氏至能、王氏伯厚迭稱道之，要皆南宋人耳。歐、趙并未著録。且《春秋》三傳，至皇祐元年始畢工。洪容齋稱其字體精謹，殊不逮前。宜乎東都諸儒之慭置之，而惟致意於漢魏石經也。雖然，趙明誠不得《熹平》遺字，洪文惠不得《正始三體》石刻，無以判決《後漢書·儒林傳》之疑，昶今亦有疑於范書焉。《蔡邕傳·釋誨》云：『速速方轂，夭夭是加。』章懷注引《詩·小雅》『夭夭是椓』，毛萇注：『夭，殺也。椓，破之也。』與今《毛傳》不同。金壇段氏謂錢唐張賓雀見《蜀石經》，『夭夭』作『夭夭』，與伯喈文同。涇胡氏《詩後箋》、侯官陳氏《詩異文考》，及家元伯先生《毛詩傳箋通釋》，并述其言。夷考乾嘉道咸諸家收石經者，《詩》止《二南》《邶風》，絶無《小雅·節南山之什》，張氏何從見之？又北宋劉貢父《兩漢書刊誤》據監本詩文，謂蔡伯喈文上『夭』字當作『夭』，是豈貢父當日未考蜀刻邪？抑張氏所見者，果有出於金石諸家之外也？近人長沙王氏集解《後漢書》，既不引段氏説，而竟云『「夭夭」出《詩》三家』，豈謂伯喈如《熹平石經》用《魯詩》與？而考三家遺《詩》者，概未之及，即嘉興馮氏《蜀石經考異》，亦未之及也。故昶昔撰《詩毛氏學》，疑之而蓋闕焉。劉君如再求得此石拓本，以判決斯疑，不更爲藝林快事邪？

乙丑（1925）暮春桐城馬其昶跋。合肥李國松書。鈐『松』『木公』朱文方印兩方

曹秉章題跋

健之都護得蜀石經殘卷，海内傳爲希世之寶者，珍同球璧，徵言及於下走。竊嘗聞之：石經凡七，孟蜀所刻，經注并列，最稱精善，迴出魏《正始三體石經》上。顧魏刻世尠傳本，近歲始有《尚書》《左傳》殘石三段見於雒，承學之士詫爲奇遇，椎拓争購，紙爲之貴。有昧昧者震其名，聞房山巖洞中有石經，不可數計，遣卒伍往取，斧之鑿之，斷則棄之。輦十餘石歸，倩解文字之人視之，非是，嗒焉若喪，而隋僧所刊佛經毀矣。夫稽古，志士也；玩古，雅人也。乃因以災及象教，而國中學子固屏棄經傳，不復寓目，是何傎與？自來僭僞惛亂之極，莫五代若，而孟昶有文學，其下復饒文士，故能尊經，遂成鉅製，以貽之宋。今之昧昧者，乃併昶之不若矣。述此與健之同發一喟。若此帙收藏之源流、文字之考訂，諸公言之已詳，亦非不學所能知也。

乙丑（1925）閏四月望，嘉善曹秉章書。鈐『曹秉章印』白文方印、『理齋』朱文方印

黃濬題詩

策勳舊府桃符呈，人材韈綫皆公卿，摩訶春池鴛衾夢，刊經太學徒啖名。金相輪壞成都亂，猶出孤拓如寒瓊，乃知不朽在紙墨，况以六籍爲干城。三經昔寶陳楊氏，忽藉大力資合并。健之作健抱殘本，神物所燭明窗明。我生苦晚受傳笥，遭際寇盜侔熹平。石經國子罕講肆，絃誦近復空庠黌。與君昔同府中客，别後幾換長安枰。五年一諾盛索踐，謀句顧取墻隅檠。自言《穀梁》有新獲，購買斷闕憑精誠。磨牙頻歲避蜀道，議瓜隨處悲秦阬。問君抱此將安適，康回正使東南傾。君言齋居意廣大，膝下犀玉誇豐盈。披圖或呼任氏苑，傳世不鑿晏君楹。亂離廣政漫比擬，中有萬古啼鵑情。酬君此詩坐歎息，世兒碌碌求金籯。

敬題《蜀石經齋圖》，即乞健之先生正句。秋岳黃濬，乙丑（1925）閏月。

劉體乾題跋

成公元年。

又加甚。（阮文達校記：『閩、監、毛本作「又如加甚」，余本無「如」字。案：疏兩引皆無「如」字，余本是也。』蜀石經亦無『如』字。）

襄公二十有七年。

若獻公以喜有弑君之罪。（阮文達校記：『閩、監、毛本「公」作「入」，余本「入」作「公」。』蜀石經亦作『公』。）

而復殺之。（阮文達校記：『閩、監、毛本「復」作「得」。何校本「得」作「復」。案《釋文》出「而復」，作「復」是。』蜀石經亦作『復』。）

乙丑中伏，劉體乾。

金兆蕃題詩

群經傳刻石先木，石木并行始於蜀。鳳毛麟角大字本，朽蠹文淵散天禄。蠟渝氈敝傳更稀，晚出陳黄初著録。廬江使君雅好古，蠹没菑畬同布菽。百三十葉五萬字，竭浦傾岡出珠玉。大文照代炳星日，經則《周官》傳《左》《穀》。卌年偏霸等閑耳，初政恭勤賣鋹煜。敦耕勸穡敕諸吏，鄭重官箴省甿俗。臨朝手諸昭裔奏，雍都舊典吾能續。千秋謚曰右文主，《熹平》《開成》鼎三足。赭衣柘弓仰風度，蓉帳鴛衾掩奢黷。叢殘天使逭滄桑，光氣今猶留嶽瀆。《周官》寫者張德釗，《左》《穀》當時更誰屬。察書難得姓名備，通經先乞訓故熟。黄藏《毛詩》落何所，我欲求之兩黄鵠。雅樂承聞動孔壁，神劍終當起豐獄。使君得此應更意，顛倒衣裳百薰沐。

健之使君教正。金兆蕃呈稿。

陶葆廉題詩

劉君健之研經嗜古，覓得蜀石經《周禮》、《左》《公》《穀》三傳拓本數卷或數頁，雖屬殘缺，而吉光片羽，已越九百七十餘載，洵堪寶貴。命題數語，勉賦俚句，用誌眼福，尚祈郢正。

乙丑季秋，世小弟陶葆廉呈稿。

廣政九經開蜀中，清謹頗有貞觀風（洪文敏語）。賢哉丞相毋昭裔，輸財百萬營學宮。盲左未半田况補，考辨已竟西江洪。後來嘉祐逮光堯，篆楷詎似《熹平》工。廬江公子緣在蜀，曾窺井絡西南戎。載書兼兩返舊業，晚乃搜討山川窮。四經在篋祕不得，青雲乃見屋角東。世儒得少喜穿鑿，禍本或致瞽童蒙。抱此殘編資審訂，晁公考異將毋同。（庭前書帶添蒼翠，問字踵門爭推崇。）

第五册《公羊傳》卷二

何維樸題簽

宋拓《蜀石經·春秋公羊傳》第二卷。何維樸爲健之題。

李瑞清題端

《蜀石經齋圖》。健之吾兄屬題。丁巳十一月，清道人。

林紓題詩

健之先生囑作《蜀石經齋圖》，逾年始作以還之。内咎殊甚，因補題長句。

五季僭竊多無文，吴蜀獨含文字芬。江南小腆尚詞筆，寧及蜀主宗典墳。堂堂宰相毋昭裔，成都琢石天下聞。二孫二張周德貞，字畫清婉逾歐詢。模丹入石署廣政，是時開運當甲辰。群經胡獨少《公穀》，留此缺憾存成均。後來田公頗好古，三經坿麗煩手民。蜀刻仍復避唐諱，天澤分尚存君臣。《左傳》成但缺祥字，民虎二諱縱横陳。是時知祥已僭號，隔閡不與亡唐親。田況宋臣戴天水，特缺恒字尊宋真。綜言蜀學冠天下，文翁高联皆槧人。孟昶風流寵花蕊，經學乃亦知梁津。健之嗜古世所罕，覓得紙本渾如新。文莊惠政感父老，口碑深刻逾貞珉。歸裝只此他可想，帥臣本自宜清貧。作齋收貯徵我畫，寶貴乃與璆琳珍。經年不歸負諸責，憐我牛馬非間身。作圖既完媵長句，此齋定污元規塵。

癸丑七月既望，林紓識於宣南春覺齋。

曾廣鈞題詩

熹平星鳳久同稀，三體吾疑棗木肥（洛陽新出六石，決爲近人贋作。以上尊號用筆對勘自見）。徒擁開成矜卷帙，何如廣政極精微。幾雙龍劍因人合，四萬驪珠在子衣。要與壇山爭癸巳，不煩卜肆辨文機。

健之以所藏《蜀石經》索題，歡喜讚嘆，將使瓦釜附和璧以傳。

伋安曾廣鈞。

汪洛年繪《蜀石經齋圖》並題記

《蜀石經齋圖》。健之仁兄新得《孟蜀石經》，因以名齋，並屬洛年製圖以記之。時壬子五月。

廷珍詩

五季崩離劇可哀，未將經術委汙萊。於今蜀石珍如璧，祇此差堪割據才。《熹平》殘字賽中郎，《三體》黄初亦散亡。蜀本流傳成絶迹，摩挲真足傲孫黄（孫淵如、黄小松均求之弗獲）。莫將孤本詡專家，大義紬尋道愈華。宸翰昭回臨汝室，榮光輝耀海天涯（今上兩錫匾額）。

健之仁兄藏《蜀石經》，屬題。

宣統癸亥嘉平廷珍。

何紹基題端

宋拓《蜀石經·春秋公羊傳》殘本。何紹基篆。

吴履敬、吴式訓題跋

右宋拓蜀石經《春秋公羊傳》并注殘本，宋樞密直學士田況元均知成都時補刻。皇祐元年歲次己丑九月辛卯朔十五日乙巳工畢（見《玉海》）。全書共六册，十二卷。傳四萬四千七百三十八字，注七萬七千三十七字（見《石刻鋪叙》）。今存者起桓公六年，至十五年止，凡十九葉，一百八十三行，末三行殘缺不全。傳一千五百三十二字，半字五。注三千五百七十三字，半字五。書内凡『敬』字、『殷』字皆缺筆，避宋諱。以阮氏所刻宋本《公羊注疏》校之，異者廿餘科，大約與宋鄂州官本同。如六年注『不日，不書葬者』，阮本『日』誤『月』。八年注『天子之牲角握』，阮本『握』誤『搔』。十一年注『猶愈於國之亡』，阮本『猶』誤『稱』。『脅鄭立篡』，阮本『立』誤『之』。『本當言鄭突』，阮本『當』誤『常』。『外未能結助諸侯』，阮本

『助』誤『款』。『則與春秋改伯從子辭同』，阮本『春秋』誤『諸侯』。十三年注『必出萬死而不奔北』，阮本『北』誤『此』。『明見伐者爲主』，阮本『伐』誤『我』。鄂本與此本皆同。阮氏《校勘記》稱鄂本最爲精美，以此本互校，益知宋刻可貴矣。然元均所刻僅據當時善本，已非太和之舊。雖校寫精審，終不及蜀刻《周禮》之能存古本也。《蜀石經》亡於南宋之末，故元、明諸儒無言及之者，惟曹能始《四川名勝志》稱石經《禮記》有數段在合州賓館，今亦無聞。國朝黄松石嘗得《毛詩·二南》《邶風》兩卷，厲樊榭、全謝山、丁龍泓諸人皆爲賦詩，後歸黄蕘圃，又佚去《周南》十一篇及《鵲巢》序。王述庵《金石萃編》記之甚詳，惟於其異同處輒加訾議，殊乖蓋闕之義。陳芳林得《左傳·昭二十年》殘文，僅六百餘字，後歸梁茝林。錢竹汀嘗獲見兩本，歎爲衰年樂事。此二本合共一萬一千六百八十二字，宋紙裝界，氈墨精良，淳古可愛，前後都無題識，不知舊藏誰氏。自宋迄今，幾及千載，巋然不朽，誠希世之珍也。歲在横艾困敦，獲讀此本，粗爲考訂復書册尾，以志慶幸云。

十有一月哉生霸，青陽吴履敬、弟式訓同識。

馮志沂觀款

咸豐壬子季冬，代州馮志沂觀（王氏《金石萃編》言其所藏《毛詩》摹自武林王溥家，不言歸黄蕘圃，跋當别有所據也）。

陳慶鏞題跋

洪文敏謂《蜀石經》字體清謹，有貞觀遺風，南宋時猶存。諸儒引經，並據此本，與小字本、岳珂本往往相合，而元、明無稱之者，殆亡於嘉熙、淳祐以後也。今得此《周禮》《公羊》二書殘本，文雖不多，然窺見一斑，其有補於經學者已不少矣。

咸豐歲在壬子臘月既望，晋江陳慶鏞識。

又

十一年注『本當言鄭突』，殿版仍作『當』字。十三年注『明見伐者爲主』，殿版仍作『伐』字。阮本『當』作『常』，『伐』作『我』，疑别有所據。

鏞再識。

『始熟可礿』，石經作『麥始熟可礿』。

『殷人先求諸陽』，石經『殷』作『𣪘』，缺筆。下同。

『黷則不敬』，石經『敬』作『敂』，缺筆。下同。

『然後卒大夫也』，石經同。阮本『後』作『后』。

十年

『近乎國也』，石經『國』作『圍』。案注『幾與圍無異』，則作『圍』爲是。

十一年

『當勠力拒之』，石經『勠』作『勠』。

『稱愈於國之亡』，石經『稱』作『猶』。案疏『猶愈於國之亡也』，則作『猶』是。『後有安天下之功』，石經同。阮本『後』作『后』。

『宋不稱公者，脅鄭之篡，首惡當誅』，石經作『宋不稱公者，脅鄭立篡，首惡當誅』。

『突當國本，當言鄭突』，石經同。阮本下『當』字作『常』。按《校勘記》云：『鄂本亦作「當」。』則『當』字

鄭復光題跋

咸豐四年秋閏月初七日，吴氏昆中出宋拓□《周禮》石經蜀本見示，惜匆匆欲南旋，未暇考訂一二，題此誌别。

鄭復光識。

陳慶鏞題跋

石經考異補下

晋江陳慶鏞頌南撰

孟蜀石經公羊殘碑

桓六年

『淫乎蔡』，石經『乎』作『于』。

七年

『加之者辟寔國也』，石經『寔』作『實』。

八年

『薦尚韭卵』，石經『卵』作『卯』，訛。

『故曰祠因以别死生』，石經作『故曰祠國以别死生』。

『薦尚麥魚』，石經同，阮本『魚』作『苗』。

爲正。

『外未能結欵諸侯』，石經『欵』作『助』。

『則與諸侯改伯從子辭同』，石經作『則與春秋改伯從子辭同』。

『蔡侯稱叔者』，石經無『侯』字。

十二年

『故後王起』，石經同。阮本『後』作『后』。

『與鄭人戰于宋地』，石經『于』作『於』。

十三年

『有尊卑上下次第行伍』，石經『第』作『第』。

『必出萬死而不奔，此故以自敗爲名』，石經作『不出萬死而不奔北，故以自敗爲名』。案：『北』屬上句讀。

十四年

『御廪災』，石經『災』作『烖』，下同。

十五年

『小國例時也』，石經無『也』字。

葉爾愷題詩

漢魏石經久闕佚，一字三字紛研討。楷體最珍蜀廣政，貞觀遺風尚未渺。諸家舊有精确評，紫陽注經供參考。當時十國競僭割，鴻都祕册空一埽。孟氏獨能擅文學，益都疆域差完好。龍門毋相具閎識，蕭選諸書鋟梨棗。更舉雍都舊經本，重書勒石勤遠紹。慎選寫官精字體，張孫周句各趫趫。注傳俱備十經文，皇祐初年事始了。田席補鐫不逮前，《容齋續筆》甚明了。邵氏更收舊殘石，並列學宫崇垣繚。後儒稽古得指南，訂訛正句功非小。書家翰墨資臨摹，永興筆法同妍姣。宋元末季罹喪亂，遂使實物遭烽燎。石倉曹氏當明末，作者已嗟生不早。合州賓館蓉城石，真贋模糊誰分曉。况復又經三百年，銅駝久歎埋荒草。經生考訂據遺聞，何人曾將眼福飽。劉君好古勤蒐羅，獲此巨帙非鱗爪。《春秋》三傳並《周禮》，四經一篋聚者少。經注將及五萬字，富有足傲乾嘉老。展轉求索經滄桑，幾失復得遇尤巧。文莊掌兹留蜀中，君於此經更當實。載德堂高燦璇題，龍光稠疊燭蒼昊。南宋重刻石經文，與君同心祝再造。

宣統癸亥秋仲，奉題健之仁兄世大人所藏《孟蜀石經》，即祈教政。柏皋弟葉爾愷。

馮煦題跋

石經肇於熹平，嗜古者得其殘字，比於星鳳。然宋中世洪适刻於會稽，胡宗愈刻於成都，東都真迹，善不可知矣。魏《三體石經》，久無傳者，近世山左得片石，識者皆疑其僞。唐開成所刻尚存西安，予藏有足本，然斷裂剜改，且無注，不足珍也。今所傳最近古者，唯《蜀廣政》本。而僻在西南陬，歷宋元明，具無著録。乾隆中，陳芳林得《左傳》，黄松石得《毛詩》，趙晋齋得《周禮》，雖皆殘本，然世之嗜古者每豔稱之。赭寇之亂，或付祖龍一炬，或落爲飄風，蕩爲清烟，邈乎不可復得。此後學所深痛也。今健之展轉求索，得《周禮》《穀梁》《左傳》若干卷，或可替舊藏□在諸家著録之外。此皆宋元明□於本□，欲求一鱗一爪，亦不可得者。而健之得之。得之且爲經三，爲文數萬言。陳之架几，高可尺許。古香盎然，仰邀宸翰。於戲！甚已！世教陵夷，異説蠭起，維新者訟言廢經，六藝具爲芻狗，供人蹴蹋。健之獨寶此殘闕不完之本，若奉球圖，無敢失儀，其所見誠加人一等哉！彼訟言廢經者，□健之之罪人也。

癸亥十一月，八十一叟馮煦。

鄭沅題跋

往於亡友李亦元處見《蜀石經》拓本，古芬襲人，至可賞玩，近已歸健之七兄齋中。健之又續搜得數種，裝成巨帙。延津會合，良非偶然。今《熹平石經》既不可得見，頃聞河南新出土之魏《三體石經》，其字體又多乖六書，殊無足觀。自爾不能不推此爲希世之寶矣。

癸亥十月，鄭沅識。

楊守敬觀款

壬子仲冬觀於健之蜀石經齋。人間孤本，見所未見，真幸福也。鄰蘇老人，時年七十有四。

陳榮昌題詩

孟蜀石經歌

甲子正月之人日，陳子卧病敂藥鑪。故人葉公隔萬里，隔十餘稔得其書。推枕起讀無褋語，但索詩句輝經畬。云有劉君健之者，上承絶學稱通儒。青藜閣上富緗帙，插架何止三萬餘。就中石經尤典重，迺是孟蜀鎸珉砆。當年十經並入石，歷宋元明半淪胥。迄今抱殘祇四種，《春秋》三傳《周禮》俱。劉漢李唐兩石刻，有經無注齊荒蕪。是編經注罔不備，近五萬字垂明珠。世間瓌寶那有此，自應光燄凌石渠。劉君耆古固無比，又吊陵谷增欷歔。謂此與人同孑遺，書城相伴德不孤。何况物希乃益貴，魯壙汲冢珍相符。一時新貴别有好，視等棄物非其需。惟求遺老共欣賞，要留筆蹟題楬櫫。葉公與我爲舊史，今更同爲山澤臞。相約作歌附簡末，病榻吐氣長虹舒。却憶蜀宫花蘂語，四十萬甲誰眉鬚。斯文能永孟氏譽，屹如天府雄成都。故知表章六經事體大，淵雲辭賦終區區。

劉健之先生因葉柏皋學使大公祖，以所藏《蜀石經》屬題。榮昌方病心痛，呻吟成此，力疾書之，寄呈教正。蓋氣類之感，不能已也。歲在甲子正月十一日，昆明陳榮昌小圃氏書稿。

章鈺題跋

廬江劉健之觀察既得《蜀石經》孤本《周禮》卷九、卷十，共七十五葉半；卷十二之二十二葉。又《左傳》卷十五，共五十三葉半，卷二十之三十五行。又《公羊》卷二十二之九葉，又《穀梁》卷九之二葉。我同年絅齋書來屬爲題識，鈺年來頗見新出土之漢石經殘字，魏《三體石經》數百字斷石，而於《蜀石經》，先見陳雪峰景刊本外，得借讀上虞羅尗言參事所藏《穀梁》卷六之首五行。此五行從内閣大庫殘紙中檢出，首行爲『春秋穀梁傳文公第六』九字，次行爲『范寧集解』四字。經文自『元年』起，『會葬』止，注文自『繼正』起，『繼弑』止，與紹熙本無異同。上有『東宫書府』四字印。長白某氏藏《穀梁》成公第八之三十五行，則亦寓目一過，同時出内庫者也。曩從貴池劉窗石所得觀汴宋石經全帙，自矜眼福。蜀石經自宋人著録後，最近惟楊用修謂蜀刻九經最爲精确，似曾見全本，以後藏家皆不言其詳，蓋散佚者久矣。健之乃於斯文將喪之秋，多方蒐集，得經注都四五萬言，尊經好古之心至可欽尚。所恨旅泊津橋，尚未及啓笈請觀，有所開悟也。顧有一事，足爲同好告者。晁公武謂孟蜀石經《公》《穀》二傳，皇祐中田況補刻。況傳在《宋史》，今本無官成都事。鈺則從元刊本補出況傳脱文一葉，計四百字（南雍本、殿本均脱。盧抱經先生曾據元本補《孝宗紀》一葉，入《群書拾補》）。此四百字中，正載況由渭州知成都府事。此則有裨於談蜀石故事者，以諗絅齋，當爲一快。不見健之十餘年矣，當亦嘉我拾遺補藝，雅有同心也。

歲在甲子二月朔日，長洲章鈺在聽鸝僦舍寫記。

余誠格題跋

《蜀石經》存於世者祇此數册，皆歸健之老弟齋中，出以相示，見所未見，眼福無量。册中有朱古微宗伯、駱公驌殿撰題咏。因憶光緒戊戌，京師初立大學堂，當時同事二十人，今惟李柳溪、夏閏枝、瑞景蘇仍居北京。駱公驌返成都，田少白寓蘇州，予與健之、古微辟地海隅，存者僅八人耳。滄海横流，長夜待旦，莘莘學子，群起廢經，不徒有傷離歎逝之悲，亦殊深守闕拾遺之望也。

甲子元旦立春後十日，望江無悶道人余誠格識。

劉體乾題詩

海内文章有定評，名篇妙迹盡瑶瓊。一經遺子吾何敢，慚愧人家金滿籯。

憶昔趨庭蜀郡年，國恩家慶日中天。滄桑變後江湖老，獨對殘編一泫然。

辛亥至今，乞知交題詠，得四十二人。燈下展覽，率題二絶句於後。甲子二月十七日，劉體乾。

孫雄題詩

健之健者才淵閎，經經緯史言鏗鏗。體用兼備非書生，能以經術致太平。文莊治蜀流循聲，甘棠召伯時循行。口碑翕然樹錦城，名臣之後有典型。高齋牓曰蜀石經，《周禮》經注二萬盈。雍士匠人别渭涇，春秋三傳瓊玉英。合璧有如日月星，《公》《穀》殘葉猶風萍。趙宋補刻垂汗青，名從主人判重輕。巨册麟炳宏漢京，姬公制作配左盲。翁王馮厲全錢丁，前賢考證閉户精。今觀原拓天日晶，行款未改尺寸贏。我聞蜀臬劉燕庭，嗜古昕夕搜榛荆。竹汀日記篝鐙評，修城得寶耀目睛。什邡令長智挈瓶，扃鐍宦橐歸於黔。豐城劍氣終合並，君盍芒屬登黔靈。方今海内如沸羹，六經大義墜地傾。厭薄周孔儕蝨蟁，高譚禪讓賡韶韺。蝸角蠻觸終歲争，蒼赤枕席不得寧。太學石鼓蔓艸縈，野無弦誦喧鐃鉦。持較孟蜀顔爲赬，昔者少陵（雲秋觀察）引巨觥。我與健之交忘形，興酣譚藝酌醁醽。駒陰飛馳若迅霆，感逝懷舊燈熒熒。小詩撞㴆慚蠡廷。

附注：劉燕庭有手批《錢竹汀日記》，自述爲蜀臬時，聞乾隆四十四年，制軍福康安修成都城，什邡令任思仁得《蜀石經》數十片於土壕中，字尚完好，當時據爲己有，未肯留置學宫，爲可惜也。任令貴州人，罷官後，原石輦歸黔中矣。余訪求竟無所見云云。右見《越縵堂孟學齋日記》。

健之先生命題。甲子仲春師鄭弟孫雄。

吴學廉題詩

錦江玉壘朝廷小，聖典刊碑布鴻藻。圖書收後國邱墟，殘石千年見瑰寶。劉侯集古慕歐陽，三篋遺書等未亡。四萬六千四百字，委蛇雲布星舒光。熹平寫經更魏晋，唐壁宋宫繼刊正。鴻都千乘事空傳，歷代寶章亦灰燼。風行雨散剩斯碑，靈物冥冥久護持。一邦之妙一代絶，文雖斷爛書矜奇。巋然海内成孤本，相伴蕭齋娱歲晚。貫月人知未畫船，映星時謂任經苑。棐几巾箱含遠馨，發揚風雅著丹青。補亡起廢他年事，更號先生劉石經（《魏書》：劉芳理義精通，時人多往詢訪石經文字，號爲『劉石經』）。

健之七兄屬題《蜀石經齋圖》。

甲子三月吴學廉初草。

王秉恩題跋

《孟蜀石經》北宋拓本，傳世者有《毛詩》《周官》《左傳》《公羊》《穀梁》五經，遞藏於黄松石、趙谷林、趙晋齋、陳芳林、楊幼雲、陳頌南、吴子肅、子迪昆季、張未憲、李亦元諸家。今《周官》《左傳》《公》《穀》□歸劉健之觀察，惟《毛詩》（黄本）及《周官》第八卷（趙晉齋本）未識存佚。陳雪峰有《毛詩》景刊本，復有石印。《周官》晉齋亦曾景刊（未見）。癸亥内閣庫書叢殘八千袋逸出，吾友羅朴言參事以巨資獲得，中有《穀梁》卷五首半葉。長白彦明允（德）亦獲《穀梁》殘拓三十五行。《孟蜀石經》拓本留存於今者僅此，竊謂五代之亂□矣。孟氏父子據有西蜀，乃能崇尚儒術，刊刻經典，功雖未竟，所存片紙寸楮，至今珍等球琳。《公》《穀》二傳，雖非蜀刻，而規則實自蜀啓之，甚可稱許珍重。陳刊《毛詩》二卷，以校今本《周官》《左傳》，行列同而字體殊，殆非景鈎，且有挩漏。□得此本，得知款式，否則并此不得而睹矣。方今世變孔孟，禮教陵夷，青年學子廢經不讀，一二耆古之士弆藏典籍，惟宋槧元刊是崇，於經學尚隔一塵。觀察擬選石重樵所弆各經，置諸成都錦江書院石室舊址，□甚□也。光緒辛巳，秉恩嘗彙刻石經各考證於成都，頻年裒集數種，擬刊爲二集。此册題識考證不下百家，可備《石經彙函》二集之一。況有宸翰御書，尤爲他石經所未有。往時曾爲貴池劉蔥石參議跋北宋二體石經，累數千言。今考此册各陳、繆校記，尚多可商。因督兒子文燾詳加決别，以補二君所未及，用諗讀者一是正焉。

甲子三月十八日，秉恩謹跋。健之仁兄觀察年大人教正。

王文燾題詩

廣政成都鐫十經，訖今十六周甲零（自廣政元年戊戌，至今歲甲子，歷十六周，甲又廿六載）。凋零殘叢餘無幾，幸存太和舊典型。劉侯裒輯彙爲一（昔各藏一二，今皆歸劉君許），上邀乙覽陳帝廷（劉君晉呈御覽）。宸翰引書邁籀史，斯篆奚止渭與涇（今上以大篆引書『孟蜀石經』四字於首）。奉歸海壖弆石室，上射斗牛光晶熒。歷劫不礱尠殘缺，呵護定有鬼神靈（劉君言在湘遭辛亥之亂，僅携石經而行）。侍親過從蒦詹印，開匡照耀眼爲青。昔聞合州可徵禮，遺軼湮没僅耳聆（曹佺《蜀中名勝記》云：『合州賓館有《禮記》殘石數段。』傳聞如此，不可蹤迹）。熹平正始今復見，古篆分隸判畦町。開成巋然樹碑藪，蜀本唯存此片翎（蜀石經流傳只此。松石所弆《毛詩》，後歸程南邨。赭寇之亂，南邨就義，殆同歸浩劫）。籀經（陳頌南侍御《石經考異》）藝風（繆筱珊參議《蜀石經校記》）勤甄證，巨論無殊楹與莛。潛研疑年重蜀寫（竹汀謂諸經皆蜀寫，唯卷帙有多寡，故成功有先後。《石刻鋪叙》所云未确。不然，僅存十三卷，何至遷延八十餘年），澗蕡誤等金石銘（顧千里謂石經爲金石家所重，於經學無裨益。識者多謂澗蕡失言）。柳東未及志《公》《穀》（馮柳東《石經補考》，蜀經無《公》《穀》二傳），塤篪迭奏啓祕扃（吴子肅、子迪昆季曾藏《周官考工》及《公羊》兩經，其跋頗足戡證訛誤）。蘇齋長歌十年思（蘇齋原均有『十年思之今始見』之句），木夫和均水瀉缾（段懋堂爲陳芳林請瞿木夫賦詩，木夫即追步蘇齋均）。琳琅滿册眩瞵目，炳耀矞煌逾日星（劉君自荷天章殊寵，復徵海内耆舊題咏殆遍）。吾鄉已無隻字賸，假我重摹鐫崝嵤。石室遺址今尚在（往歲劉君曾語嚴親，擬西法景照，就景本刊石於成都錦江書院文翁石室故址也），芻蕘之言蘄我聽。讀畢掩卷長歎息，新月耿耿映疏櫺。

宣統十有六年，歲在甲子三月丁卯望，追步蘇齋學士均，爲健之世丈題所藏《孟蜀石經》拓本後，即乞教正。華陽王文燾初草。

田庚觀款

乙丑九月十三日，過健之先生蜀石經齋獲觀。淮西田庚記。

陳重威觀款

乙丑十月二十五日，過健之先生蜀石經齋獲觀。武進陳重威記。

宋育仁題詩

奉題《蜀石經齋圖》，即呈健之道兄教正。

文從三體續開成，碑拓殘唐踵漢京。却問談詩杭堇浦，煩將蜀刻補昭明。

石室遺經古已頹，漆書經亂首重回。重開石室重經亂，尚有遺經拾劫灰。

世守清芬獨抱殘，重逢按郡話巴山。披圖共語韓陵石，深柳書堂照掩關。

弟育仁道復。

駱成驤題詩

題劉健之世兄蜀石經

勒石毋昭裔，揮毫張紹文。憫經遭五厄，傳典重三墳。蠹簡無秦篆，鴻都有漢分。體摹貞觀峻，本寫太和勤。寥落毛詩卷，偏安孟蜀君。干戈猶擾攘，箋傳獨繽紛。手澤煩呵護，心齋過沐薰。趨庭知有訓，獨異伯魚聞。

世弟駱成驤拜題。

尹昌齡題詩

健之觀察舊藏《孟蜀石經》拓本《春秋》三傳及《周禮》，約四萬餘字，極精審，足資考證。觀察寶貴之甚，所蓄碑版文字，都無逾此。謂世間少此本，雖不完具，萬金不易也。勤勤尊經，非近代金石家所可同日而語。談次索爲題識，倚裝賦四絶，録博一噱。

孟家瑰寶盛江山，只有斯文星日懸。浩浩劫灰千百載，零璣碎璧是韋編。

志在春秋政在禮，周孔精神澈古今。仿佛壁中絲竹意，貺公遺刻識公心。

使君好古富搜羅，價縱兼金意弗多。珍重殘篇四萬字，校勘能辨魯魚訛。

飭治頗嗤文俗吏，衙齋坐對經爲師。甄明微尚知儒雅，佇待黌宮琢石螭。

棠弟尹昌齡未定草。

劉體蕃題詩

鴻都石經久已亡，八分筆勢傳中郎。開成監本今尚在，字體又乖籀與倉。嗚呼五代極喪亂，六經委棄同粃糠。知祥雄據兩川地，文物燦然追李唐。廣政刊經號善本，模丹入石鐫工良。毋昭裔校豕魚誤，張紹文書龍鸞翔。滄桑劫火經幾度，消滅亦復隨降王。拓本流傳海内少，重之不異璆琳琅。吾兄好古比歐趙，居然六册羅巾箱。可惜毛詩輖飢本（《詩》『惄如調飢』，蜀石本作『輖』，即古『朝』字），人間無處尋茫茫。

就中題跋誰最妙，竹汀覃溪精且詳。英雄割據久寂寞，尚餘文字傳芬芳。況今兵戈正俶擾，吾儕飄轉棲橫塘。誅茆未卜何日遂，此齋但付無何鄉。何時昇平得重睹，買田清潁開茅堂。硬黄矮紙恣摹寫，讀書看畫消年光。

健之七兄《蜀石經齋圖》屬題。體蕃拜稿。

龔慶霖題跋

蜀石經齋記

石經肇於漢，而復刻於魏、於唐宋。東漢石經絶迹久矣，魏《三體經》立石洛陽，遭亂移徙，後或廢爲柱礎。至宋時，用拓本摹刻，遺字已寥寥可數。唐經原石尚存，經後人磨竄失真，不足貴重。南北宋《二體》及《御書石經》，亦稀見於世。《蜀石經》者，五季孟昶據蜀時所泐，據雍都原本，兼及傳注，世稱精審矣。惜乎石既殘燬，即拓本亦罕覯。有清中葉，見於著録者，僅《左傳》《毛詩》《周禮》殘卷萬數千字。迄今滄桑變幻，存亡不可知，蓋珍物易散而難聚，古今大抵然與。吾鄉劉都護健之先生，嗜古若性命，得《蜀石經·左傳》《周禮》《穀梁傳》數卷，合計百有八十餘葉，視前人所藏弆者多可十倍。都護則大喜過望，因闢齋庋藏，遍徵題識。去年夏在京師，謂慶霖曰：『爲我記之。』比返滬，屢書來督文。竊維自昔士大夫講求文獻，如寶扇樓、夢硯齋、號盤亭之類，不過翰墨器皿，猶且極意點綴，以詫示來許，況《蜀石經》關於學術隆替，尤非尋常古物所可較量聲價者乎！宜乎都護之兢兢也。慶霖譾陋，於《蜀石經》文字不足以資考訂，獨念孟氏當五代分崩之際，割據東西川，昶席其父知祥遺緒，讀書饒文學。而是時中原鼎沸，朝士避亂，遠依藩鎮者踵相躡。蜀又憑恃險阻，不被兵革，故得以其暇招致俊彦，相與討論篇章，潤色鴻業。以今日方州連帥，日尋干戈，癰潰魚爛，萬方一概。二三文士轉徙無所，求如孟氏閉關休息，崇尚儒雅，優游以成述作之功，卒邈不可及。都護以『蜀石經』名齋，毋亦特寄慨慕之思乎？天運循環，無往不復。五代晦盲極矣，而孟氏修明經術於一隅之内，其後有宋一代文化浡興，已萌芽於此。今者人心陷溺，唾棄經訓，有同糞土。都護搜集《蜀石經》於散滅之餘，其得坐擁巨帙，殆非偶然者。都護尊甫文莊公，以淮軍名帥晚鎮蜀疆，文德武功，照耀邊圉。十數年前，都護亦嘗持節使蜀。仍世有造於此土，故蜀中古籍，不歸他人而歸都護，冥漠中若或相之。都護又能盡表章之責，一旦有命世者起，投戈息馬，重道求書，都護出其所有，於以刊善本、頒學官，莘莘學子，遵用程式。是《蜀石經》者，孟氏校刻於前，都護網羅於後，皆時當極亂，天其或者將開昌明之運，特以此爲蒙泉剥果，而徐卜發生焉。然則是齋也，不獨哀然珍册，士林稱羡，吾知都護把卷誦吟，望氣者當見文光透露於户牖間，有以破陰霾而一曙也。

共和行政十有五年歲在丙寅夏，合肥龔慶霖記。

趙椿年題詩

蜀石經齋歌爲健之賦

藝林不朽事有兩，誰知皆出降王長。澄清祖本帖始開，大字刻書蜀是昉。文辭從此能有靈，竹帛不愁翳榛莽。追尋原委祭先河，二主風流在天壤。其時蜀主允可人，解爲儒生正趨嚮。開山餘石得五丁，鎸取十經幾尋丈。祇憐解甲少男兒，不與斯文亡龍象。移來皇祐始畢工，田席蒐遺尠能仿。陵遷谷毀不可求，下逮元明絶聲響。抱殘首見陳芳林，餘子零縑競持賞。大成難得集劉侯，海内斯編盡羅網。五行僅缺收穀梁，數遍存亡如示掌。侯曾節度東西川，故苑經行記疇曩。摩訶池畔月華明，花發梅龍影交上。歸裝長物無一錢，晚獲此經似酬獎。春秋三傳不束閣，夜夜神光耀朝沆。徒驚觀者滿東京，安得全經寫南蔣。文翁石室同峥嶸，揚子墨池試臨仿。高齋何處問廬江，金石人家認題榜。

趙椿年。

張其淦題詩

白鵠化白黿，孟蜀遂稱帝。盡力祇兩袋，已見朝天髻。割據不足言，風雅未全替。吁嗟五代時，爨舍草蒙翳。兔葵伴燕麥，六合悲獸睇。私財助公帑，乃有毋昭裔。雍都得舊本，石印傳美製。刀筆集衆工，書法張周藝。淵與世民字，缺畫看體勢。書人不題名，《左傳》亂其例。乃知唐澤深，異代尚流涕。深泉薄冰句，麥秀黍離際。疏狂笑霸豎，猶憶太原衛。嗣君營黌宮，宰輔尚典制。初學六帖刻，鏤板九經繼。五代去今日，屈指將千年。召主收贖後，石經亦不全。徒稽晁氏志，散落隨風烟。何况《熹平》石，久矣淪深淵。《開成》改唐字，《三體》效魏鎸。蓬萊有舊閣，錦里徒新篇。俗目炫贋鼎，精甄知古錢。健之今逸民，鑒别有深識。龍眠賞真寶，虎卧愛妙筆。《孟蜀》殘拓留，藏此石經刻。搜羅十餘載，孰媲强毅力。延津合有時，誰謂劍無翼。位置鄴架中，雲氣蔭古墨。宸翰寵留題，書齋喜生色。我從亂離後，睹此翻太息。雷峰塔已倒，金臺事空憶。經荒斯道晦，陽顯則陰匿。安得傳經人，庶解天下惑。

題《孟蜀石經》殘拓海内孤本，呈健之仁兄先生兩正。丁卯春日張其淦。時年六十九。

第六册　陳氏木刻《蜀石經》

章梫題簽

陳氏木刻《蜀石經》。戊午十二月爲健之老同年題。弟章梫。

鈕樹玉題簽

《□石經》殘本。鈕樹玉題。

劉體乾題跋

黄松石所藏《毛詩》二卷，《周南》《召南》《邶風》，故趙谷林、趙意林、厲樊榭、丁龍泓詩，全謝山跋，多舉『輖饑』爲異聞。後佚《周南》及《鵲巢》序。王蘭泉、吴兔牀、馮柳東校記，陳雪峰刻木本，均起《鵲巢》『之子于歸，百两御之』。此本最後歸程蘭川文榮。蘭川官江寧北捕通判，咸豐癸丑，赭寇陷城，殉難，今不可踪迹矣。歸程之先，曾在王容大傅、黄堯圃丕烈家，皆談《蜀石經》故事不可不知者也。

甲子正月十九日，廬江劉體乾識。

第七册　《穀梁傳》卷九

陳寶琛題簽

宋拓《蜀石經·春秋穀梁傳》第九卷，陳寶琛爲健之世老

金蓉鏡繪《蜀石經齋圖》並題

《蜀石經齋圖》。甲子五月寫呈健之先生正。弟金蓉鏡。

吴闓生題跋

蜀石經齋記

劉使君健之得蜀石經《三傳》《周禮》若干卷，建齋以居，顔曰『蜀石經齋』。語闓生曰：『盍爲記？』蓋漢石經既亡，唐刻亦多磨竄，唯蜀刻據雍都原本，較爲精宷。而原石久佚，拓本亦無存者。前人得《毛詩》殘卷，《左傳》《周禮》數百字，珍惜矜衒，如獲異寶。今使君所得至多，又皆前人所未著録者，其尊而異之宜也。孟蜀偏隅僭竊，殆無可紀，乃能崇尚經學。石經之刻，經注并存，視前代爲尤備。宋時學官頒行，及士夫援引，多源於此。開一代儒術之先聲，不亦懿與？抑闓生之所感，則固不止於是也。夫巴蜀險阻，民俗樸，鼎革之際，每爲英霸所割據。而文采風流，亦往往照耀千載，武功文學，常爲天下樞。今國事洶洶，未知所定。使君三十年來，仍父子先後持節臨莅此土，威惠猶新。異日者或假手事會，刈

弟題。

吴慶坻題簽

宋拓《蜀石經・春秋穀梁傳》第九殘本。辛亥中冬吴慶坻題。

鄭沅繪《蜀石經齋圖》並題

《蜀石經齋圖》。健之七兄命篆。沅。

何維樸繪《蜀石經齋圖》並題

《蜀石經齋圖》。健之年世道兄屬寫。何維樸。

陸恢繪《蜀石經齋圖》並題記

《蜀石經齋圖》。孟氏當唐晋紛更之際，據有兩川。晚唐名人薈萃於彼，故石經之刻遠勝開成。惜拓本不易得，今健之先生實有五册，足以名其齋矣。癸丑七月陸恢爲之圖并識。

蕭愻繪《蜀石經齋圖》並題

《蜀石經齋圖》。戊午十月寫似。健之先生雅鑒。蕭愻。

湯滌繪《蜀石經齋圖》並題

《蜀石經齋圖》。健之先生屬正。己未秋夜。湯滌。

其蕭艾而澤以斯文，使文翁葛相之化再見今日，則撥亂反治之機，未始不基於此。是齋之作，其兆之先見者乎？固非獨區區拾遺補褏之勤爲足録也。

己未夏日，桐城吴闓生記。

又

健之仁兄先生大鑒：頃奉手示敬悉一一，拙文淺劣，不足登大雅之堂。門人輩妄災梨棗，徒貽笑柄。以承我公厚愛，不敢自匿，故敢輒上一編，辱荷褒揚，尤增顔汗。《蜀石經記》文雖不工，意極莊重。以關係經籍，故特鄭重出之。安得目爲滑稽？此亦無知妄説也。台候想綏愉多福，爲頌無量。專此布復，肅頌道安。

弟闓生頓首。二月十五日。

丁傳靖題詩

蜀國春深叫杜鵑，摩訶池上月如烟。霸圖銷盡留文藻，石墨琳琅廣政年。五季干戈遍寰宇，掃地詩書棄如土。西川伐石刻群經，不使《熹平》擅千古。唐代淵民廟諱尊，遺黎猶戀舊君恩。五經兒子真羞死，畢竟沙陀有外孫。鼓鼙聲咽岷江浪，李家世記降書樣。翠鈿新添花蕊妝，紫衣空祀張仙像。紅梔花落故宫寒，斷碣何人剔蘚看。不及開成頽宫石，碑林森立古長安。劉侯好古勤搜取，『三傳』《周官》珍片楮。生與青城有宿因，家世三川舊開府。高齋什襲異香薰，常抱峨嵋一片雲。何似白頭杭堇浦，桂堂風雨校經文。

健之先生屬題《蜀石經齋圖》，即乞教正。

戊午九月，丹徒丁傳靖題於都門。

潘祖蔭題端

宋拓《蜀石經·穀梁傳》第□殘本。廣政三經厂主人屬題開端。同治癸酉十月中旬，吴縣潘祖蔭。

楊繼震題跋

蜀刻一準泰龢之舊，卷數次第上典開成，本不甚相遠。予前校《左傳》《周禮》，故知之。此田況補刻襄公十八、十九二年殘傳，首尾斷闕，標題盡失。嘗取雍刻比校，知是第九卷中殘頁。雍蜀之刻，先後嗣出，卷數一同，非臆説也。乙丑五月十六日，南窗下漫記。又翁。

楊晉康題簽

宋拓《蜀石經·穀梁》殘傳，幼雲十一弟世大人雅囑，愚兄晉康題。

王懿榮題跋

丙子十二月除日還，將以明年復假觀，與南皮張孝達同訂今本異字。時孝達使蜀任滿，計日將歸。懿榮再記。

吳大澂等觀款

光緒四年戊寅十有二月，錢塘汪鳴鑾郎亭、吳縣洪鈞文卿、吳大澂窓齋同觀。

繆荃孫題跋

《蜀石經·周禮》九、十兩卷，一缺首，一缺尾，均無多葉。《左傳·襄二》卷十五全，《穀梁》卷九止十九行。吾友劉健之所藏海内孤本也。荃孫丙子見之楊幼雲所，便以屬校，蹉跎未就。宣統辛亥之冬，與健之同匿海隅，借歸以《唐石經》校經，岳本校注（《穀梁》用《古逸》本），疏其異同於別紙。《周禮》十九葉，《左傳》六葉，《穀梁》一葉，兩通字及虚字增損無關大義者悉不著。五十日而畢，去丙子三十六年矣。荃孫年亦六十有九，精力衰頽，未能多方考證，殊自愧耳。繆荃孫跋。

又

《左傳》𠁅、㠯、昬、愍、弃、枽均避，餘則不避。「𠁅之治也」，「世」避「治」不避，可證。《周禮》「世」字「民」字均不避，「棄」仍作「弃」，「諜」仍作「誺」，是當時習尚使然，不足爲避唐諱之據。蜀諱祥、詳、翔缺筆，知祥祖諱察，《左傳》作「察」，《周禮》作「察」，《毛詩》作「察」。父諱歐，史名道，《蜀檮杌》則云名巘。今「道」字「獻」字皆不缺，莫識其故。

楊守敬觀款

壬子仲冬十八日，宜都楊守敬觀於上海。

陳三立等觀款

壬子臘月廿五日，湘鄉曾廣鈞敬觀。義寧陳三立同觀。

湯滌觀款

庚申二月，過健之先生蜀石經齋，獲觀敬題。武進湯滌。

李瑞清等觀款

壬子臘月廿五日，健之招同湘綺夫子、止盦相國、樊山、乙盦、詩孫、子脩、伯巖、實甫、重伯諸先生小集蜀石經齋，獲觀因題。清道人記。

樊增祥觀款

同日恩施樊增祥同觀。

炯然孤清觀款

庚申冬十月，襄陽金粟菴頭陀炯然孤清觀。時在海上。

李經方觀款：癸亥十一月廿八日，獲觀於健之妹倩蜀石經齋。合肥李經方記。

陶葆廉觀款

癸亥季冬八日，秀水陶葆廉敬觀。

劉體乾电報

北京：大佛寺朱桂辛京堂交希馬。劉健之姻伯來言，陳詒重以李亦園所藏《蜀石經·周禮》《公羊》殘本，交翰文齋出售。健之照價已在翰文購定。詒重堅欲售與劉聚卿，似太恝然。汝速以我意告詒重，務請轉圜。《左傳》一卷，早在健處，使三本劍合，亦當成其美也。得復即電止。

瞿鴻禨題跋

夜分得京復電，呈覽三經劍合，同爲一快，敬上健公親家世大人。鴻禨頓首。

章華題詞

黄絹裁成，丹書剡罷，曾聞填咽鴻都。蜀國絃歌，分來一斛明珠。摩訶影事芳塵散，想洞簫，傳遍宫奴。等銷凝，玉骨冰肌，舊刻模糊（孟昶《洞仙歌》，蜀帥謝元明開摩訶池，得全篇石刻，即東坡所云冰肌玉骨，聞之老尼者）。華陽本是君湯沐，笑二劉争執，得失錙銖（劉聚卿屬予向詒重求《穀梁》蜀石經，卒爲健之所得）。廠肆風流，少年結習難除。滄江虹月今猶在，過超廔、便抵黄壚（止相作超覽樓於長沙）。最淒涼，文物飄零，雁影詩臞（《穀梁》蜀石經即湘鄉李亦元藏本）。

健之老兄以舊藏《蜀石經》命爲題詞，即填《高陽臺》奉正。乙丑季春長沙章華。

瞿鴻機題跋

添丁重疊，德門盛事，敬賀敬賀。蜀石經已齊到，藉得展觀，即遣來僕捧呈晉入爲幸。肅叩健公親家世大人潭喜。鴻機頓首。

又

《孟蜀石經》已成海内孤本，湖州張叔憲氏所藏《周禮》《穀梁》《左傳》三經，庚子之亂吾鄉李希聖亦園得之。亦園歿後，廬江劉健之親家從陶森甲榘林購得《左傳》。健之於役來湘，余方以獲觀爲幸。《周禮》《穀梁》在陳毅詒重所。詒重寓廠肆中，求善價以周亦園之孤。會健之入都，仞如其值。已得《周禮》，而《穀梁》固不與，蓋將有豪奪者危失之矣。余謂《左傳》已歸健之，使三經劍合，甚盛事也。因電告兒子宣治，致語詒重，乃成其美。八月，治兒將《穀梁》寄歸。九月朔，突有長沙之變。健之倉黄出走，衣履且不具，獨於其所謂蜀三石經者，愛護相依倚，完然無恙。頃與余避地，先後來滬上，亟出三册見示。留玩逾旬，書此以志泥雪。後之覽者亦將感慨繫之。辛亥長至日，瞿鴻機識。

王闓運題跋

蜀三石經，健之得於長沙。余既題其齋楄，續又得《公羊傳》，至上海出以相示。所經歷觀題者皆故人，勝流展玩，幾迷櫝珠，又鑒家一樂也。《金石録》作於亂離時，較太平文賞尤爲消憂。他日清暇，無忘此題。壬子祭詩前五夕，闓運。

胡嗣芬題詩

存廢功真一相多，千年翠墨感蒐羅。鴻都早没遷秦寶，黿井寧嘲僭蜀戈。參校晁文同片石，重鐫汴體此先河。問奇已晚吾衰甚，誰訪雲亭載酒過。

健之仁兄屬題。丁巳長至前十日，胡嗣芬。

劉體乾題跋

石經肇於東漢。《熹平石經》（無注）久毁，宋時得殘拓數葉，已極珍貴，當時多覆刻本（如越州石氏、錦官城、蓬萊閣之類）。國朝孫淵如、黄小松所得之《尚書》《論語》各三紙，自以爲原石，其實即宋刻本。翁正三又覆刻於江西，蔡松原所得之殘葉，錢梅溪之雙鈎本刻石，更無足論矣。唐《開成石經》亦無注，雖存西安，然已斷裂，多爲後人剜改。魏《三體石經》，光緒中葉山東丁氏曾得片石，論者謂其字體僞造，即此片石中，亦有誤字。蜀《廣政石經》共十經，經注并刻。《左傳》刻至十七卷，十八卷以下及《公》《穀》皆宋刻，至皇祐始畢工。《孟子》席旦補刻，今無片石，殆殘燬於宋末元初。曹學佺《四川名勝志》謂合州賓館有《禮記》數段，張邦伸《錦里新編》謂乾隆時修城得有殘石數十片，皆不足據。北宋《嘉祐篆楷二體石經》，乾隆中僅存《周易》《尚書》《周禮》《禮記》數石，近亦不知尚在否。拓本流傳之多者，以山陽丁儉卿所得爲最，有二百餘葉。南宋《高宗御書石經》，石亦殘缺，仍有在杭州者。本朝石經，蔣衡（湘帆）所書。雖刻石太學，當時即有異議，無關經學。此歷代石經之大略也。

《蜀石經》，元明著録無聞。最初乾隆年，吴縣陳芳林有《左傳》二十卷三十五行，黄松石（小松之尊人）有《毛詩·周南》《召南》《邶風》，後佚《周南》及《鵲巢》序。趙晋齋有《周禮·夏官》三十六行。此三殘本，屢見著録。洪、楊亂後，不知流落何許。《毛詩》《左傳》，陳雪峰曾以影寫本刻木，近亦罕見。宣統庚戌十月，徐積餘自京師返金陵，告余云：有《蜀石經·左傳》卷十五一册，五十三葉又半，在陶榘林處。又有《周禮》卷九、卷十一册，七十五葉又半，首尾略缺；《穀梁》卷九二葉，在陳詒重處，托翰文齋書賈求售。蓋即楊幼雲舊藏，後歸張叔憲，庚子歸李亦元者也。越日大雪，聞陶榘林自九江來省，冒雪往觀，既屬張東甫購得之。辛亥正月入都，詢翰文齋《周禮》《穀梁》，賈人韓子元支吾其詞。二月再入都，晤羅叔韞，云：『《周禮》《穀梁》皆在翰文齋，何云無之？』遂同往海王村。韓子元不能復隱，允如其價，出《周禮》交余，云：『《穀梁》尚在陳詒重所，一二日内當取來交。』余旋以事往湖南，月餘返北京，再問《穀梁》，韓子元云：『伊欲另售與劉聚卿，故不即交。』五月，余再至長沙，言其事於瞿止盦相國，相國爲電其次郎希馬，使以己意言於詒重，且云：『《左傳》本在余處，使三經劍合，甚盛事也。』詒重復電，始以《穀梁》交希馬。非相國厚愛，則幾不爲我有矣。九月，長沙之變，倉卒來滬，亦携以行。壬子正月，又收得《周禮》卷十二二十二葉，《公羊》卷二十九葉，即陳頌南舊藏也。經注都四萬六千四百餘字，皆道光、咸豐間所出，在諸家著録之外者也。今冬寂居無俚，因述其緣由如此。至經注與今本多異同，吾友繆筱珊曾爲作校記，茲不贅言。

丙辰十月，廬江劉體乾跋。

又

陳芳林所藏《左傳》三十五行，戊午十月，陳弢庵太保爲之作緣歸余。此求之數年不可得者，一旦得之，喜可知也。體乾又識。

余肇康題詩

神徂聖伏天聞腥，厥禍維何在荒經。經如河嶽如日星，一日廢棄昏冥冥。匪惟荒經劫運丁，周官兩誤莽與荆。中説胡爲論語并，而况法言貌其形。詩即可補亦螟蛉，格致欲釋而今亡。聖辭所吐耿元精，豈許飣餖滋眩瞑。大哉刻石始《熹平》，西安賡續稱《開成》。渾渾灝噩叩莫應，賈鄭不作誰傳燈。《廣政》孤本蜀足徵，注脚各各昭發蒙。所惜燹爐宋元明，賸茲殘碣嗟凋零。健之吾兄得未曾，傾囊不惜揮百朋。首獲《周禮》與《穀梁》，《盲左》繼之以《公羊》。多或成卷何琳琅，少亦凡百數十行。書灋瘦硬類率更，邯鄲《三體》真荒傖。斷章裂素神所凝，强半展轉在吾鄉（君大半得之陶粱林、李亦元、陳詒重，皆湘人）。天地瑰寶瑞氣蒸，光焰萬丈護百靈。乾坤幾熄槖鑰扃，烈於一炬焚祖龍。六書菲薄趙蟹行，異説蠭起雜且厖。辟廱不聞鼉鼓逢，五經掃地蕪黌宫。魯史汲汲能彌縫，壁中金石寧無聲。多君拾遺勤殺青，一盧獨抱擁百城。先德教澤未渠央（文莊公督川興學存古，流風未沫），文翁武侯實式憑。冲皇宸翰題彤廷，先聖後聖民是程，楬櫫經義視御屏。

庚申冬十月七日，健之吾兄世先生出示《蜀石經·周禮》

《春秋》三傳殘拓本屬題。仿昌黎此日足可惜東冬江陽庚青蒸通用體，得四十七韻。時同客申江。長沙余肇康，年六十又七。

柯劭忞題詩

唐家祚訖九州裂，百年霸氣西南歇。後孟前王同一轍，廣政君臣益孱劣。蜉蝣楚楚爲容閱，右古崇文事亦末。寫書勞費用剞劂，蜀本大字先杭越。十經刊石表圭臬，不遺傳注裨經説。孟氏旋亡事中輟，田侯補刻完其缺。一旦同歸劫灰爇，墨拓猶堪證淮別。廬江尚書來秉鉞，使君又建西川節。千金揮斥蒐殘闕，四百餘頁森羅列。黃陳諸老應嘆絶，後賢突兀逾前哲。熹平分書懸日月，鴻都門外車填咽。漢命不延火尋滅，開成思繼貞觀烈。坡陀朝市流寃血，而况危邦等旒綴。文字安能拯杌隉，嗟余好古勿饒舌。

庚申冬十二月，應健之長兄教，即祈誓正。時同在都門。膠西弟柯劭忞，年七十有一。

劉體乾録徐𤊹跋

紅雨樓題跋　明徐𤊹撰

愚按鄭氏《藝文略》：石經之學始於蔡邕。秦火之後，經籍初出，諸家所藏，傳寫或異。邕校書東觀，奏求正定六經文字，靈帝許之。乃自爲書，刻石於太學門外。當漢末祚，所傳未廣，而兵火無存。今之所謂石經者，但刻諸石耳，非蔡氏之經也。又按馬氏《經籍考》：僞蜀孟昶刻六經於石。《春秋左傳》三十卷，不題所書姓氏，亦無年月。經文不闕唐諱，獨闕『祥』字，乃孟知祥僭位後所刻也。又有石經《尚書》，『祥』字皆闕，亦闕『民』字，乃孟氏未叛唐時所刻也。經文中俱闕『民』字、『虎』字類，似與馬氏不闕唐諱之説未合。𤊹載考他書，蔡邕刻經之後，惟僞蜀有之。《易經》《尚書》乃孫逢吉、周德貞所書。此出孫、周之手無疑。况字畫秀整蒼勁，大類虞、歐筆格。先兄惟和，嚮曾購之蔣子才，藏諸齋頭。十餘禩後，伯兄不禄，仍歸子才。子才復持以贈在杭謝君。予乃爲之考核始末，以俟博雅者鑒定。萬曆丁未初春，徐惟起書。

乾嘉金石家言謂《蜀石經》未見於元明著録，故余跋中亦作是語。昨偶見《紅雨樓題跋》有《石經左氏傳》一則，亟録於此册，足徵《蜀石經》拓本在明代已爲珍貴矣。

辛酉三月十八日，劉體乾識。

劉體乾題跋

曾宏父《石刻鋪叙》（何義門、錢竹汀跋云：南宋有兩曾宏父。朱竹垞所引紹興十三年知台州府事，名惇，避光宗諱，以字稱者，乃空青之子，與此宏父乃别一人。杭大宗《石經考》作曾惇，誤）云：『《孟子》十二卷，宣和五年九月，帥席貢暨運判彭慥方入石，逾年乃成，計四册。』顧亭林、萬季野、朱竹垞、杭堇浦、桂冬卉、馮柳東、《石經考》皆引曾宏父。晁公武諸書或作席貢，或作席旦，或作席益，或作席升獻，或作席升猷，或作席文獻。考《宋史》，席旦字晋仲，河南人。元豐中舉進士，禮部不奏名。旦詣闕上書，神宗嘉納，廷試賜第。徽宗朝，以顯謨閣直學士知成都府，坐進對淹留，黜知滁州。久之，帝思其治蜀功，復知成都。旦上章劾焦才叔，宰相不悦，代以龐恭孫，而徙旦永興。恭孫俄皋去，加旦述古殿直學士，復知成都，卒於長安，年六十二，贈太中大夫。子益，字大光，紹興初參知政事，紹興五年十月爲四川制置大使，七年八月作《成都府學石經堂圖籍記》，中有曰：『益之先人鎮蜀，奏秩文翁高眹於祀典。又請樂工於朝，教士以雅聲。』據此可證作席益之非。意者其爲席旦乎？

癸亥六月二十六日，劉體乾。

又

曾宏父字幼卿，廬陵人，刻有《鳳墅帖》。經始於嘉熙，畢工於淳祐。曾惇字宏父，南豐人，紹興十三年知台州府事，避光宗諱，以字行。兩人相去殆百年，朱竹垞、杭堇浦固誤，何義門所言亦未分明也。

曾宏父之父名三復，字無玷，官至刑部侍郎，《宋史》有傳。曾惇，子宣之孫，王明清之外祖，《揮麈録》屢見其名。

近日見上虞羅氏《蜀石經穀梁跋》云：『楊幼雲舊藏蜀三經，一《周禮》（卷九、卷十），一《左傳》（卷十六），一即《穀梁》（十九行），光緒中由楊氏後人歸湘中李亦元。』

又云：『尚有《左傳》卷十五（起襄公十年至十五年），鄭世允所藏，見何子貞《金石跋尾》。』不知楊氏舊藏先歸湖州張叔憲，因自署『抱蜀堂』，京朝士大夫皆能言之。庚子後，始歸李亦元。李殁後，《左傳》早別歸一人，曾携至甘肅，王晋卿方伯、葉菊裳、裴伯謙均獲見。在廠肆懸價待售者，僅《周禮》《穀梁》耳。至楊氏之《左傳》，即卷十五何子貞所跋之本。今原跋具在，并非卷十六也。

癸亥十一月初一日，劉體乾。

費樹蔚題詩

蟲沙百劫中，金石壽亦脆。繭紙什一留，蠹魚蝕之敗。熹平七十碑，遷雍久茫昧。從何氈蠟施，似爲估人賣。正始三體書，形詭勢傷鋭。流傳有本末，何必斥爲僞。開成剜損多，伊古譏蕪累。宋刻祧鴻都，墨本片石貴。孟蜀有賢輔，稽古力何偉。盡依太和本，精謹而炳蔚。豈惟考異文，箋注實詳備。千石成之艱，歲久竟崩壞。方今小人儒，群經欲沙汰。何况方鎮雄，真覺文治贅。䑣䑣劉使君，書契夙所愛。承平風雅習，餘事求津逮。於蜀良有緣，父子繼爲帥。使當右文朝，元均（田）公武（晁）輩。覆刻雖未遑，殘碑自來會。盲左帙較多，尋行得其諱（晁氏《石經考》：蜀經《左傳》，『祥』字皆缺筆）。回思雪牕觀，何啻得肉快。願君勤教子，傳守弗失墜。

甲子夏至日，爲健之先生題《蜀石經》三種後二十二韻。韋齋費樹蔚。

繆荃孫校記

蜀石經校記

周禮卷第九

秋官司寇上　周禮　鄭氏注

蠟氏。從注『《月令》曰』以上均缺。

雍氏。下五字缺。

萍氏。注：《爾雅》曰：萍，蓱，其大者曰蘋。讀如小子言平之平。萍氏掌主水禁。（岳本『蘋』下無『萍』字，『平』下有『之平』二字。按：『之平』二字當有，此注脱。『掌』字岳本脱。）

司烜氏。徒十有二人。（二，今本作『六人』。）注：故書㸌作烜。（岳本作『爲垣』，今本同。）

冥氏。（岳本作『𡨋』，今本同。）注：冥讀爲𡨋氏。《春秋》謂之螟。（岳本『秋』下無『謂』字。按：『謂』字不當有，此注衍。『螟』，岳本作『冥』，此注誤。）

庶士。注：庶讀如藥煑。（岳本『煑』下有『之煑』二字，此注脱。）書不作蠱者，字從聲耳。（岳本『蟲』作『蠱』。按《疏》，庶是去之意，故爲庶不爲蠱，是取聲。此注作蠱，誤。）

柞氏。注：讀爲聲音唶唶之唶。（《漢讀考》作『讀如』，云：『今本作讀爲，誤。』）

薙氏。注：《月令》曰：乃燒薙行水利，謂燒所芟草乃水之。（按：《月令》無『乃』字、『利』字，此注衍。岳本謂上有『非』字，亦衍文。）

哲蔟氏。（岳本作『蔟』，誤，下同。）注：哲讀爲摘。（岳本『摘』作『擿』。）從石哲聲。（岳本『哲』作『折』，此注作『哲』，誤。）

翦氏。注：寔始翦商。『寔』，岳本作『實』。

赤友氏。注：主除蟲豸自埋藏者。（岳本『埋』下無『藏』字。）

蟈氏。注：故曰掌去鼃黽之屬也。書或爲掌去蝦蟇。（岳本無『之屬也』三字，有『鼃黽蝦蟇屬』五字。按：岳本文字差順，此注誤。）

壺涿氏。注：獨讀爲濁。（岳本作『讀爲濁其源之濁』，此注脱四字。）書亦或爲濁。（《漢讀考》：『濁當作涿。』此注已作濁。）

銜枚氏。注：爲之繣。（按：阮校記云：『宋大字本無之，《釋文》引此注亦無。』以爲衍字。然此注已有之，岳本亦有。）

伊耆氏。注：此主王者之齒杸後王識伊耆氏之舊德。（岳本『杸』作『杖』。按《疏》云：『掌共杖。』此注『杸』字

誤。）今姓有伊耆也。（岳本『也』作『氏』，《漢制考》亦
作『伊耆氏也』。此注『氏』字脱。）

大行人

小行人

司儀

行夫。（今本四條連接。）注：行人主國使之禮。（岳
本『人』作『夫』，今注『人』字誤。）

環人。注：主圍賓客，作器爲之守衛者。（岳本作『任器
衛』，下無『者』字。）

象胥。徒二十人。（唐石经作『廿』，此注凡廿、卅均不
作二十、三十。）今揔名曰象者。（今本『今』作『合』。）

掌戮。（『戮』，避蜀諱。）

朝大夫。注：此王之上士也。（岳本無『上』字。）

都則。注：主都之八則也。（岳本『都』下有『家』
字。）當言每國。（岳本『國』作『都』。按：此官已缺，據
《疏》都家之士主治都加吏民之獄，作『都』是也。下庶士
同。）

大司寇之職。注：《書》曰王秏荒。（阮校記以《群經音
辨》引作『秏』，云是據北宋本。今此注正作『秏』。岳本作
『旄』，毛本作『耄』，今本作『耗』，均非。）度作詳刑。
（『詳』避蜀諱。）

刑新國。注：爲其民未習於教。（《釋文》出『爲民』，
然此注已有『其』字。）

刑亂國。注：篡弑叛逆之國。（岳本『篡』作『簒』，注
『簒』字誤。）以其化惡伐滅也。（岳本『也』作『之』，當
從此注。『也』字誤。）

以五刑糾萬民。（『民』字通體不避，不別出。『愍』字
同。）注：糾戮異者。（『戮』避蜀諱。岳本作『糾猶察異
之』。）

以兩造禁民訟。注：則是自服直者也。（岳本『服』下有
『不』字，今本有節及《疏》均作『不直』，此注脱。）

以邦成弊之。注：弊獄刑侯。（岳本『刑』作『邢』，此

注『刑』字誤。）

戒于百族。注：百族，府史以下。（岳本『百族』下有『謂』字，當有，此注脱。）

小司寇

以致萬民。注：立君謂無冢適，選於衆也。（岳本『衆』作『庶』。）

《書》曰：謀及庶民。（岳本『民』作『人』，與《書》合。）

其位。注：其不見孤者，從群臣大夫在公後也。（岳本作『其孤不見者』，『臣』下有『卿』字。按：今本從《釋文》及《疏》作『鄉』。此注脱『卿』字，亦誤。）

以五刑聽萬民之獄訟。注：獄壹成而不可變。（岳本『壹』作『一』。）

如今時讀鞫已乃論之也。（岳本『鞫』作『鞠』，『鞠』，俗字。）

不躬坐獄頌。注：不躬坐者。（岳本『躬』作『身』。按：以『身』釋『躬』。此注『躬』字誤。）

命婦者，其大夫之妻也。（岳本作『其婦人之爲大夫之妻者』。）

鍼莊子。（岳本『莊』作『嚴』。按：漢明帝諱『莊』，改『嚴』。漢注應作『嚴』，此注『莊』字誤。）

五曰目聽。注：觀其眸子。（岳本『眸』作『牟』。）

附刑罰。注：杜子春讀『麗』爲『羅』。（岳本亦作『罹』，今本作『羅』。按：『羅』『罹』，古今字。《説文》無『罹』字。）玄謂附也。（岳本『謂』下有『麗』字。）

二曰議故之辟。注：故舊不遺，則民不偷。（《論語》同。『偷』，阮校記云俗字。岳本作『愉』，音他故反。）

四曰議能之辟。注：以弃社稷。（『弃』似避唐諱，然『世』字不避，此亦不足爲避之證。）不亦或乎。（岳本『或』作『惑』。）

前王而辟。注：小司寇爲王導，辟除奸人也。（岳本

「導」作「道」，「姧」作「姦」，下同。）

后世子之喪。（「世」字通體不避，不別出。）

士師。注：今宮門有符籍。（今本「符」作「簿」。阮校記已斥其誤。）

以五戒先後刑罰。注：於《書》則《甘誓》《湯誓》《大誥》之屬。（岳本「大誥」下有「康誥」二字。）

掌鄉合州黨族閭比之聯。（唐石經「族」誤「𣄼」。）注：胥讀如宿胥之胥。（《漢讀考》「讀如」當作「讀爲」。岳本「胥」作「偦」，當從此注。「胥」字誤。）

𥨊獄訟之辭。（「𥨊」避蜀諱。）注：若今時百官聽政法解致邦令者。（岳本作「若今白聽正法解也」。）

掌士之八成　注：若今時決事比事也。（岳本作「若今決事比」，此注「事也」二字衍。）一曰邦汋。注：汋，國汋，斟汋。（岳本作「汋，讀如酌酒尊中之酌。國汋者，斟酌」。）三曰邦諜。（「諜」，岳本作「諜」，然「世」字不避，决非避唐諱。）七曰爲邦朋。注：倗讀爲朋友之朋。（岳本作「讀如」。阮校記據宋本，以「當爲」爲正。此注正作「當爲」。）

荒辯之灋。（《唐石經》「灋」作「法」，今本「辯」作「辨」，「灋」作「法」。）注：辯爲風別之別。（岳本「辯」下有「讀爲」二字，此注脱。）爲士師别受其數條。（岳本「爲」作「而」，「數」作「教」。桉：《釋文》作「數」，音所。）若國凶荒。（岳本「國」作「邦」。桉：漢避高祖諱，改「邦」爲「國」。）慮刑貶罰也。（岳本無「罰也」二字。）

傅别約劑。注：劑，各持所券也。（岳本「劑」上有「約」字，此注脱。）（编注：與「糾守緩刑」條顛倒。）

糾守緩刑。注：糾守，備盜賊也。（岳本「備」作「衛」，誤。）

凡刉珥。（唐石經同。岳本「刉」作「刏」，下文及注均同。）注：珥讀爲衈，盟禮之事。（岳本「衈」下有「刉衈」

二字，此注脫。『盥』作『釁』。據《疏》刉珥是釁禮，此注『盥』字誤。）

犯師禁。注：犯師禁于行陣也。（岳本『于』作『干』，此注『于』字誤。『陣』作『陳』，『陣』，俗字。）

鄉士。

察其辭。（『察』避蜀諱，下文及注同。）注：爲其罪之要辭。（岳本『罪』下有『法』字。）如今刻矣。（岳本『刻』作『劾』。）

弊其□于朝。（『訟』字石泐。）

以□□訟。（『議獄』二字泐。）

十日刑殺。（『十』字半泐。唐石經同。今本作『協』。）若今時望後刑日也。（岳本『刑』作『利』。《疏》云：『合利殺之日。』作『刑日』亦通。）三日棄疾請逆尸。（岳本無『逆』字，與《左傳》合。）士師既獄訟之成。（岳本『既』下有『成』字，此注脫。）

爲之前驅。注：若今時三公出城，辟督郵盜賊導之也。（岳本作『郡督郵盜賊道也』。此注『辟』字誤，『之』字亦衍。）

遂士。異其死刑之□而要之。（『罪』字石泐。）

司寇聽□。（『之』字石泐。）

則王令三公會其期。注：則用遂士職聽之，則三公往議也。（岳本『之』下有『時』字，『則』作『命』，『也』作『之』。）

縣士。注：三百里以外，至四百里曰都。（岳本『至四百里曰縣，四百里以外至五百里曰都』。此注脫十一字。）都縣野之外地。（岳本無『外』字，此注衍。）獄居近爲野之縣獄。（岳本無『爲』字，此注衍。）

糾其戒令而聽其獄訟。（唐石經『而』字在『糾』字上，與遂士同。此經與岳本同。）

野有大事。注：野距王城二百里以外，及縣鄙也。（岳本『鄙』作『都』。按：野、縣、都見上文，此注『鄙』字誤。）

方士掌都家。注：謂王子弟及公卿菜地。（岳本『卿』下有『之』字，『菜』作『采』，下同。）

聽其成于朝。注：晉刑侯與雍子争鄐田。（岳本『刑』作『邢』。）

訝士。

所上治。注：所治上者。（岳本作『上治』。）

有治於士者造焉。（編注：經文應爲『四方有亂獄則往而成之』。）注：上下相虐。（岳本『虐』作『虐』。）猶吕步舒能使治淮南獄也。（岳本無『能』字，此注衍。）

客出入則導之。（唐石經同，岳本『導』作『道』。）

朝士。九棘。（岳本『棘』作『棘』。按：『棘』不從束，此注誤。）注：窮人蓋不得入也。（岳本作『窮民』，然不得爲避唐諱之證。）《郊特牲》曰：『説繹之於庫門内。』（岳本作『譏繹於庫門内』。據《疏》，當作『譏』。此注『曰』字衍，『説』字誤。）廟門在庫門之内。（岳本『廟』下無『門』字，此注衍。）然則外朝於庫門之外皋門之内與。（岳本『於』作『在』。）今司徒府有天子以下會殿。（岳本作『大會殿』，此注脱『大』字。）

小者庶民私之。注：若今時得遺物，放失六畜，特詣縣廷也。（岳本『遺』上有『及』字，『特』作『持』。）物小自皋也。（岳本作『小物自畀也』，此注『皋』字誤。）

邦國朞。（《唐石經》缺文。《釋文》出『國期』。『朞』，俗字。）

有判書以治。注：判，分兩合也。故書爲辨。（岳本作『判，半分而合者。故書判爲辨』。）有券書者。（『券』作『劵』，誤。下同。）亦如國服與。（岳本『如』下有『其』字。按：賈《疏》引注，亦無『其』字。）

凡民同貨財者。注：其贏。（岳本『贏』作『嬴』，此注『贏』字誤。今本作『嬴』，亦誤。）若今時加賈貴取息坐贓。（岳本無『賈』字，此注衍。）

凡屬責者。注：屬責轉使人歸之，而本主死。（岳本『轉』下有『責』字，此注脱。『死』下有『亡』字。）

慮刑貶。注：謂播書以明之也。（岳本『播』作『幡』。）謂當圖謀緩刑。（岳本『緩』作『援』，誤。）

司民。

祀司民之日。注：三台。（岳本作『能』。）贊，佐也。贊佐三府以貳佐王治者。（岳本作『贊，佐也。三官以貳佐王治者』。）

司刑。注：刻其面。（岳本上有『先』字。）今東西夷戎。（岳本脱『戎』字。）若今宦男女也。（今本『宦』作『官』，誤。）不祥之辭。（『祥』，避蜀諱。）降略寇賊。（岳本『略』作『畔』，此注『略』字誤。）

詔刑罰。注：如今律家所著法矣。（岳本『著』作『署』。）

壹宥曰不識。注：若間帷薄忘有在焉者。（各本脱『者』字。阮校記引《漢制考》，以爲當補『者』。此注固有之。）

再赦曰老旄。（《唐石經》同。《釋文》作『耗』，説見上。）

上服。注：上服與墨劓。（岳本『服』下有『殺』字，此注脱。）

司約。注：治者理其相探冒上下之差。（岳本『探』作『抵』，此注誤。）

書於丹圖。注：或有彤器。（岳本『彤』作『雕』。按：經作『丹圖』，注作『丹書』，似作『彤』爲是。）此豈舊典之遺言乎。（岳本無『乎』字。按：此字當有。）

則珥而辟藏。注：謂有事争訟，罪罰謂刑書謬誤不正（編按：拓本作『止』）者。（岳本『罰』下無『謂』字，此注衍。）玄謂：訟約若宋仲幾薛約宰者。（岳本無『約』字，與《左傳》合，此注『約』字衍。）謂殺鷄血釁其尸。（岳本『鷄』作『雞』，下有『取』字，此注『取』字脱。）

若大亂。注：約若吴楚之君。（岳本作『謂僭約若吴楚之君僭稱王』，此注『約』字、『僭稱王』三字均脱。）晋文公請遂。（岳本『遂』作『隧』。）

司盟。注：世子座。（岳本『座』作『痤』，與《左傳》

合，此注『座』字誤。）

凡邦國有疑。注：讀其載書臣告之。（岳本『臣』作『以』，此注『臣』字是『㠯』字之誤。）

則使之盟詛。注：不信則詛，所以省獄訟。（岳本作『不信則不敢聽此盟詛，所以省獄訟』。據《疏》，是此注脱。）

凡盟詛。注：使其邑閭出牲而來盟。（大字本無『其』『而』二字。岳本無『而』字。阮校記至以『其』『而』二字爲衍文。此注已有之，非衍文也。）

職金。注：謂主受來金玉錫石丹青者兵之租税也。（岳本『來』作『采』，無『兵』字。按：『兵』字不當有。此注『來』字誤，『兵』字衍。）又以著其物也。（岳本無『又』字。）謂之揭諸。（岳本『諸』作『櫫』，此注誤。）

入其要。注：入之於天府。（岳本『天』作『大』。）

入于司兵。注：給治及工直也。（岳本『治』下有『兵』字。）

用金石。注：作槍雷椎椁之屬。（『椁』據《釋文》當作『桴』。）

司厲。注：及所盗賊財物也。（岳本無『賊』字，今注衍。）若今時傷殺人所用兵盗贓。（岳本作『用兵器盗賊贓』。按：『器』字、『賊』字皆當有，此注脱。惟『贓』字較『贓』字爲正。）

其奴。注：罪隸奴也。（岳本『罪』下有『之』字。）謂奴從坐而没縣官者。（岳本『没』下有『入』字。）

凡有爵者。注：亂者。（岳本無『者』字，有『毁齒也』三字。）

犬人。

凡幾珥沈辜。注：幾讀爲祈。（岳本『祈』作『刏』。按：『祈』應作『祓』，此注『祈』字誤。下文亦作『刏』。）以疈辜祭四方百物。（岳本『疈』作『罷』。）幾讀爲刉。（岳本『刉』作『刏』，誤。）

司圜。注：凡害。（岳本作『凡害人者』。此注脱『人者』二字。）

凡圜土之刑人也。注：以此知其爲爲民所患苦。（岳本不重『爲』字。按：此字衍。）

掌囚。注：兩手共入一木。（岳本無『入』字，下有『也』字。）梏中罪不拲，手亦各一木耳。（岳本『亦』作『足』。）

掌戮掌斬殺賊諜而搏之。（『諜』似避唐諱。然『世』字不避，不足爲據。注同。）注：搏當爲膊諸城之膊。（岳本作『城上』，與《左傳》合，此注『上』字脱。）

踣諸市。注：肆猶陳之也。（岳本作『猶申也，陳也』。）目言刑盗，盗於刑殺，惡莫大焉。（岳本作『凡言刑盗，罪惡莫大焉』。）

甸師氏。注：於刑同科者，其刑殺之一人也。（岳本無『人』字，此注『人』字衍。）

劓者使守關。注：以醜遠之也。（岳本作『以貌醜遠之』。）

髡者。（《唐石經》作『髨』，下從兀。此經移於旁，仍從兀也。岳本作『髨』，誤。）

司隸

則役其煩辱之事。注：隸人涅厠。（岳本作『涅』，今本作『湼』。）

厲禁。注：厲，遮列也。（岳本『列』作『例』。按阮校記云：鄭注當作『遮列』，岳本作『例』字，誤。）

罪隸

牛助爲牽徬。注：玄謂牛助國轉徙。（岳本作『牛助國以牛助轉徙也』。）

其守王宫與其厲禁者，如蠻隸之事。（此條當次閩隸下，鄭注不誤。《唐石經》已同今本矣。）

閩隸。注：王立世子置以使掌其家事。（岳本『以』作『臣』。按《疏》，當作『臣』。由『臣』訛『㠯』，由『㠯』改『以』。此注誤。）

夷隸。注：介葛盧聞牛聲。（岳本『盧』作『廬』，誤。『聲』作『鳴』，與《左傳》合。此注『聲』字誤。）

周禮卷第九（經四千二百六十字。注七千七百四十字。）

周禮卷第十

秋官司寇下　周禮　鄭氏注

布憲戮。（編注：拓本無『布憲戮』，宜爲『禁憲戮』。）注：猶察也。（『察』避蜀諱，下同。）攘獄者，距當獄也。遏訟者，止獄（編注：拓本爲『欲』）訟也。（岳本『止（編注：岳本無『止』字，疑衍）攘獄者，距當獄者也。遏訟者，遏止獄訟者也』。）

禁暴氏。注：以力彊得正也。（岳本『彊』作『强』。）

凡奚隸聚而出入者。有所役也。（編注：此條係編者析出。）（岳本作『其聚出入有所使』。）

野廬氏。注：使不阻絶。（岳本『阻』作『陷』，今本作『使無陷絶』。）

宿息井樹。注：客所宿。（岳本『客』上有『賓』字。）

聚欜之。（《唐石經》缺。岳本同。今本作『欜』。）

有相翊者則誅之。（『翊』避蜀諱，注同。《唐石經》有『則』字，今本脱。）注：觀徇者也。（岳本『徇』作『伺』。）有姧人。（岳本『姧』作『姦』。）

禁野之横行徑逾者。注：徑逾，射邪趨隄渠者。（岳本作『射邪趨疾越隄渠也』，此注『疾越』二字脱。）

比脩除道路者。注：若今次叙大功者。（岳本作『若今次金叙大功』，賈疏本『大』作『丈』，云：『官名，次金叙，主以丈尺賦功。今俗本多誤爲次叙大功。』與此注合。按阮校記，『大』應作『丈』，無煩曲説。）

掌凡道禁。注：謂若今絶蒙大巾持兵仗之屬。（岳本『仗』作『杖』，今本『大』作『布』。）

邦之有大師。（《唐石經》同。岳本脱『有』字。）

蜡氏掌除骴。注：脊讀爲骴。（岳本作『漬』，阮校記『脊』上脱『玄謂』二字。司農從故書作『脊』，而易作『漬』。鄭君從今書作『骴』，與此注合。）

凶服者。注：凶服衰絰者。（岳本作『服衰絰者也』。）

人所穢惡也。（岳本『穢』作『薉』。『薉』，正字。）

『穢』，俗字。）
有地之官。注：有部界之吏。（今本『部』作『郡』，誤。）
雍氏。注：穿地爲塹。（岳本『塹』作『壍』，今本作『漸』。）收艾之時。（岳本『艾』作『刈』。）《書·粊誓》曰：（岳本『粊』作『柴』。此注『粊』字誤。）時非秋也。（岳本無『非』字。據《疏》亦無『非』字。）
萍氏
幾酒。注：（編注：『注』編者加。）苛䆟。（『䆟』，避蜀諱。）沽買酒過多。（岳本無『酒』字。）
司寤氏。注：若今時甲乙至戌。（《九經三傳沿革例》云：各本作『甲乙至戌』，獨蜀本作『戊』，後人又加一點。按：《疏》已作『戌』解。《漢制考》引衛宏《舊儀》：五夜，甲夜至戊夜。）
夜遊者。注：夜中星隕如雨。（岳本無『如雨』二字。）
司烜氏。注：明齍（編注：拓本作『粢』）謂以明水滌粢盛黍稷。（岳本作『明水脩滌』。按：賈《疏》作『滫』，此注『脩』字脱。）
邦若屋誅。注：玄謂屋讀爲其刑剭之剭。（岳本『爲』作『如』。《漢讀考》應作『讀爲』。此注正作『爲』。）而以適甸師者。（岳本作『而以適甸師氏者也』。）若今楬頭。（今本作『揭』。）
條狼氏。注：若今時卒辟車之爲也。（岳本無『時』字。）
凡誓。注：卜之日。（岳本『卜』作『十』。）王立於澤宫。（岳本無『宫』字。）師，樂師也。（今本『樂』下脱『師』字。）大史小史主書記禮事者。（岳本無『書記』二字。）玄謂大夫自不受命以出，則其餘事莫不復諫也。（岳本無『不』字，此注衍。『諫』作『請』，此注誤。）
庶氏。注：蟲物而能害人者。（岳本『能』作『病』。）謂熏之。（岳本『熏』作『薰』，今本作『燻』。）讀如雍潰之潰。（「殨」字最古。岳本作「潰癰」，毛本作「癱」，今本作「瘉」，均誤。）凡毆蠱。（《唐石經》同。岳本作「毆」，今本作「毆」。）

薙氏。夏日至而夷之。（《唐石經》同。按：《漢讀考》作「雉之」，云：司農從夷，鄭君從雉。《月令》燒雉行水，注引夏日至而雉之爲證。《禮記正義》引皇氏曰：「夷音雉。」則「夷」字從司農，亦不爲誤。惟音當從「雉」耳。）注：故書「萌」作「甍」。（注同。岳本作「薨」，今本作「薨」。）謂耕及萌牙也。書亦或作萌。（岳本作「耕反其萌牙」，此注「及」字誤。「作萌」作「爲萌」。）夷之鈎鐮迫地。（岳本「鐮」作「鎌」，誤。「鎌」下有「以」字。「迫地」下有「芟之」二字。）

則以水火變之。注：已而以水之。（岳本無「以」字，此注衍。）

哲蔟氏。注：若鴞鷺，賈誼所賦。陸機云：大如斑鳩，緑色。（「賈誼」以下各本無。按：鄭君卒於建安五年，至孫吳建國，相去二十六年。疑元恪早歲著書，鄭君猶及見之，故采入注。鄭就盧學，即爲《禮注》，尚在桓、靈之間，想亦隨時修改耳。）

方書。注：辰謂從娵至荼也。（岳本作「辰謂從子至戌，歲謂從陬至荼」，各本同，此注六字脱。）其祥未聞矣。（「祥」避蜀諱，當作「詳」，此注誤。）

翦氏。掌除蠹物。（《唐石經》同。今本「蠹」作「蠧」，誤。）注：今用以殺魚。《山海經》朝歌山有草名莽，可以毒魚。郭璞云。（廿二字在「蠹物穿食人器物者」之前。按：此注專釋「莽」字，應在「以薰之則死」下。先引《山海經》，再引郭注。「今用以毒魚」即郭注也。此注倒置。）故書「蠹」爲「槖」。（岳本「槖」作「橐」，下同。阮校記以「槖」爲是。）

掌凡庶蠱之事。（《唐石經》同。岳本脱「掌」字。按：薙字亦作「凡殺草之政事」，則此字當有。）

赤犮氏。注：以坋之則走，淳之則死。（岳本作「淳之以灑之』，此注脫。）鄭司農云：當爲蜃。（岳本『當』上有『晨』字，此注脫。）

除其貍蟲。注：貍蟲，蜃肌蛷之屬。（各本『蜃』作『蜃』，此注『蜃』字誤。）

蟈氏。注：則於水東面爲烟，西行被水上。（岳本作『令烟西行，被之水上』。阮校記以『之』字爲衍，則『令烟』二字亦可省。）

壺涿氏

以炮土之鼓毆之。（岳本『毆』作『歐』，今本作『毆』。）注：杜子春云：『「泡」當爲䍖有苦葉之「䍖」。』（『葉』不避。岳本作『杜子春讀炮爲苞有苦菜之苞』。《漢讀考》云：『炮』當作『泡』。此注不誤。）玄謂燔之炮之。（岳本『之』下有『炮』字。阮校記云：當作『燔之炮之之炮』。）使驚去也。（『驚』不缺筆。）

則其神死淵爲陵。（『淵』作字不成，似避唐諱。然他字不避，此亦偶然耳。）注：故書云樟爲梓。（岳本無『云』字，此注衍。）五貫爲當午貫。（岳本作『當爲』，此注誤倒。）

庭氏。與救日之矢夜射之。（《唐石經》同。今本脫『夜』字。）

枉矢射之。注：救日以枉矢。（岳本『以』作『用』。阮校記以『以』字爲正。）

銜枚氏。掌司囂。注：𡨄囂讙者。（『𡨄』避蜀諱。今本『讙』作『讓』，誤。）

禁嘂呼歎鳴於國中者。（岳本『嘂』作『嘂』，從丩。此經『嘂』字誤。）注：（編注：跋失「注」。）鳴唫也。（岳本同。按：『鳴』當作『嗚』，此注『鳴』字誤。岳本『唫』作『吟』。）

伊耆氏。共其杖咸。注：咸讀曰函。（岳本『曰』作『爲』。）

共王之齒杖。注：謂年七十，當以王命授杖者，今時亦命之爲王杖者。（岳本『授』作『受』。『王杖』，阮校記據

《續漢·禮儀志》，當作『玉杖』。）

大行人

奉朝諸侯。注：巡狩。（岳本『狩』作『守』。）

時聘以結諸侯之好。注：亦以王見諸侯之臣，使來者時爲文也。（岳本無『時』字。）時聘者亦以禮見，無常期也。（岳本無『以禮見』三字。）王親以禮見之。（岳本無『王』字。阮校記云：當據大字本增『王』字。此注固有之。）

致禬。注：致禬，凶禮吊禮。（岳本作『凶禮之吊禮』，此注『之』字脱。）

九儀。爵四者，孤卿大夫之士。（岳本無『之』字。按：『之』字不當有，此注衍。）

上公之禮。注：斿其屬縿垂者也。（岳本『縿』作『摻』，今本作『幓』。）以翦飾之。（各本『翦』作『鬋』。此注『翦』字誤。）輔己行禮者也。（各本『己』誤『已』，此注固不誤。）就朝位。（岳本無『就』字，此注衍。）謂大門外賓下車，及王出迎所立處。（岳本『王』下有『車』字。按下文，『車』字當有，此注脱。）廟，受祖之廟也。（岳本『受』下有『命』字。按：『命』字當有，此注脱。）車，軹車也。（岳本作『車軹軹也』。《漢讀考》：當云『車軹轊也』方合。此注作『車』，誤。）再祼，再飲公也。（岳本『祼』作『灌』。）朝事儀曰。（各本作『士』。按：《大戴》亦作『朝事篇』。『事』『士』古通。）王禮以鬱鬯禮賓也。（岳本『王禮』下有『王』字，此注脱。）凡祭賓客。（岳本『祭』下有『祀』字，此注脱。）謂從來還去也。（岳本『還』作『訖』。）

凡大國之孤。注：更自以其摯見。（岳本『摯』作『贄』，此與《釋文》合。）親自對擯賓也。（岳本『賓』作『者』，此注誤。）西上而立，不前相禮也。相禮不者，聘之介是與。（岳本無『也相禮不』四字，此注衍。）以酒禮之者，謂齊酒和之，不同鬱耳。（岳本作『以酒禮之，酒謂齊酒也』。『鬱』下有『鬯耳』。）

其禮下於君二等。注：是謂使卿聘之介數也。（岳本作

『是謂使卿之聘之數也』。）

九州之外，謂之蕃國。注：其君皆如子男也。（岳本無『如』字。）以父死子立。（岳本無『以』字。阮校記：賈《疏》『以』下皆無。按：有者是。此注固有之。）所寶貴見經傳者。（岳本無『經』字。按：《國語》稱《外傳》，所舉白狼白鹿，載之此注，『經』字衍。）

王之所以撫邦國諸侯者。注：撫，安也，存也。頫省。（岳本『撫』下有『猶』字，『存頫省』三字連屬成文。此注『也』字衍。）

七歲屬象胥。（《唐石經》同。今本作『屬』。）

協辭命。（《唐石經》同。今本作『協』，誤。）注：七歲省而名其象胥，九歲省而名其瞽史。（岳本『名』作『召』，此注『名』字誤。）象胥，譯語官也。（岳本無『語』字。）嗜欲不同。（岳本作『耆慾』，今本作『嗜慾』。）周始有南越，重譯而來獻，是因名通言語之官屬象。（岳本無『南』字，『因』下無『名』字，『屬』字作『爲』，『象』下有『胥云』二字。阮校記云：疑當作『是因名言語之官爲象云』，『通』字『胥』字皆衍文。按：此注『屬』字誤，『通』字不宜少，勝於各本。）玄謂：胥象之有才智者。（各本無『玄』字。按：『玄謂』見於上，此注衍。岳本作『諝謂』，此誤倒。『胥』亦當作『諝』。）書名畫字也。（岳本作『書之字也』，此注『畫』字脱。）皆有齎其法式，行行至則齊等之也。（岳本『有』作『謂』，不重『行』字，此注『有』字誤，『行』字衍。）《書》曰：『肆覲東后。』（岳本『肆』作『遂』。按：『遂』字誤。）則詔相諸侯之禮。（《唐石經》同。今本無『詔』字，誤脱。）

殷相聘也。注：反而相聘也。（岳本『反』作『及』，此注誤。）鄭司農云：殷聘。（岳本『云』作『説』，此注『云』字誤。）以《春秋傳》曰：孟僖子如齊，殷聘禮是也。（岳本無『禮』字。阮校記云：『是』當作『禮』。則『是』字衍。）

小行人

爲承而擯。注：承猶承相也。（岳本作『猶丞也』，此注『承』字誤，『相』字衍。）

大客則擯。注：使得親其言也。（岳本無『其』字。按：『其』字費解，此注衍。）

達天下之六節。注：虎人龍自其國家也。（岳本『家』作『象』，此注誤。）

都鄙者，王公之子弟，及卿大夫菜之吏也。（岳本無『王』字，『菜』作『采』，下有『地』字，此注脱。）通之以爲符節。（岳本無『爲』字，此注衍。）

合六幣。注：后用琮也。（岳本『后』下有『享』字。）則亨琥璜。（岳本『享』下有『用』字，此注脱。）大小各降其瑞一寸。（各本作『等』，惟惠校作『寸』，與此注合。）

若國札喪。注：犒作槀。（岳本作『槁爲槀』。按：『槁』字是。此注『犒』字誤。）槀當爲犒。（各本同。阮校記云：當作『槁』。淺人别製『犒』字。鄭注無此從牛之『犒』，此注誤。）哀國敗。（岳本『國』作『圍』，此注『國』字誤。）

凡此五物者。（《唐石經》及各本同。）

司儀。擯相之禮。注：以詔者禮告王也。（岳本作『以禮告王』。）

爲壇三成。注：謂壝以爲墻處。（岳本『壝』下有『土』字，此注脱。）

丘一成爲頓丘。（岳本『頓』作『敦』。）三成爲崑崙丘。（今本作『昆侖』。）獨君思仁。（岳本『君』作『居』，此注『君』字誤。）夫子信其言仁，以爲異姓，請妻之也。（岳本無『言』字，『請』作『謂』。）天揖，揖手小舉之。（岳本下『揖』字作『推』，此注誤。）

及其擯之。注：謂執玉而見前於王也。（岳本『見前』二字倒，此注誤。）

主國五積。注：玄謂旅如鴻臚之臚。臚，陳也。（岳本『謂如』作『讀爲』。按：鄭有讀爲、讀如、當爲三例，則此注當作『讀爲』，『謂如』字誤。『陳』下當有『之』字，此注脱。）

主君郊勞。注：車逆，主人以車迎賓，擯於館也。（岳本無『擯』字。按：『擯』字不當有，此注衍。）車逆拜辱。（各本『逆』作『迎』。按：此引經句，不當改『迎』，惟此注不誤。）

致□亦如之。（『館』字石泐。）

致飧如致積□禮。（『飧』，《唐石經》同。各本作『飱』，易與唐人所作『餐』字混。此經固不誤。注同。『之』字石泐。）注：飧，夕食也。（各本脱『夕』字。按：朝曰饔，夕曰飧。此注獨未脱。）

交擯□辭。（『三』字石泐。）

三揖三□。（『讓』字石泐。）注：賓上車進道，主人乃答其拜。（各本無『道』字。）三進，三進隨賓，賓三揖三辭。（岳本無上『三』字，『揖』作『還』。）至而三讓，讓三入門也。（岳本無下『三』字。）賓爲擯。（各本『賓』下有『當』字，此注脱。『擯』，各本作『儐』。阮校記：鄭君説禮，擯爲導，儐爲禮賓，分别與許不同。此注固不誤。下同。）賓亦一還辭也。（岳本作『一還一辭』，此注脱。）

還圭。注：唯饗食速賓耳。（各本作『惟』。）鄭司農云：『還圭，還歸其玉也。』（各本無『還』字，此注衍。）

賓之拜禮。注：賓之禮者。（各本『之』下有『拜』字，此注脱。）就朝拜□□三禮。（『謝此』二字石泐。）

□□□□□（『又送至於郊』五字石泐。）

賓繼主君。注：賓繼□□。（『主君』二字石泐。）玄謂□□君者。（『繼主』二字石泐。）擯主君也。（各本作『儐』，説見上。此注不誤。下同。）還□致贈。（『圭』字石泐。）謂玉帛皮帛馬也。（各本無下『帛』字，此注衍。阮校記：賈《疏》引注作『謂玉帛乘馬也』，則此注『皮』字亦誤。）□饌陳之積者。（『有』字石泐。）

旅擯。授勞於庭。（各本『授』作『受』，此注誤。）

致館如初之儀。注：不擯其。（岳本『其』作『耳』，此注誤。）

及將幣旅擯。注：唯君相入。（今本『唯』作『惟』，誤。）

及禮私面私獻。注：以鄭司農云説私面。（岳本同。阮校記曰：『云』字不當有，須删。）《春秋傳》曰：楚公子棄疾見鄭伯，以其良馬私面矣。（『棄』不避。今本『良』作『乘』，是後人據《左傳》改。此注不誤。）

問君客再拜。注：寡君命使臣于庭。（各本脱『使』字，阮校記以爲當補，此注未脱。）

君館客。注：君館客者，客將就省之。（岳本『將』下有『去』字，此注脱。）

從其爵而上下之。注：上下猶豊殺也。（岳本『豊』作『豐』。此注字作俗。下節注同。）謂賄束紡。（岳本『賄』下有『用』字，此注脱。）

凡行人之儀。（『之』字旁注。）

行夫

焉使。（注作『夷使』。司農謂之『焉』，康成謂之『夷』。玄謂『夷』發生即『焉』發聲之誤。）

象胥

王之大事諸侯。注：王之大事諸侯執其大事，次事卿執其次事。（岳本『諸侯』下有『使諸侯』三字，『卿』下有『使卿』二字。）

掌客

王合諸侯。注：諸侯長子九命作伯者也。（岳本無『子』字，此注衍。）

王巡守殷國。注：王所過之君也。（岳本作『國君』，此注脱。）

牲三十有六。（《唐石經》『三十』作『卅』，『二十』作『廿』。此經仍作『三十』『二十』。）

車秉有五籔。（今本『秉』作『乘』，誤。）

壺四十有四。（各本均作『二十有四』。上公四十，侯伯三十有二，子男之殺可知，應作『二十有四』。此經『四』字誤。）注：其米實于筐，豆實實于甕。（岳本上句不重

『實』字。）

　牽陳于門西東面，米禾芻薪陳于門外。（岳本『牽』作『牢』，『米』上有『車』字。按：『牢』即『牽』。《疏》亦未解『車』字，或『東』字之誤。亦軼去『面』字。）簠，稻粱器也。公十。（岳本『簠』作『簋』，此注『簠』字誤。今本『粱』作『梁』，誤。岳本下有『簋，堂上六，西夾東夾各二也。侯伯八簋，堂上四，西夾東夾各二』，此注脱二十六字。）男六簋，堂上二也，東夾西夾各二也。（岳本無『二也』字。）推其衰差□□□□二。（『公鉶四十』四字石泐。）倍鼎三。（各本作『陪』。此注誤。）腥爲腥鼎也。（岳本『爲』作『謂』。）於侯伯云二十有七，其故字也。（岳本作『腥二十有七，其故腥字也』，此注脱兩『腥』字。）陳於西門。（岳本作『門西』。）載米之車。（自此止。次行又存。）曰籔十籔曰秉。（六字。）

　蜀石經校記

《春秋經傳集解》襄二第十五（標題與《唐石經》同。岳本『襄』下增『公』字。）

　杜氏　盡十五年

　經十年

　偪陽。注：今彭城傅陽縣也。（岳本同。今本作『傳』，誤。）

　齊乜子光。（『乜』避唐諱。注同。）（編注：拓本此條在『偪陽』條之前。）

　戍鄭虎牢。（『虎』不避。）

　傳十年

　弁社稷也。（『弁』避唐諱。今本作『棄』。）

　晉荀偃士匄。（『匄』，《唐石經》同。岳本作『匃』，下同，不別出。）

　弗勝爲𥬇。（『𥬇』，今本作『笑』。）

　郰人紇抉之。（『郰』，《論語》作『鄹』，省文，從取。《説文》從邑，取聲。）

　有力如虎。（『虎』不避。）

及埭而絶之。（『埭』避唐諱。今本作『堞』。）

隊則又縣之。（『隊』，《唐石經》作『墜』。）

右拔戟。（『戟』，今本作『戟』。）

以與向戌。（『戌』，《唐石經》同。今本作『戍』，亦誤。）

桑林享君。注：言俱天子樂也。（『俱』，岳本同，今本作『具』。）

舞師。注：師帥也。（今本作『師，樂師也』。）

生秦丕茲。注：言二父以力相尚。（『二』，宋本作『堇父』。）

鄭皇耳。注：皇戌子。（『戌』，今本作『成』。）

楚子囊、鄭子耳侵我西鄙。（『侵』，今本作『伐』。）

齊崔杼使大子光先至于師。注：大子宜賓之以上卿。（『子』，今本作『夫』。）

己酉，師于牛首。（『于』，《唐石經》同。宋本作『於』。）

黜其車。注：黜，減損。（『減』，今本作『減』。『損』，今本作『損』。）

爾車非禮也。（《唐石經》『車』下旁增『多』字。阮《校勘記》以爲旁增字爲後人所加。《蜀石經》全本開成，亦無『多』字，更可爲阮添一確證。）

皆喪田焉。注：田畔溝也。（『溝』，今本作『溝』。）

因公子之徒。注：公子熙（編注：拓本『熙』下有『等』字）之黨。（『熙』字本作『嬰』。『嬰』字見《釋文》。）

尸而追盜。注：先臨尸而逐賊。（『逐賊』，今本作『追盜』。陳樹華據宋本，以『逐賊』爲是。此經不誤。）

子蟜曰。（《唐石經》缺此字。今本同。阮《校勘記》：顧炎武云：『蟜』誤『矯』。所據乃王堯惠謬刻。諸本前後皆作『蟜』云云。今此經正作『蟜』，可見唐石亦作『蟜』字矣。）

宵涉潁。（『宵』，《唐石經》同。今本作『霄』。按：張猛龍碑『霄』作『宵』，小異。因『霄』爲『宵』，截然兩字矣。）

又不能庇鄭。（「庇」，今本作「庀」。）

今伐其師。（顧炎武云：石經「今」作「令」。阮校記云：石經此處刓缺，所據乃謬刻。此經固不誤。）

爲諸侯笑。（「笑」，今本作「笑」。）

騂旄之盟。注：使乜其職。（「乜」避唐諱，今本作「使世守其職」，惟此經與淳熙本同。猶《國語》云「昔我先世后稷」同意。阮校記謂脱「守」字，誤。）

則何謂正矣。（「何」，《唐石經》缺。阮校記疑爲「可」，引陳樹華云：古文「可」爲「何」之省文。按：古文語急，「可謂」猶言「何可謂」也。今此經正作「何」，知《開成》亦作「何」字，無須别解。）

所左亦左之。（上「左」字，《唐石經》缺。今此經作「左」，知《開成》亦作「左」。淳熙本作「右」，誤。）

經十一年

齊乜子光。（「乜」避唐諱，下文及注亦同，不别出。）

已未，同盟于亳城北。（「已」，唐石經同。今本作「已」。）

傳十一年

作三軍。注：上下二軍皆屬於公。（「公」，今本作「上」。）季氏欲專其𡰥人。（「𡰥」避唐諱。下文及注亦同，不别出。）

無征。注：入季氏者無公征。（「無」，今本作「无」。）

不入者倍征。注：欲駈使入已。（「駈」，岳本作「驅」。按：「駈」，俗字。古文作「敺」。）

右□□□瑣。（「還次于」石泐。）注：滎陽宛陵縣西有瑣候亭。（「滎」字宋本同。今本作「熒」。「候」，今本作「侯」。）

名山名川。（《唐石經》初刻作「大川」，改刻「名」。）

隧命亡氏。（「隧」，《唐石經》同。今本作「隊」。）

大宰石㚟。（「㚟」，今本作「臭」。下同，不别出。）

樂旨君子。（『旨』，《唐石經》同。今本作『只』。）

經十二年（編注：拓本作『經十有二年』。）

春王三月。（『三』，今本作『二月』。）

傳十二年

師于揚梁。（『揚』，《唐石經》同。今本作『楊』，下文同。）

妾婦之子。注：言非適也。（今本『適』下衍『世』字。）

王使陰里結之。（『結』，《唐石經》同。今本作『逆』。）

禮也。注：故禮之。（淳熙本同。今本作『故曰禮』。岳本無『之』字。）

經十三年（編注：拓本作『經十有三年』。）

傳十三年

書勞于廟。注：凡例釋例詳之。（『詳』避蜀諱。）

魏絳佐之。注：新軍佐□□□代士魴。（『超一等』三字石泐。）

欒黶爲汏。（『汏』，唐石經同。今本作『汰』。）

廿之治也。（『廿』避唐諱。然止避『世』字，『民』字、『治』字不避。）

不吊昊天。注：則致罪也。（『罪』，陸粲附注云：『罪』當作『亂』。）

而歲習其祥，祥習則行。（『祥』避蜀諱。）注：五年五卜。（今本下『五』字據岳本補，此注未缺。）（編注：拓本此條在『卜征五年』條後。）

卜征五年。注：謂巡狩征行。（『狩』，今本作『守』，下文及注同。）

不習則增脩（編注：拓本『脩』後有『德』字）而改卜。（唐石經『脩』字下增『其』字，此經無。阮謂後人增，是也。）注：不習謂卜不吉。（今本『習』字據各本補，此注未缺。）

楚實不競。注：不能脩德與晋競。（今本『不』字、『與』字據各本補。『能』字據各本正。此注未缺誤。）

經十四年（編注：拓本作『經十有四年』。）

衛侯出奔齊。注：故諸失國者，經皆不書，逐之賊也。（今本『諸』下有『侯』字。『經』字各本皆脫，此本亦僅存匡廓，然實有一字地位。）

傳十四年

以其通楚使也。注：故比年伐魯。（『比』，宋本作『此』，此注未誤。）

姜戎氏。注：四嶽之後皆姜姓。（『姜姓』，今本作『姓姜』。）

蒙荆棘。（應作『棘』，下同，此作『棘』，誤。）

子叔齊子。注：齊子，叔老字也。（顧炎武云：齊子，叔老謚也。『字』蓋傳寫之誤。然此注已作『字』矣。）

弃其室。（『弃』避唐諱。）

夏諸侯之大□□□□伐秦。（『夫從晋侯』四字石泐。）

匏有苦𦯢。（『𦯢』避唐諱。）

左史。注：左史，晋太史。（今本作『晋大夫』。）

吾師也。注：故曰吾師。（當作『帥』，『師』字誤。）

吾令實過。（『令』，《唐石經》同。今本作『今』。）

士鞅反。（『反』，《唐石經》作『及』。阮校記以爲王堯惠刻。此經作『反』，知唐亦作『反』矣。）

愛其甘棠。注：召公奭聽訟，舍於甘棠之下。（今本無『舍』字。）

使子行於孫子。（《唐石經》『子行』二字改刊，此行只九字，初刻尚有一字。山井鼎云：足利本後人記云異本有『請』字。然則石經刊去字，即『請』字也。按：此經無『請』字，是唐時校勘諸臣所刊改。）

敗公徒于阿澤。（『阿』，《唐石經》同。今本作『河』。）

射爲禮乎。（《唐石經》『爲』字改刊。《釋文》云：或一讀『射而禮乎』。疑初刻乃『而』字。然此經亦作『爲』字，是校勘諸臣所刊改。）

重恤之。注：謂愍其不達也。（『愍』避唐諱。）

余狐裘而羔袖。（《唐石經》『余』下旁增『猶』字。考此經亦無『猶』字，其爲後人妄增無疑。）

神之主而民之望也。（《唐石經》同。今本『而』作『也』。）

以補察其政。（『察』避蜀諱。）

庶人謗。注：聞君過，得誹謗。（『得』，今本作『則』。陳樹華云：《正義》聞君過失，不得諫諍，得在外誹謗之文。是作『則』者非也。）

遒人以木鐸。注：遒人，行人之官也。（『行人』，岳本同，今本作『令』。）

賜齊侯命。注：將昏於齊故也。（『昏』避唐諱。）

范宣子假羽毛。（『毛』，《唐石經》同。阮校記以爲當作『旄』。）

經十五年（編注：拓本作『經十有五年』。）

傳十五年

宮廏尹。（『廏』，今本作『厩』。）

遂不克會。注：爲明年會湨梁傳。（『湨』，岳本同，今本作『溴』。）

獻玉曰。（今本『玉』下有『者』字，此經脫。）

《春秋》卷第十五。經七千九十三字，注五千二十四字。（今本無。）

蜀石經校記

穀梁傳（襄公）

[illegible]。（第一行。）

晉侯、宋公、衛侯、鄭伯、曹伯。（第二行，下泐。）

非大而足用與。（今本作『焉』。）

蜀石經《穀梁傳》卷九所存十九行，前有不完字小字四，大字六。與今本對校，只一字異同。後有『廿四』二字，則記石之次第。

蜀石經校記

周禮

冬官考工記下

四寸者方以奇。（岳本作『四寸者方以尊接卑』，此注『奇』字衍。）

瓚讀如餐饜之脣。龍脣將皆雜色（編注：『色』拓本作『名』）也。（岳本『如』作『爲』。下『脣』作『瓚』。阮校記以『爲』字爲衍，據此注，則『如』字也。）

遂言見天子之摯也。（岳本作『用贄』。）

以備失墜。（岳本『墜』作『隊』。）

所以祀其神也。（岳本『祀』作『禮』。）

終葵，推也。爲推於其杼上。（岳本『推』作『椎』。）

杼，殺也。（岳本『殺』作『鎩』，阮校記：經作『鎩』，注當用『殺』字。諸本皆作『鎩』，蓋淺人所改，惟此注未改。）

致日，度日景至不也。（岳本無第二『日』字，按：此字當有。）

夏日（以下脱一葉。）

鼻寸衡四寸。（《唐石經》同。岳本『鼻』作『鼻』。）

横謂勺徑也。（岳本『横』作『衡』。）

形如玉瓚。（岳本『玉』作『圭』。）

以爲稱錘，以起度量也。（岳本無『度』字，此注衍。）

射其外鉏牙也。（岳本『鉏』作『徂』，誤。）

磬人。（各本『人』作『氏』。）

而求其是弦。（岳本無『是』字。）

服磬太上則摩鑢大者。（岳本作『股磬之上大者』，此注因上文而誤。）

矢人。

司弓矢職曰：茀當爲殺。（岳本無『曰』字，按《疏》，『曰』字不當有，此注衍。《漢讀考》云：『當』字衍文。下『殺矢三分』注同。）

殺矢七分。（岳本『殺』作『殺』。）

司弓矢職曰：殺當爲茀。（説見上。）

前弱則勉。（各本『勉』作『俛』。）

免作俛，低也。（各本經作『俛』，注脱『免作』二字，惟此注有之。）

後弱則翔。（「翔」避蜀諱，注同。）

欲栗，欲其色如栗也。（岳本「栗」作「㮚」。）

旊人。（《唐石經》同，今本作「旊」。）

鬈墾薛暴不入市。（岳本「鬈」作「髻」，「薛」作「薜」，今本「暴」作「㬥」。）

墳起，不堅緻也。（岳本「緻」作「致」。）

樹膊（編注：拓本「膊」後有「於」字）其側。（岳本「樹」作「尌」。）

以擬度端其器也。（岳本「擬」作「儗」。按《說文》，擬度字從手，僭儗字從人。）

瓦器高於此。（岳本「瓦」作「凡」。）

精蛪屬也。（岳本「蛪」作「列」。）

榮螈屬也。（岳本「螈」作「原」。）

哨，頃小也。（岳本不重「哨」字，「頃」作「頎」。）

紘，大也。（岳本作「紘謂聲音大也」。）

其聲清揚而遠聞，則於磬宜。（各本脱「則」字。）

顧，長脰貌。（岳本「顧」作「頎」，下同，此注誤。）

匪來貌也。（岳本「來」作「采」，此注「來」字誤。）

匪或作飛。（岳本無「或」字。）

鄭司農云：廢爲匪。以似爲廢。（岳本「云」字下作「廢讀爲撥，飛讀爲匪，以似爲發」，此注脱誤。）

則必頯爾如委矣。苟頯爾如委。（與《唐石經》改正本同。）

執君之器則平衡。（岳本「執君器齊衡」。）

梓人爲侯。（岳本「侯」作「候」。）

崇猶高也。（岳本無「猶」字，此注衍。）

讀若齊人擠公幹之幹。（岳本「擠」作「㦸」，脱「公」字。）

皆爲舌也。（岳本「爲」作「謂」。）

鄉射記曰。（岳本「射」下有「禮」字。下張獸侯條亦無「禮」字。）

下介（编注：『介』拓本作『个』）五丈四寸也。（岳本『寸』作『尺』，此注『寸』字誤。）

其制身矣。夾中个矣身。（岳本作『身夾中，个夾身』。此注上『矣』字衍，下『矣』字，『夾』字之誤。）

縜籠綱者，讀爲竹中皮之縜也。（岳本『者』下有『縜』字。按：『縜』字當有，此注脫。）

若與群臣飲酒而射也。（岳本『酒』下多『閑暇』二字。阮校記云：『閑暇』二字係《疏》語誤入。此注本無也。）

或猶有也。（岳本無『猶』字。）

曾孫，諸侯子孫。（各本脫『子孫』二字。）

廬人。

戈柲六尺有六寸。（岳本『柲』作『秘』。）

車戟常。（岳本『戟』作『戟』。）

遒，近也。（岳本『遒』作『酋』。）

不徒止爾爾也。（岳本作『不徒止耳』。）

絹讀爲悁若井悁。（岳本作『讀爲悁色之』，今本『色』作『邑』。據《疏》，當作『悁邑』。此注因下文而誤。）

椑讀爲鼓鼙之鼙。（岳本脫『之鼙』二字。）

讀若井中蟲蜎之蜎。（岳本『讀』作『謂』。）

則椑墮圜也。摶圜之也。（岳本『墮』作『隨』，今本作『隋』，下亦無『之』字。）（编注：拓本此條在『齊人謂柯斧柄爲椑』之後。）

齊人謂柯斧柄爲椑。（《漢讀考》云：今本衍『斧柄』二字。蓋或箋於旁，因誤入也。此注已有之，則誤在宋以前。）

改句言擊。（岳本『擊』作『毄』。）

容殳也，殳無刃。（岳本無『殳也』二字。）

同强，强弱上下同也。（岳本無『强弱』二字。）

校謂讀爲絞而婉之之絞。（岳本無『謂』字，亦無第二『之』字。按：『之』字當有。）

侵之，能侵敵也。（岳本脫下『侵』字。）

凡矜八觚。（下同，岳本作『矜』。）

酋，殳上鐏也。（岳本『酋』作『首』，此注誤。）

矛夷，如酉矛也。（此注『夷矛』誤倒。）

亦猶柱也。（岳本『亦』作『灸』，此注誤。）

匠人。

置槷以縣。（岳本作『槷』，誤。）

槷當弋。（岳本『當』下有『爲』字，此注脫。）

弋讀曰杙。（岳本作『讀爲』。）

杙謂槷。（岳本『杙』作『玄』，此注誤。）

其端則東西正之也。（岳本『則』作『在』。）

天子十二門，通十二字。（岳本『字』作『子』。）

是爲轍廣也。（今本『爲』作『謂』。）

堂脩二七。（岳本『脩』作『修』。）

牲用（編注：拓本『用』作『有』）白牡。（岳本『牡』作『牝』，誤。）

若今四注也。（岳本作『四注屋』。阮校記以注爲是。此注固不誤。）

重室複笮也。（岳本『室』作『屋』。此注誤。岳本『複』作『復』。）

謂此一尺之堂輿。（岳本『輿』作『歟』，此注誤。）

謂四壁之內。（岳本『壁』作『璧』，誤。）

乘車廣六尺六寸，長二尺三寸。个六尺六寸。五个三丈三尺也。（岳本脫『長二』至『六寸』十字。）

治六官之職屬矣。（岳本無『職』『矣』二字。）

謂有浮思也。（岳本『有』作『角』，此注『有』字誤。）

廣長，以長度高，以高度廣。（岳本作『度高以高，度廣以廣』。）

古者耜一金人，兩人併發之。（岳本『金』下無『人』字，此注衍。）

其壟中曰甽。（岳本『曰』作『田』。）

田有一夫之所佃也。（岳本無『有』字、『也』字，『百畝』屬『佃』字下。）

百畝方步地。（岳本『方』下有『百』字，此注脫。）

遂上土赤，亦有徑也。（岳本脫『土赤』二字。）

此畿内菜地之制也。（岳本『菜』作『采』，此注作『菜』，下同。吴跋以『菜』爲是，前見《秋官》，亦作『菜』。）

一井之中，三屋九夫也。三三相具，以出賦税。（岳本無『也』字，句讀不同。）

殷人七十而莇。（各本『莇』作『助』，下同。）

文公又問井地。（岳本『地』作『田』。）

井諸野九一而莇。（岳本『井諸』作『請』。）

方里而井九百畝。（岳本重『井』字。）

又詩曰。（岳本作『又曰詩云』。）

雖周亦有莇也。（岳本無『有』字。）

年飢。（岳本『飢』作『饑』，此注誤。）

税民無蓺。（岳本『蓺』作『藝』。）

野九夫之田而税一。（岳本脱『之田』二字。）

國中什一爲是也。（岳本脱『爲也』二字，『是』字斷句。）

圭之言佳也。（岳本作『珪，潔也』。）

周謂之土田。（岳本『土』作『士』，據《疏》當作『土』，此注『土』字誤。）

通，壅塞。（各本有『其』字，衍。）

猶脉理也。（岳本『猶』作『謂』。）

梢讀爲桑螵蛸之蛸，謂水漱齧溝也。（岳本重一『蛸』字，『齧』下有『之』字。）

奠讀爲渟。（岳本『渟』作『停』，下同。）

里讀當爲已。（岳本無『當』字。）

汲橈菜之。（岳本『汲』作『版』。）

却一分以爲殺也。（岳本『殺』作『綴』。）

猶却也。（岳本『却』作『郤』。阮校記以爲當作『郤』。此注『却』字誤。）

若今令辟裓也。（岳本『辟裓』作『襞裓』。按：《疏》作『辟』，是賈逵所見作『辟』也。此注不誤。）

公羊
桓公六年。
不日不書葬者。（今本『日』作『月』，此注與鄂本同。『月』字誤。）
桒弧蓬矢。（今本『桒』作『桑』。）
七年。
辟實國也。（今本『實』作『寔』，阮校記譏其誤。此注與鄂本同。）
八年。
國以別死生。（今本『國』作『因』。）
薦尚麥魚，麥始熟可礿。（今本『魚』作『苗』，又脱下『麥』字。阮校記云：『苗』字誤。當定從『魚』。宋本亦有下『麥』字。此注與《穀梁》疏引同。）
殷人先求諸明。（『殷』避宋諱。）
天子之牲角握。（今本『握』作『搔』，阮校記云當作『握』。此注與《穀梁》疏引同。）
黷則不敬。（『敬』避宋諱。）
敬而不黷。（『敬』避宋諱。注同。）
牆屋既繕。（今《祭義》『繕』作『設』。）
勿勿乎其欲饗之也。（今《祭義》『其欲』作『欲其』。）
九年。
然後卒大夫也。（今本『後』作『后』。）
卒葬詳録。（『詳』不避蜀諱。）
十年。
《春秋》敬老重恩。（『敬』避宋諱。）
傳言公不見要者。（今本『見要』作『要見』。）
當勠力拒之。（今本『勠』作『戮』，誤。）
十有一年。
鄭相也。（《唐石經》作『鄭之相也』。）
猶愈於國之亡。（今本『猶』作『稱』，此注與《疏》同。『稱』字誤。）
後有安天下之功。（今本『後』作『后』，此注與鄂本同，「后」字誤。）

脅鄭立篡。（今本「立」作「之」，此注與鄂本同，「之」字誤。）

當言鄭突。（今本「當」作「常」，此注與鄂本同，「常」字誤。）

外未能結助諸侯。（今本「助」作「款」，此注與鄂本同。）

則與《春秋》改伯從子辭同。（今本「春秋」作「諸侯」，此注與鄂本同。作「諸侯」誤。）

故後王起。（今本「後」作「后」，誤。）

蔡稱叔者。（今本「蔡」下「侯」字，此注與鄂本同。《疏》標起訖，亦作「蔡稱」。「叔」字衍。）

十有二年。

公會宋公于龜。（毛本「龜」作「龜」。）

十有三年。

其恃外奈何。（今本「奈」作「柰」。）

必出萬死而不奔北。（今本「北」作「此」，此注與鄂本同，「此」字誤。）

明見伐者爲主。（今本「伐」作「我」。阮校記以「者」字爲衍，此注已有之。）

十有四年。

東田千畞。（今本作「畝」。《校勘記》作「畒」，毛本作「畮」。）

十有五年。

小國例時。（今本「時」下有「也」字，此注與《疏》標起訖同。「也」字衍。）

繆荃孫題跋

蜀石經殘本跋

《蜀石經·周禮》卷九、卷十兩卷，一缺首，一缺尾，缺均無多。《左傳》卷十五《襄二》全卷，《穀梁》卷九十九行。光緒丙子在楊幼雲處見之，屬爲校異，因循未果。後歸張叔憲、李亦元，今歸吾友劉健之。海內孤本也。蜀石留於世者，有黄松石之《毛詩·周南》《召南》《邶風》，程芳林之《左傳·昭二年》六百餘言，趙晋齋之《周禮·夏官》三十六行，陳頌南藏《周禮·考工記》六千餘言、《公羊》五千餘言。今之三册，字數最多。宣統辛亥，與健之同竄海濱，借歸以《唐石經》校經字，岳本校注字，疏其異同於别紙。兩通字及加減虚字之無關宏恉者，悉不著録。得《周禮》十九紙，《左傳》六紙，《穀梁》一紙，五十日方畢。去丙子三十六年，荃孫年亦六旬又九矣。心眼俱退，未能多方疏證，抱愧良多。惟殘冬亂世，藉讀書爲消遣。昔錢辛楣先生得見《毛詩》《左傳》，以爲衰年眼福，荃孫今亦云然。前人云：蜀刻出於《大和》，與《開成》同源，惟經注全刻，止《廣政》本有之。俾後人獲見雕版前舊式，豈非幸事？諸跋以邵武楊寶臣爲最，考訂源流甚詳。蜀石於宋末與文翁石室同燬，元明金石家無言之者。所傳合州賓館有《禮記》數石（曾訪碑於合州，得唐宋刻數十種，無此石），貴州任大令載歸數十片之説，皆不足據也。今《毛詩》摹本，流傳已少。夫長興開版本之學，貞明啓彙帖之風（梁末帝刻《貞明帖》，在保大前，是真帖祖）。轉在大亂之時，以存先聖之道。重勒廣傳，嘉惠後學，是所望於健之矣。

江陰繆荃孫跋。

又

《左傳》「廿」「𠂆」「昏」「愍」「弃」「枼」均缺筆，他廟諱則不避。「廿之治也」，一避一不避，可證。《周禮》「世」字、「民」字均不避，「棄」仍作「弃」，「諜」仍作「𧩜」，是習尚使然，不足爲避諱之證。（「淵」字似缺非缺。）「知祥」「祥」字作「祥」，「詳」「翔」同。不避「知」字。知祥祖諱察，《左傳》作「䕶」，《周禮》作「䕶」，《毛詩》作「𡨦」。父諱歐，史名道，《蜀檮杌》則云名巘。今本「道」字、「獻」字皆不缺筆。

壬子正月，陳頌南藏《周禮·考工記》《公羊·桓公》二册，亦爲健之收得。荃孫再假以續考，得《周禮》六紙，《公羊》二紙，次校記之後。各跋以青陽吴子肅（履敬）、子迪（式訓）兩跋爲最略，舉異同之字，不爲空言，是漢學家法。《周禮》避蜀諱，《公羊》避宋諱，力駮前人避唐諱之説，所見與荃孫同。經字與《唐石經》無甚異同，至各注則異同甚多。有阮氏《校勘記》以爲當據某書改某字，而此注本不誤者，有《校勘記》所未及者，獲益良多。至書人訛脱，《周禮》獨多於他經，其孫朋吉之疏歟？又如鄭注引及陸機《草木疏》（哲蔟氏），猶可附會，引及郭璞注（翦氏），則誤顯然矣。吴跋以爲仍其舊文，不敢損益，未免意存迴護，不如直指其過，俾知瑕不掩瑜。程克齋譏《春秋》以甲午爲申午，以癸卯爲葵卯。全謝山云：其書既多，不能無舛錯。要之，有足資考證者，斯爲持平之論。宋晁公武有《石經考異》，張𠙶有《石經注文考異》。有目無書，無從考核矣。

荃孫再跋。

劉體乾録曹元弼跋

曹叔彦太史函云：承詢《周禮·硩蔟氏》『覆夭鳥之巢』，鄭注『若鴞鵩』下，《蜀石經》有『賈誼所賦陸璣云大如斑鳩緑色』十三字。繆藝風以爲陸元恪早年所著書，鄭君見而引之。竊謂鄭君注《禮》在黨錮時，箋《詩》在黨禁解後。《詩箋》宗毛爲主，與《禮注》説《詩》多異。鄭答弟子，謂記注已行，不復改之。則《詩箋》之作，去注《禮》時必已多年。元恪《詩草木疏》，叙《毛詩》源流，直至鄭《箋》。則陸《疏》之作，又在鄭君《詩箋》已盛行之後甚明。鄭注《禮》時，元恪年必尚幼，《詩疏》必尚未屬稿。以爲鄭引陸説者，非也。且經云『夭鳥』，鄭略舉鴞鵩以指實之足矣，無庸更徵賈賦，并詳其形色，以自釋己語。此十三字當係讀經者摘引《詩》陸疏，綴於鄭注之末。又顛倒其文，以『賈誼所賦』一語，置『陸璣云』之前，如今人讀注疏者，或隨意掇拾他説，寫書眉行間耳。孟蜀刊石經時，偶未審詳，遂以入注。此等小誤，舊刻往往而有，不足爲病。鄙見如此，仍乞審正。

自五代以前，書皆傳寫，無板本，語句多寡，文字異同，小小出入，勢不能免。觀元朗《釋文》、冲遠《正義》，所載各本可見。自孟蜀刊石鋟木并行，宋代繼之，經史始免鈔寫之勞，少混淆之弊。繼往開來，厥功甚鉅。千載後得見吉光片羽，無論精處爲後來各本所不能及，即誤處亦考古者所當知也。

丁卯十月二十六日，劉體乾録。

第八册　蜀石經題跋姓氏録

劉體乾册尾題跋

《蜀石經》六册，舊有翁覃溪諸公題跋、觀款四十四人。辛亥以後，余自乞瞿文慎諸君題跋、觀款又數十人，因考其爵里、著作爲姓氏録。

甲子清明廬江劉體乾識。鈐『劉體乾印』『健之』印

第九册　《周禮》卷十二

何維樸題外簽

宋拓《蜀石經・周官禮》第十二卷。何維樸爲健之題。

何維樸題内簽

宋拓《蜀石經・周官禮》第十二卷。何維樸爲健之題。

何紹基題端

宋拓《蜀石經・周禮》殘本。何紹基篆。

何紹基題詩

西京反秦敝，文翁實守蜀。本其《春秋》學，期變蠻夷俗。師法推相如，開敏首張叔。受業往京師，還歸化邦族。東京得高朕，禮殿成都矗。刻畫古聖賢，震悚群耳目。熹平正文字，勒石代柰竹。觀經闐咽時，蜀士定追逐。正始與開成，相沿富鐫録。孟氏擅劍南，閏位時已促。居然九經刊，蔚成文教郁。翔實兼傳注，用意越前躅。讀書不求解，還珠空買櫝。皇祐復補刊，十二部斯足。俛視嘉祐年，先樹尊經鵠。烏乎金宋交，岷峨兵燹酷。遂使貞珉淪，盡付茂草鞠。打本偶流傳，如零璣碎玉。程（南川）梁（吉甫）及鄭氏（世允），古味皆可掬。惟有青陽吴，翠墨尤芬馥。《周官》高密注，《公羊》劭公讀。萬一千餘字，八十有餘幅。秋齋短燈檠，連枝迪隨肅。

精心校同異，古義紛攢簇。前賢錢阮王，未免輕點黷。比者《二體經》，堆塞丁家屋。自崑不全見，山夫所未蓄（山陽丁儉卿新得《嘉祐石經》七百七十九紙，余爲作詩）。作詩無十日，今夜吟聲續。雖非吾手藏，誰謂非眼福。昔年秉使節，濫忝蜀學督。江山孕奇才，英多少實腹。教以研經法，微言討費伏。示以汶長書，形聲追頡籀。風尚乃一變，由華漸求樸。異哉張秀才，寫賦小篆縟（巴縣張鳳藻）。難得孫家兒，瓶水衆經熟（雙流孫道南背誦十三經爛熟）。其餘經解場，頗棄陳言宿。自與諸生別，歲華重轉轂。江湖浩無垠，鉛槧老彌篤。古墨勤摩挲，舊夢乍棖觸。彼土無烽烟，士氣舒不蹙。想見讀書聲，琅琅錦水曲。

子肅、子迪賢昆玉正之。蝯叟何紹基稿。時丁巳秋九月。

陳詩題詩

敬題健之鄉丈蜀石經齋圖

世皆好武公好文，干戈叢裏儲石經。石經殘本世希有，孟蜀猶具唐典型。廣政年仿太和刻，《周禮》《左傳》垂日星。媵之宋刻《公》與《穀》，百八十葉兼畸零。注文偶異足取證，鄴架珍列侔瑤瓊。柔日讀史問稽古，知祥原屬唐遺臣。漢臘不改嘉平舊，陶詩書歷春王正。崇文天章忽輝煥，史籀晋楷頌紛綸。石經題字與齋牓，明夷憂聖占中興。寫圖紀事張素壁，畫師旁魄呈殊能。我思南昌刻經本，鹽法使者（嘉慶二十一年，胡夢湘觀察官江西鹽法道，刊《十三經注疏》）吾鄉人。公家文莊纘厥美，搜殘補闕校勘精（光緒三年，文莊公撫贛，復補輯殘闕，並刻《十三經校勘記》）。談經避世在海角，家風應有石麒麟。

癸亥初夏陳詩。

朱師轍題詩

孟氏竊蜀四十年，典章制度胥闕然。蠶叢辟陋安足道，獨留石經爲世寶。刊刻創議自伊誰，當時元輔昭裔老。美哉識邁古大臣，宰相須用讀書人。潤色鴻業興禮樂，帝典王謨朝夕陳。搜求雍都舊善本，一一模丹書貞珉。《孝經》《論語》暨《爾雅》，平泉令張德釗寫。《周易》《周禮》孫逢吉，《尚書》德貞實秉筆。《儀禮》《禮記》及《毛詩》，紹文書法逞妍姿。寫經字體洵清謹，刊石始於廣政時。『三傳』工竣宋皇祐，《孟子》席氏始補鏤。歷年一百八十七，一十三經乃完畢。吁嗟終始費經營，二代興亡幾太平。陵遷谷變碑碣摧，如何拓本亦成灰。神物每遭造化忌，禍烈祖龍焚古籍。蜀石殘字今鮮存，徒使儒林空歎惜。先生嗜古世所希，搜羅一紙珍共璧。珠玉無脛而自至，惟有好者能積聚。陳楊陳氏三家藏，周官三傳紛琳琅。零篇完卷佰餘葉，諸本囊括歸君篋。君擁連城富莫匹，一字一金值萬鎰。萬鎰大官大賈多，蜀經世間有幾帙。什襲貽留子孫守，名齋畫圖傳永久。我獲縱觀歡飲酒，長歌一曲祝君壽。

奉題健之先生《蜀石經齋圖》，即乞教正。朱師轍呈草。

吳履敬、吳式訓題跋

右宋拓《蜀石經·周禮》並注殘本，孟蜀廣政中，左僕射龍門毋昭裔刻石，秘書省秘書郎孫朋古書（《容齋隨筆》《讀書志》俱作『朋古』，《成都記》《石經考異序》俱作『朋吉』）。全書共九册十二卷，經文五萬五百八字，注十一萬二千五百九十五字（見曾宏父《石刻鋪敘》）。此本存第十二卷，起玉人至匠人止，凡二十二葉，二百六十四行。注皆夾行書。第一葉下缺一葉。經二千九百二十九字，注四千六百四十八字。案《郡齋讀書志》云：『石經《周禮》十二卷，右僞蜀孫朋古書，以監本是正。其注或羡、或脱、或不同至千數。』今以阮氏所刻宋本《周禮注疏》校之，異同之處二百餘科。其精确不移者，多足訂今本之舛。經文如『前弱則勉』，阮本『勉』作『俛』。『其聲清陽而遠聞，則於磬宜』，阮本脱『則』字。注文如玉人注『瓚讀如餐饜之饜』，阮本『如』誤『爲』。旅人注『瓦器高於此』，阮本『瓦』誤『凡』。梓人注『哨，頃小也』，阮本脱『哨』字，『頃』誤『頎』。『宏讀爲紘綖之紘。紘，大也』，阮本『紘，大也』作『謂聲音大也』五字。『讀若齊人擠公幹之幹』，阮本脱『公』字。『曾孫諸侯子孫』，阮本脱『子孫』二字。廬人注『遒，近也。夷，長也』，阮本誤作『酋，近。夷，長矣』五字。『元謂悁亦掉也，讀若井中蟲蜎之蜎』，阮本『悁』誤『蜎』，『讀』誤『謂』。『改句言擊容殳也。殳無刃』，阮本脱『也』『殳』二字。『同强，强弱上下同也』，阮本脱『强弱』二字。『侵之能侵敵也』，阮本脱下『侵』字。匠人注『四阿若今四注也』，阮本『注也』誤『柱屋』。『菜地』菜字屢見，阮本俱作『采』。『滕文公問爲國之禮於孟子』，阮本脱『之禮』二字。『井諸野九一而莇』，阮本『井諸野』作『請野』。『雖周亦有莇也』，阮本脱『有』字。以上三科，疑後人依《孟子》竄改，致失鄭注之舊。『圭之言佳也』，阮本『佳也』作『珪絜也』三字。『謂水漱齧溝也』，阮本誤作『蛸謂水漱齧之溝』七字。『奠讀爲渟，謂行渟水』，阮本『渟』皆誤『停』。『里讀當爲已』，阮本脱『當』字。約舉數事，餘不具列。至其訛誤，雖亦不免，然毋氏据太和舊本刊石，已見《石經考異序》。疑以傳疑，不加刊削，亦足昭古人之敬慎，非若後世鹵莽滅裂，私竄古經也。阮氏《毛詩校勘記》譏其乖異，蓋未盡然。至所引晁氏之言，亦多截合。或由於參訂多人，非必儀徵本意也。書中『翔』字缺筆，蓋避孟知祥嫌名。『淵』『世民』字皆未缺筆，與《毛詩》殘本不同。當時去唐未遠，書者承用舊本，習於缺筆，或因或改，致有參差。晁昭德謂《尚書》《論語》缺唐諱，當是孟氏未叛以前所刻。《左傳》不缺唐諱，當是僭位以後所刻。洪容齋又謂《蜀石經》於『淵』『世』『民』三字皆缺畫，知唐之澤遠矣。錢竹汀跋《毛詩》殘本，亦用其説，皆未深考也。至其書體謹嚴，筆致遒峻，尤可珍愛。洪容齋稱其有貞觀遺風，非虚美矣。

咸豐二年歲次壬子十一月九日，青陽吴履敬、弟式訓同識。

馮志沂題跋

咸豐壬子冬，吴甥敬之兄弟携此《蜀石經》殘刻相視。一爲《春秋公羊傳》，一爲《周禮·冬官考工記》。敬之爲作跋，考訂甚覈。《周禮》僅存六千餘字，異同至二百餘。《公羊》亦五千餘字，異同僅二十餘。則以《周禮》是蜀刻，《公羊》是宋人補刻也。古經文傳世者，自《中郎石經》及魏《三體石經》外，此爲最古。惜全謝山、錢竹汀、王蘭泉諸公皆未及見也。僕久失學，於諸經尤疏，乃得見此，自夸眼福勝前賢矣。欣喜志之。

代州馮志沂。

孔憲彝觀款

咸豐戊午三月三日，曲阜孔憲彝觀於慈仁寺。

陳慶鏞題跋

馮柳東《孟蜀經考異》有《毛詩》殘本、《左傳》殘本，而《周禮》《公羊》皆未之見。考諸家著録，其書《周禮》者，孫朋吉也。三傳不誌何人書，悉遵太和本，與唐版本時有同異，其相毋昭裔獨辯之。刊石成都，始於廣政元年，歷八年而以次告成。《春秋》三傳至宋皇祐元年始訖工。晁氏曰：「《周禮》經文不同者四十二科，《公羊》經文不同者二十一科。」今即殘碑就殿版本校之，《周禮》自玉人注「璧男不言之者闕耳」起，至匠人經「其崇三尺墻厚」止。經注共得二百廿二科。《公羊》自桓六年經「來也孰謂謂州公也」起，至桓十五年經「公會齊侯」止。經注共得十九科。謹録之以補柳東之缺，以俟審定焉。

咸豐二年十二月廿五日，晉江陳慶鏞識。

又

石經考異補上

晉江陳慶鏞頌南撰。

孟蜀石經周禮殘碑

玉人

「子守穀璧，男守蒲璧，不言之者，闕耳」，石經「不」上有「男」字。

「文之闕亂存焉」，石經「焉」作「也」。

「名玉曰冒者」，石經無「者」字。

「四寸者方，以皁接尊」，石經作「四寸者方，以奇皁接尊」。

「尨謂褋色」，石經下有「也」字。

「瓚讀爲餈餈之餈」，石經「爲」作「如」。

「卑者下尊」，石經「尊」下有「者」字。

「遂言見天子之用贄」，石經作「遂言見天子之贄也」。

「謂以組約其中央爲執之，以備失隊」，石經無「謂」字，「隊」作「墜」。

「郊天所以禮其神也」，石經「禮」作「祀」。

「四圭有邸，以祀天、旅上帝」，石經「帝」下有「也」字。

「終葵，椎也。爲椎於其杼上」，石經「椎」皆作「推」。

「杼，繝也」，石經「繝」作「殺」。

「明自炤」，石經作「明自照也」。

「致日度景至不」，石經「度」下有「日」字。

「射琰出者也」，石經作「射琰之出者也」。

「玄謂勺鼻流也」，石經同。阮本「勺鼻」作「鼻勺」。

「衡，古文作横」，石經同。阮本無「作」字。

「形如圭瓚」，石經「圭」作「玉」。

「半文飾也」，石經「半」下有「其」字。

「大璋者，以大璋之文飾之也。亦如之者，如邊璋七寸，射四寸」，石經「以大璋者，以大璋之文飾飾之，亦如之者，邊璋七寸，射四寸也」。

「先言牙璋，有文飾也」，石經下無「也」字。

「以爲稱錘以起量」，石經下有「也」字。

「射其外鉏牙」，石經下有「也」字。

「有邸僢其本也」，石經「邸」作「柢」。

「獻於所朝聘君之夫人也」，石經無「也」字。

「夫人，天子夫人」，石經下有「也」字。

「記時諸侯稱王」，石經同。阮本「侯」下有「僭」字。

「則十有二列者，勞王者之後也」，石經無「有」字。

「棗㮚實於器，乃加於案」，石經「於」皆作「于」。

「其實棗蒸㮚擇」，石經「㮚」作「栗」。

「邸射，剡而出也」，石經「邸射，邸剡而出也」。

『造賓客，納禀食也』，石經作『造客客納餼食』六字。

『杜子春云：當爲餼』，石經『餼』下有『也』字。

磬氏

『磬氏爲磬』，石經『氏』作『人』。

『而求其弦』，石經『而求其是弦』。

『既而以一炬有半觸其弦』，『觸其弦』，石經同。阮本無下三字。

『非用其度耳』，石經『耳』作『也』。

『博謂股博也』，石經『博』作『傳』。

『股，磬之上大者。鼓，其下小者。所當擊者也』，石經作『股，磬太上則摩鑢大者。鼓，其下小者。所當擊者』。

『假令磬股廣四寸半』，石經無『股』字。

『長一尺三寸半』，石經同。阮本無『一』字。

『鼓聲太上，則摩鑢其旁』，石經同。阮本『鼓』作『磬』，是。

『薄而廣則濁』，石經作『薄而廣則聲濁』。

矢人

『司弓矢職，茀當爲殺』，石經『職』下有『曰』字。

『居參分殺一以前』，石經作『居參分殺二以前』。

『兵矢謂枉矢、絜矢也。此二矢亦可以田。田矢謂矰矢』，石經『兵矢謂枉矢、絜矢。田矢謂矰矢。此二者亦可以田也』。

『緱矢七分』，石經『緱』作『殺』。

『鐵又差短小也。司弓矢職，緱當爲茀』，石經作『鐵又以差短小也。司弓矢職曰：殺當爲茀』。

『而緱其一』，石經『緱』作『殺』。

『令趣鏃也』，石經作『令趣鏃也』。

『羽者六寸』，石經作『羽其六寸』。

『謂矢幹』，石經下有『也』字。

『弩矢比在上下』，石經『下』下有『也』字。

『謂風不能驚憚箭也』，石經無『也』字。

『刃長寸，脱二字』，石經下有『也』字。

『前弱則俛』，石經『俛』作『勉』。

『後弱則翔』，石經『翔』作『翔』。

『羽豐則遲』，石經『遲』作『遅』。

『使矢行不正。俛，低也』，石經作『使矢行不正。免作俛，低也』十字。

『橈榒其幹』，石經『榒』作『搦』。

『欲㮚，欲其色如㮚也』，石經『㮚』皆作『栗』。

陶人

『甗，無底甑』，石經下有『也』字。

『則觳受斗二升』，石經無『受』字。

旊人

『薜讀爲藥黃蘗之蘗』，石經同。阮本『蘗』作『蘗』。

『暴，墳起不堅緻也』，石經『墳』作『憤』。

『封膞其側』，石經作『樹膞於其側』。

『縣，縣繩正豆之柄』，石經作『縣，縣繩以正豆之柄』。

『凡器高於此』，石經『凡』作『瓦』。

梓人

『樂器所縣，橫曰簨』，石經『縣』下有『也』字，『簨』作『筍』。

『鄭司農云：簨讀爲竹筍之筍』，石經『簨』作『筍』。

『脂，牛羊屬。膏，豕屬。贏者，謂虎豹貔貅，爲獸淺毛者之屬。羽，鳥屬。鱗，龍蛇之屬』，石經『屬』下皆有『也』字，無兩『之』字。

『致美味也』，石經無『也』字。

『貴野聲也』，石經無『也』字。

『刻畫祭器』，石經上有『雕琢』二字。

『外骨，龜屬。内骨，鱉屬。卻行，螾衍之屬。仄行，蟹屬。連行，魚屬。紆行，蛇屬。脰鳴，鼃黽屬。注鳴，精列屬。旁鳴，蜩蜺屬。翼鳴，發皇屬。股鳴，蚣蝑動股屬。胷鳴，榮原屬』，石經屬下皆有『也』字，『衍』下無之字，『虵』作『蛇』，『列』作『蛚』，『原』作『螈』。

『燿讀爲哨，頎小也』，石經作『燿爲哨，哨，頃小也』

七字。

「宏讀爲紘綖之紘，謂聲音大也」，石經作「宏讀爲紘延之紘。紘，大也」十字。

「其聲清陽而遠聞，於磬宜」，石經「聞」下有「則」字。

「顅，長脰貌」，石經下有「也」字。下兩「鬜」字，石經作「⿰長閒」。

「牼讀爲鬜頭無髮之鬜」，石經作「牼讀爲⿰長閒頭無髮之⿰長閒」。

「作，起也」，石經作「作，猶起也」。

「匪采貌也」，石經作「匪來貌也」。

「故書撥作廢，匪作飛」，石經「匪」下有「或」字。

「以似爲發」，石經「發」作「廢」。

梓人爲飲器

「觚、豆，字聲之誤」，石經下有「也」字。

「衡謂麋衡也」，石經同。阮本「麋」作「麋」。

「執君器齊衡」，石經作「執君之器則平衡」。

「罪於梓人焉」，石經作「罪梓人也」。

梓人爲侯

「崇，高也」，石經作「崇猶高也」。

「則天子侯中丈八尺」，石經下有「也」字。

「各如其侯也」，石經無「也」字。

「居侯中參分之一」，石經作「居中參分之一」。

「个讀若齊人搚幹之幹」，石經「搚」下有「公」字。

「皆謂舌也」，石經「謂」作「爲」。

「鄉射禮記曰」，石經無「禮」字。

「下个五丈四尺」，石經作「下个五丈四寸也」。

「其制身夾中，个夾身」，石經作「其制身矣夾中，个矣身」。案：下「矣」字當是「夾」之訛。

「取其出而左右也」，石經無「而」字。

「縜讀爲竹中皮之縜」，石經作「讀爲竹中皮之縜也」，無上「縜」字，多「也」字。

「皮侯，以皮所飾之侯」，石經下有『也』字。

「與之事鬼神焉」，石經『焉』作『也』。

「又以五采畫雲氣焉」，石經無『焉』字。

「獸侯，畫獸之侯也」，石經無『也』字。

「是獸侯之差也」，石經無『也』字。

「息者，休農息老物也」，石經『農』下有『夫』字。

「燕謂勞使臣」，石經『燕』下有『諸侯』二字。

「若與羣臣飲酒而射」，石經下有『也』字。

「謂司馬實爵而獻獲者于侯」，石經無『而』字。

「薦脯醢折俎，獲者執以祭侯」，石經作『薦脯醢折俎者，執以祭侯也』。

「謂先有功德，其鬼有神」，石經作『謂先祖有功德，其鬼有神者也』。

「或，有也」，石經作『或猶有也』。

「曾孫諸侯，謂女後世爲諸侯者」，石經作『曾孫諸侯子孫，謂女後世爲諸侯者』。

廬人

「夷矛三尋」，石經作『矛夷三尋』。

「酋、夷，長短名」，石經下有『也』字。

「酋之言遒也。酋近，夷長矣」，石經作『酋之言遒也。遒，近也。夷，長也』。

「而無已，不徒止耳」，石經作『無已，不徒止爾爾也』。

「句兵，戈戟屬。刺兵，矛屬」，石經『屬』下皆有『也』字。

「絹讀爲悁邑之悁。悁謂略撓也」，石經作『絹讀爲悁若井悁。悁謂撓也』。

「則椑，隋圜也。摶，圜也」。石經作『則椑，墮圜也。摶，圜之也』。

「改句言毄，容殳無刃。同强，上下同也。舉謂手所操」，石經作『改句言擊，容殳也。殳無刃。同强，强弱上下同也。舉謂手所操也』二十四字。

「挍讀爲絞而婉之絞」，石經作「校謂讀爲絞而婉之之絞」。

「在人手中者」，石經「者」作「也」。

「侵之，能敵也」，石經「能」下有「侵」字。

「人手操細以觳則疾」，石經作「凡人手操細以擊則疾」。

「然則爲矜」，石經「矜」作「矝」，闕筆。下同。

「被，把中也」，石經「把」作「杷」。

「首，殳上鐏也」，石經「首」作「酋」。

「夷矛如酋矛」，石經作「矛夷如酋矛也」。

「置猶尌也。炙猶柱也」，石經作「置猶樹也。亦猶柱也」。

「正於墻，墻翌」，石經下有「也」字。

「反覆猶軒輖也」，石經無「也」字。

匠人

「立王國若邦國」，石經下有「者」字。

「以水望其高下」，石經下有「也」字。

「槷當爲弋，讀爲杙」，石經作「槷當弋，弋讀曰杙」。

「玄謂槷，古文臬」，石經脱上一字。

「古文臬，假借字」，石經下有「也」字。

「眂之以其景」，石經無「之」字。

「在墻者謂之杙，在地者謂之臬」，石經無兩「者」字。

「日出日入之景，其端則東西正也」，石經作「日出入之景，其端則東西正之也」。

「以至日入」，石經上有「而」字。

「規之交乃審也」，石經作「規之交者乃其審也」。

「中屈之以指，臬則南北正」，石經作「中屈之指，臬則南北之正也」。

「極星謂北辰」，石經下有「也」字。

「營謂丈尺其大小」，石經作「營者謂丈尺其大小也」。

「國中，城内也」，石經「内」作「中」。

「軌謂轍廣」，石經下有「也」字。

「是謂輶廣」，石經作「是爲輶廣也」。

「王宮所居也。祖，宗廟。面猶鄉也。王宮當中經之涂也」，石經作「謂王宮所居也。祖，宗廟也。面，鄉也。王宮當中經之涂」。

「此用先王之禮」，石經下有「也」字。

「則堂廣十七步半」，石經下有「也」字。

「南面三，三面各二」，石經作「南面三，三面各三也」。

「兩夾窻」，石經「窻」作「窗」。

「窻助户爲明，每室四户八窻」，石經作「窗助户爲明者，每室四户八窗」。

「所以飾成宮室」，石經下有「也」字。

「門堂，門側之堂」，石經下有「也」字。

「東西十一步四尺」，石經作「東西十步四尺」。

「若大寢也」，石經「也」作「者」。

「則其廣九尋，七丈二尺也」，石經無「也」字。

「四阿若今四柱屋」，石經作「四阿若今四柱也」。

「重屋，複笮也」，石經「屋」作「室」。

「明堂者，明政教之堂」，石經作「明堂，明政教之堂也」。

「亦王者相改」，石經下有「也」字。

「相參之數」，石經下有「也」字。

「或舉王寢」，石經作「或舉正寢」。

「互言之以明其同制」，石經無「言」字。

「周文者，各因物宜爲之數」，石經「者」作「王」。

「宮中，舉謂四壁之内」，石經同。阮本「宮」作「室」。

「參个，六尺」，石經「參」作「三」。

「乘車廣六尺六寸，五个三丈三尺」，石經作「乘車廣六尺六寸，長二尺三寸。个六尺六寸，五个三丈三尺也」。

「則此門半之丈六尺五寸」，石經作「則此門之長六尺五寸」。

「如今朝堂諸曹治事處」，石經下有「也」字。

『六卿三孤爲九卿』，石經下有『也』字。

『九分其國，分國之職也』，石經無『也』字。

『六卿治六官之屬』，石經作『六卿治六官之職屬矣』。

『謂有浮思也』，石經同。阮本『有』作『角』。

『度高爲高，度廣以廣』，石經作『廣，長。以長度高，以高度廣』。

『王子弟所封』，石經下有『也』字。

『其城隅高五丈』，石經作『其城隅制高五丈』。

『諸侯，畿以外也』，石經作『諸侯，侯畿以外也』。

『天子諸侯臺門』，石經下有『也』字。

『經亦謂城中道』，石經下有『也』字。

『其經涂及都環涂』，石經作『及都之環涂』。

『古者耜一金，兩人併發之』，石經作『古者耜一金人，兩人併發之』。

『岐頭兩金』，石經『岐』作『歧』。

『田，一夫之所佃』，石經作『田有一夫之所佃也』。

『百畝，方百步也』，石經無『百』字。

『遂者，夫間小溝，遂上亦有徑』，石經『溝』上（編注：『上』當爲『下』）、『徑』下皆有『也』字。

『此畿内采地之制』，石經『采』作『菜』，下有『也』字。

『九夫爲井，井者方一里』，石經作『九夫爲井者方一里』。

『采地制井田』，石經『采』作『菜』，下有『者』字。

『異於鄉遂及公邑』，石經下有『也』字。

『方百里爲同，同中容四都』，石經無下『同』字。

『甸稍縣都皆無過十二』，石經『十』作『什』。

『輕近重遠耳』，石經『近』下有『而』字。

『滕文問爲國於孟子』，石經作『滕文公問爲國之禮於孟子』。

『其實皆什一』，石經下有『也』字。

『莫不善於貢。貢者，校數歲之中以爲常』，石經作『莫不善於貢者。貢者，校數歲之中以爲常也』。
『孟子曰：請野九一而莇』，石經作『孟子曰：井諸野九一而莇』。
『卿以下』，石經『以』作『已』。
『方里而井，井九百畞』，石經無下『井』字。
『八家皆私百畞』，石經『百』作『自』。
『又曰：詩云：雨我公田』，石經作『又詩曰：雨我公田』。
『雖周亦莇也』，石經作『雖周亦有莇也』。
『年饑用不足』，石經『饑』作『飢』。
『盍徹與』，石經『與』作『乎』。
『穀出不過藉』，石經『藉』作『籍』。
『以載師職及司馬法論之』，石經『師』下有『之』字。
『周制畿内』，石經『制』下有『之』字。
『税夫無公田』，石經下有『也』字。
『以《詩》《春秋》《論語》《孟子》論之』，石經作『以《詩》《春秋》《論語》《孟子》之言』。
『周制，邦國用殷之助法』，石經『助』作『莇』。
『制公田不税夫』，石經下有『也』字。
『莇者，借民之力以治公田』，石經作『莇者，借民力治公田』。
『爲其促之以公，使不得恤其私』，石經作『爲其促之也以公，使不得恤其私也』。
『邦國用莇法者』，石經『邦』上有『其』字。
『諸侯專一國之政』，石經『諸』上有『爲』字。
『税民無蓺』，石經下有『也』字。
『通其率，以什一爲正』，石經下有『也』字。
『孟子云：野九夫而税一，國中什一。是邦國亦異外内之法耳』，石經作『孟子曰：野九夫之田而税一，國中什一，爲是也。邦國亦異外内之法耳』。按：『之』字疑衍。
『圭之言珪，絜也』，石經作『圭之言佳也』。
『周謂之士田』，石經『士』作『土』。

「又曰列國一同」，石經下有「是也」二字。
「復無所注入」，石經下有「也」字。
「識水所從出」，石經下有「矣」字。
「通其壅塞」，石經無「其」字。
「防謂脉理」，石經作「防猶脉理也」。
「爲此逆防與不理孫也」，石經無「也」字，「孫」作「遜」。
「鄭司農云：梢讀爲桑螵蛸之蛸」，石經無「云」字。
「梢謂水漱齧之溝」，七字，石經「謂水漱齧溝也」，六字。
「鄭司農云：奠讀爲停，謂行停水」，石經「停」皆作「渟」。
「直行三，折行五，以引水者疾焉」，石經作「直行者三，折行者五，以引水疾也」。
「謂水淤泥土留著，助之爲厚」，石經「水」下有「漱」字，「厚」下有「也」字。
「殺者薄其上」，石經下有「也」字。
「又薄其上，厚其下」，石經下有「也」字。
「溝防，爲溝爲防也」，石經無「也」字。
「里讀爲已」，石經作「里當爲已」。
「版椩築之，則上鼓土不堅矣」，石經作「汲椩築之，則鼓土不堅矣」。
「以其一爲峻」，石經作「以其一爲之峻也」。
「逆猶却也」，石經「却」作「却」。
「却一分以爲㓷」，石經作「却一分以爲殺也」。
「囷，圜倉」，石經下有「也」字。

陳重慶題詩

介弟與吾相謂亞，雖未識君聞大名。鄴架琳瑯三萬軸，搜奇蓄異羅菁英。氈椎一種最星鳳，孟家選石刊群經。艱難展轉獲瓌寶，不有大力誰能並。仁宗飛白照千古，仰惟聖學天聰明。璇題四字冠卷首，冰斯觳觳龍蛇驚。更揮寶翰賜齋額，儒生稽古今桓榮。前年御賞福壽字，銀鈎鐵畫炳日星。冲齡十八足模楷，耄期已卜堯階蓂。仁廟歐虞純廟趙，祖孫輝映光彤庭。三傳備列誠罕覯，孟昶割據鴻毛輕。天章一出相照耀，遂令此册含光精。當年文莊帥西蜀，媲美諸葛聲觥觥。歷劫完全入君手，因緣注定留芳馨。回思辛亥貢鄉舉，竹林把臂齊年生。紅巾毁室書籍燼，碑版散佚紛縱横。華胄遥遥天禄閣，燃藜夜照光純青。讀書家世世無兩，藏庋翻嗤項子京。都護防秋豈所願，等此葵藿陽烏傾。龍光三接洽魚水，手捧瑶函無限情。亦思覲闕苦重聽，不能前席求真行。只從故紙事鉛槧，南面輸君擁百城。

健之姻世仁兄大人以所藏宋拓《蜀石經》屬爲題句。此寶物也，重以宸翰，謹作七古一首，希兩正之。甲子清明奠卿弟重慶。時年七十九歲。

卞綍昌題詩

三體書沿漢魏唐，八分追始蔡中郎。流傳已歷秦燔劫，零落猶餘孔壁光。天喪斯文今亂世，誰知太學舊明堂。殘編斷簡憑珍護，惟有貞珉耐久長。

世德清芬誦鯉庭，楹書充棟眼常青。風規自克承家學，名字曾邀記御屏。宸翰褒題香案吏，故交想望草堂靈。君真好古搜羅富，博覽無慚劉石經（《魏書·劉芳傳》：芳明石經音義，時人號爲『劉石經』）。

健之都護七兄姻世大人屬題，勉成二律，即希正定。

甲子暮春之初，猥畣弟卞綍昌作於竹西。

蔡寶善題詩

片紙猶留劫外天，人間孤本此流傳。摩挲考訂無窮感，重話滄桑八百年。

淵如不作儉卿逝，此事千秋孰品題。輪與劉侯抱殘缺，校讎夜夜照青藜。

論蜀人曾蜀道回，夔門雙劍倚天開。從知治術原經術，親見文翁雅化來（昔年奉使入蜀，君觀察川東，是爲訂交之始）。

健之節使以『蜀石經』命題，書此應教，即希兩政。

甲子三月，德清蔡寶善。

沙元炳題詩

嬴秦焚經傳二世，孟蜀尊經傳二世。腐儒苦智天夢夢，天眷原不私文字。我觀廣政經成一百十二祼，翠墨未完蜀社置。毋家百萬黃金錢，促爲新朝儒學地。先石後木勞手民，到今石木無一存。盲左詩禮出㒄朽，攟拾舊數趙黃陳。廬江劉翁歐趙選，收攬周官及三傳。藝風師是今柳東，鈎考異同泐成卷。我徒見跋未見經，骨不可揣從聲聽。經興經廢等亡國，樊榭詩在吾聽熒。年衰才退奈此石經何，西望蜀碧年年多。

蜀石經殘本歌，應健之先生教。沙元炳。

無名氏題跋

蜀相毋昭裔刊石經，不見於《宋史·孟蜀世家》。吴志伊《十國春秋·蜀後主本紀》兩書之，一繫於廣政七年，乃據席益《成都府學石經堂圖籍記》爲説。一繫於廣政十四年，則據《容齋三筆》爲説也。按曾宏父《石刻鋪叙》云：『《益郡石經》肇始於孟蜀廣政，悉選士大夫善書者模丹入石。七年甲辰，《孝經》《論語》《爾雅》最先成，時晋出帝改元開運。至十四年辛亥，《周易》繼之，實周太祖廣順元年。《詩》《書》、『三禮』不書歲月。逮《春秋》三傳，則皇祐元年九月訖工，時我宋有天下已九十九年矣。通蜀廣政元年肇始之日，凡一百十二祼，成之若是其囏。』又云：『《孝經》廣政七年三月二日校勘，《論語》廣政七年四月九日校勘，《爾雅》廣政七年六月置。』日月悉本目驗，語極明顯。則七年乃《孝經》《論》《雅》刊成之年，十四年乃《周易》刊成之年，非肇始之年也。吴氏依違兩存，殊乖史法。王蘭泉云『《蜀石經》始刻於廣政七年』，亦沿志伊之誤。

王式通題跋

健之都護寄示藝風先生《蜀石經》二跋并詩。按：其以《周禮·翦氏》注引及郭注爲誤，而《哲簇氏》注引及陸疏，則謂元恪之書，或成於早歲，鄭君猶及見之，恐非是。《經典釋文叙録》雖未詳元恪年歲，但稱其官爲吴太子中庶子，必在吴王立太子後。孫權立子登爲太子，《權傳》在建安二十五年，《登傳》在魏黄初二年，其時張昭子休、顧雍子譚、陳武子表、諸葛瑾子恪，迭爲太子中庶子，各見本傳。羊衜亦爲此官，見《三國志》注所引《吴書》，未及元恪。其後和爲太子，有中庶子。韋昭亦未見元愔，元愔當是孫休子䨩、孫皓子瑾之中庶子。鄭君卒於建安五年，安能相及？且王肅卒於魏甘露元年，即吴太平元年。史不詳肅之享年若干。肅爲《家語解序》稱：鄭氏學行五十載矣。肅成童學鄭氏學。則即以甘露丙子上數五十載，已當建安十一年丙戌。肅不得與鄭君相見，元愔安能與之相及？又陸疏中有新城、上庸、雲南諸郡名。蜀漢建興初，立雲南郡。魏黄初中，立新城郡。太和初，立上庸郡。並非鄭君所及知，安得疑如孔北海之及見虞氏《易》也？

甲子五月，王式通識。

曹廣楨題詩

嬴秦縱烈焰，魯壁巋然在。遺經睹古文，琳琅重金薤。狂哭天所憑，斯文有顯晦。流極至今日，蔑古恣群吠。籍惡其害己，棄置同秕稗。燉煌發秘藏，欻焉歸海外。皕宋十萬卷，賈胡競捆載。淳薄雖異時，一髮將安繫。矯矯獨劉侯，抱殘志興滯。大雅卓不群，河間仰宗派。蜀《廣政石經》，孤本傳都内。《周禮》與《左》《穀》，卷帙多稱最。璧合良足珍，搜求歷年歲。額耑耀天題，奎章增壯麗。即兹好古情，藉卜貞元會。廣開獻書路，從容修六藝。

健之老兄大人以收藏《蜀石經》徵題，愧不能詩，無以報命，勉呈俚句，貽笑大方，惟希教正是幸。甲子四月蔚叟弟曹廣楨貢藁。

高振霄題詩

鴻都片石不易得，魏《三體》書徒劇賊。《開成》右文繼《熹平》，張唐附刊留矜式。流傳剥落漸失真，俗儒剜改逞私臆。孟蜀蕞爾長蠶藂，稽古好事越魏佛。羅列傳注燦若星，夾日月行輔精刻。田況校補亦敏勤，駱靳《公》《穀》類十翼。爾來歷千數百年，兵燹水火騰殘蝕。劉侯生當百王後，眼看滄桑守其黑。漆書壁經皆元氣，搜輯精拓不遺力。桓榮丁鴻亦忍死，欲待圜橋觀皇極。平陂剥復理則有，聖經賢傳存呼吸。四萬餘字皆舊藏，收入篋笥好拂拭。夜半騰作龍虎氣，光芒燭燭變異色。他年更獲林罕編，篆韻直當朋趙克。

甲子夏五月，鄞縣高振霄。

黃教鎔觀款

咸豐壬子十二月，漢陽黃教鎔觀。

徐景軾觀款

壬子□□月廿六日，歙縣徐景軾觀於京師旅舍。

繆荃孫題詩

少日從容注禮書（鄭君從扶風受經，已撰《三禮注》），暮年寫定在精廬。集思廣益人難及，采到烏程草木疏（《禮注》引元恪疏，他本所無）。

襄二《春秋》一卷全，全編起訖想當年。不知毋氏家財造，文選開雕孰後先。

補石田侯善校訛，蜀唐諱字漸消磨。廿篇北宋《公羊傳》，我比河間見較多。

殘拓猶存十九行，《穀梁》字體更飛揚。紙邊廿四分明認，石數由來記最詳（經後有『廿四』二字，他本未見，跋亦未及之。大約各紙均有，翦裝時割去耳）。

江陰繆荃孫。

吴昌綬題詩

蜀石真開槧本先，毋邱經注始同鐫。《周官》、三傳珍鱗羽，虹月江南貫一船。

訛舛長興改訂難，家錢特仿太和刊。硬黃卷軸今頻見，仿佛民間寫本殘。

藕香舊史校讎勤，餞句深杯話墜文。萬六千通遺匧在，摩挲孤拓獨輸君。

夙習輖饑老輩談，百年翠墨闕周南。小山堂本猶餘半，待共漁莊校語參。

健之先生屬題。仁和吴昌綬。

楊守敬題跋

昔朱子注《論語》，於『三嗅而作』下引晁氏曰：『石經嗅作戛。』說者謂是《蜀石經》，以《唐石經》不作『戛』也。按《郡齋讀書志》：『石經《周禮》十二卷，僞蜀孫朋古書。以監本是正其注，或羡、或脫、或不同至千數。』是則晁氏當日必於諸經一一校出，別有札記，故朱子得引之，惜乎其札記不傳也。

竊謂漢魏石經久佚，巍然獨存者惟《唐石經》，而當時學者已有異議。故兩宋所刻經書，不盡以爲準則，且有經無注，後來北宋之《二體》、南宋之《御書》亦皆然。惟《蜀石經》經注並刻，宏工鉅製，可謂絶後空前。惜自明以來，著録家多不道及。乾嘉間，有《毛詩》殘本，爲錢塘黄氏所得；《左傳》殘本，爲吴縣程芳林所得；《周禮》殘本，爲仁和趙晋所得。兵燹後，皆不可蹤迹。今劉君健之乃有《周禮》《左傳》《公羊》《穀梁》各本，都四萬六千餘字，吾知其中必有驚心動魄、一字千金者。惜余老耄，不能詳校，爲有遺恨也。

壬子仲冬楊守敬，時年七十有四。

冒廣生題詩

昔聞胡元質，築堂名石經。後來張叔憲，亦以褒蜀稱。劉侯名家子，載籍羅菁英。凡物聚所好，久久專連城。天章親品題，稽古儒生榮。遂令魏劉芳，不敢争令名。五季昔喪敝，天地方晦盲。江南除二徐，能以許學鳴。獨有毋昭裔，治蜀同孔明。宰相須讀書，此論真公平。家財斥百萬，故事熹平賡。刊經不刊注，頗笑唐《開成》。流傳到今日，片紙如日星。楊（幼雲）陳（頌南）所獲多，外此皆畸零。青陽（吴子肅、子迪）與暨陽（繆小山），考訂誇精能。而君若大海，萬派咸兼并。一齋事非細，神物所依憑。陋彼米家船，夜半虹光騰。我思什邡令，載石黔州程。又思合州館，殘刻灰塵扃。趙（晋齋）黄（松石）枕中秘，流轉嗟飄萍。僅使陳雪峰，板本留書棚。斯文儻不喪，寶氣終當呈。何時神劍合，盡納君家楹。

《蜀石經齋詩》，應健之七兄校正。如皋弟冒廣生。

張廷濟舊藏清乾嘉拓《劉鋹造鐵塔記》

説明

南漢《劉鋹造鐵塔記》，行書。南漢大寶十年（967）立。國家圖書館藏本爲清乾嘉時期（1736—1820）拓本，與

《崇福侯廟碑》合裝爲一册，裱本，册高34厘米，寬16.5厘米；《崇福侯廟碑》墨本18.5開，半開4行，行8字，墨心高26厘米，寬11.5厘米，額題『崇福侯廟碑』。《鐵塔記》墨本2開，半開3行，行7字，墨心高26厘米，寬11.5厘米。有張廷濟題跋。采訪號爲83702，1963年4月24日登記入藏。

張廷濟題跋

右《南漢鐵塔》，在廣東光孝寺之東院，首行十一字，『丁』下是『卯』字；二行十字，『造』下字不可辨，或空一字；三行十一字，『相』下不可辨，或是『輪』字；四行十一字，『龍』下不可辨，或是『躬』字；五行十一字，『咸』下『志』作『底』，現存半字，似是『使』字；六行十一字，『泰』下有『然』半字，此剪缺；七行十二字，『四』下是『月』字，上半字隱隱可辨，此剪缺；八行九字全。其北面東隅西隅、南面西隅、南面東隅、東面南隅，各有題名。其西面兩隅、東面北隅皆無刻文。昔年番禺温遂之寄余精拓舊本，處處拓全，與潛研堂所載據李南澗拓致本悉同。其新拓者已漫漶遠甚矣。此同邑沈半桐丈所藏，亦是舊本，雖摹拓不全，亦最難得。蓋鐵塔露處最易銹蝕，再閲百年，更不可辨矣。西院塔有文款共十九紙，此俱缺，地遠難致，得不全本已可寶也。

道光二年壬午正月六日，叔未書於清儀閣付稿。鈐『張叔未』白文方印、『孤雲』白文方印

繆荃孫舊藏明拓《大相國寺碑》

説明

北宋咸平四年（1001）刻。宋白撰，吴郢正書，王欽臣、王餘慶鎸。明王世貞《弇州四部稿》著録『碑在大梁』，且『完好若新』，字類柳公權。

國家圖書館藏本爲明拓割裱本，1册，45開，高29.5厘米，

寬15.3厘米。繆荃孫、沈稚友遞藏，趙之源題籤，有沈稚友跋。鈐「崇蘭館」「會稽章氏宛委山館鑒藏金石書畫之印」「裴廬居士」「阮元過眼」「江陰繆荃孫鑒藏書籍金石印」「雲自在龕」等印章。

趙之源題簽

宋《大相國寺碑》。光緒壬辰秋九月，泉塘趙之源署。

沈稚友題跋

吴郢習柳誠懸書，登堂入室，直可並駕。此碑刻於北宋，歷金、元、明皆完整，至崇禎而毁損。後此再建，便非復故我矣。此拓精美完好，如新出於鉶，絶非明後期拓本。拓自明初，抑拓自金、元？尚待細考。若以此拓擬於柳書，則可作唐拓《玄秘塔》觀矣。唐拓《玄秘塔》安可得也？

一九五九國慶日，稚友校後漫記。

黄易舊藏請乾隆拓《莊子詔》

説明

《頒行莊子詔》是北宋景德三年（1006）校勘雕版刷印《莊子》及郭象注的詔書，原碑立於江蘇嘉定（今上海市嘉定區），宋景德三年八月立，碑文正書，額隸書。額題「宋頒行莊子詔」。顧炎武《求古録》、錢大昕《潛研堂金石文跋尾》、吴式芬《攈古録》皆有著録。

國家圖書館藏本爲裱本，1册，共計3.5開，高25.5厘米，寬15.5厘米；含額0.5開，碑文2.5開，題跋0.5開；半開4行，行8字，墨心高20厘米，寬12.5厘米。爲翁方綱所贈，有黄小松題跋。采訪號爲94954，1963年8月16日登記入藏。

黄易題跋

宋碑中以篆隸筆作楷者甚少，阁學翁公自江南歸，以此本見贈，晴窗展閲，所得良多。昨得宋碑數種，較此不啻淵漢

也。因慢記之。小松。鈐『黄易之印』朱白文合璧方印

尉登策舊藏明拓《孔廟碑》

說明

《孔廟碑》，北宋天聖八年（1030）六月二十八日刻，碑在山西省絳縣。李垂撰，跌跌望集晋王羲之行書並刻。碑文22行，行58—61字，首題『大宋絳州重修夫子廟記』。關於此碑刻立年代，《宋史·李垂傳》載垂爲咸平間中進士，遷著作郎館閣校理，後罷知亳州，遷潁、晋、絳三州，明道中還朝，故此碑當立於明道前。而明道前二年之天聖八年六月適爲癸未朔，此碑當立於天聖八年無疑。又《攈古録》及《金石萃編》等目均據《遼史朔閏考》補爲天聖十年，實將《遼史朔閏考》之『遼太平十年』誤作『天聖十年』。

國家圖書館藏本爲明拓本，割裱本，1册，15.5開，高24.9厘米，寬14.4厘米。尉登策、陸徵祥舊藏，成仲思題簽，有尉氏題跋。鈐『成氏仲思』『尉登策印』『文父』等章。

成仲思簽題

《宋絳州夫子廟碑》《牡丹詩》《宋棲霞寺碑》

尉登策題跋

《宋絳州夫子廟碑》，尚書祠部郎中李垂撰，集王右軍書。廣平寺丞僕射階文安公《牡丹詩》，無書家姓名，後有劉孟堅序。籤題有『宋棲霞寺碑』，帖後本無此幅，亦不知其所謂。偶檢及此，書以誌疑，並示後之嗜古者。

時□□癸亥七月朔，耕餘主人記。

又

牡丹詩在卷首，次即絳州夫子廟碑，卷末蘇書即栖霞寺碑。

佚名題跋

是册乙丑年歸慎獨主人。細閲册首，有唐元宗御書《金仙

長公主碑銘》，并無《絳州夫子廟碑》，想爲裝池人所誤。附志於此，以諗來者。

沈樹鏞舊藏《嘉祐石經·周禮》

説明

《嘉祐石經》始刻於北宋慶曆元年（1041），完成於嘉祐六年（1061），故稱；經文一行篆書，一行楷書，以其用兩種書體寫刻，故稱《二體石經》，以别於漢熹平的《一字石經》和魏正始的《三體石經》；因置於開封太學内，故又名《開封石經》《汴學石經》或《國子監石經》。共刊刻《周易》《毛詩》《尚書》《周禮》《禮記》《春秋》《孝經》《論語》《孟子》九部儒家經典。因開封地屬宋金邊境地帶，原石至南宋时已经残破不堪。朱彝尊以爲經石沉於黄河淤泥之中，杭大宗確定原石亡於元末，皆無確據，今僅有殘石存世。

《嘉祐石經》的拓本流傳罕見，國家圖書館藏本爲《嘉祐石經》之《周禮》殘石拓本，存《天官冢宰》至《春官宗伯·大司樂》，中間有殘缺。裱本，一册，凡33開，其中墨本29.5開，題跋3.5開。册高33.7厘米，寬20.5厘米，墨心高27厘米，寬16.3厘米。沈樹鏞舊藏，有陳運彰題簽、題跋，鈐「河間龐氏芝閣鑒藏」朱文長方印，「鄭齋」白文長方印，「陳蒙盦讀碑記」朱文方印，「思恭堂印」朱文方印，「陳彰校讀」白文方印，「潮陽陳運彰蒙父收藏經籍金石書畫印」朱文方印，「蒙安審定」朱文方印等章。采訪號爲220004，1965年6月23日登記入藏。

陳運彰題書板外簽

北宋《汴學石經·周禮》。陳運彰審定舊拓本。鈐「蒙安」白文長方印

陳運彰題内簽

北宋汴學二體《周禮》石經。《天官冢宰》至《春官宗

伯・大司樂》。癸未秋陳運彰題記。鈐『陳運彰校釋金石文字記』朱文方印

陳運彰册首題跋

廬江劉氏《孟蜀石經》，貴池劉氏《嘉祐石經》，並海内有名劇迹，今皆歸合肥李氏。嘉祐石尚得此及《孝經》墨本，蜀石則竟無片紙也。

鈐『陳』朱文方印、『蒙』白文方印

陳運彰册尾題跋

右《北宋汴學二體石經・周禮》，《天官冢宰》第一至《春官宗伯・大司樂》殘字，凡二十有九葉。經翦裁，其原石之數不可得而知，依經文斷缺處計之，猶可推也。據《癸辛雜志》別集載，羅壽可丙申再遊汴梁，書所見梗概，云『九經』石板堆積如山，一行篆字，一行真字。是南宋其石尚存，而《易》《書》《詩》《春秋》《周禮》《禮記》之外，益以《論語》《孝經》《孟子》，始合『九經』之數。宋人著録，不言《孟子》，李師聖記『《孟子》猶闕』之説，知當時固已刻石矣。運彰。鈐『運彰』白文長方印

又

元李師聖《汴學修復石經記》云：『汴梁舊有『六經』、《論語》《孝經》石本，陵谷變遷，殘缺漫剥者，蓋不啻十之五六。今參政公也先帖木兒以完復爲己任，不數月復還舊觀。奈何《孟子》七篇猶闕遺焉。亟增置，而期會拘迫，有司請爲後圖。公默然，蓋有待於後舉也。』詳李氏所言，特標《論語》《孝經》，當指其最爲殘缺而言。而《孟子》在也，先修復時猶未及補刻也。

運彰。首鈐『癸未』朱文長方印，尾鈐『彰』白文方印

又

汴經《毛詩》《周禮》《禮記》字迹略同，而《周禮》最勝。《春秋》則真書較小，《孟子》字尤劣，皆出於補刻也。

鈐『蒙庵』白文長方印

又

山陽丁氏頤志齋所藏《二體石經》，凡四百餘紙，去其緟

複，得三百九十一紙，一時名勝，題咏殆遍，號爲海内孤本，後歸貴池劉氏，有《孟子》而無《論語》《孝經》。余曾得《孝經》殘石拓本，足傲劉氏矣。

運彰。鈐『潮陽陳二』朱文方印

又

十數年前，道州何氏散出墨本甚夥，皆蝯翁故物。余收得《周禮》一册，拓墨較此爲勝。此本殘泐字，彼多有存者。惜僅從『司尊彝』之文起，『肆師』以上盡闕焉。

唐隸宋篆之室書。鈐『正行』朱白文合璧印、『蒙父』朱文方印

又

上虞羅氏所影印叢書中，記有《汴學石經》一種。曩曾見之，已不記是何經。其書亦至艱致，附記俟考。

鈐『陳二』朱文肖形印

又

《雪堂校勘群書叙録·北宋嘉祐石經周禮禮記殘本跋》，所印新舊三本，爲《周禮》《檀弓》《中庸》《孝經》，且知《孝經》一石在開封圖書館，他石已不知所在矣。

甲申十月十四日丙申，運彰書。鈐『運彰』朱文扁方印

陳運彰邊跋

第三開：

自『宮伯』以下至『漿人』止，石闕。鈐『陳彰之印』白文方印

第六開：

『掌舍史四人』以下至『内豎』，石闕。鈐『潮陽陳運彰』白文方印

第八開：

『縫人女御八人』以下至『太宰之職以八統詔王馭萬民五曰保庸』，石闕。鈐『陳運彰印』白文方印

第十開：

自『七日關市之賦』至『凡邦之小治』，石闕。鈐『陳彰印信』朱文方印

第十三開：

以『叙作其事』至『六日廉辨』止，石闕。鈐『運彰』白文長方印

第十五開：

『正歲帥治官之屬』下闕。鈐『陳運彰』朱白文合璧方印

以下是《春官大宗伯》之文，『治相王之大禮』上闕。鈐『運彰私印』白文方印

第十七開：

『辨吉凶之五服』至『肆師大祭祀展犧牲』，石闕。鈐『陳運彰』白文方印

第十八開：

此肆師之文。鈐『陳運彰』朱文方印

第二十開：

『類造上帝石』下闕。鈐『陳運彰』白文方印

此『司尊彝之文』凡四，『時之閒祀追享朝享』上闕。鈐『陳彰』朱文連珠方印

第二十二開：

『加莞席紛純右彫几』，石闕。鈐『運彰』朱文連珠印

第二十三開：

此天府之文，『大祭祀大旅凡賓客之事』以上闕。鈐『陳運彰』白方印

第二十五開：

『凡諸侯之適子誓於天子』下闕。鈐『陳運彰印』白文方印

此司服之文，『徵役于司隸而役之』上闕。鈐『陳彰私印』白文方印

第二十七開：

『凡王后有拜事於婦人則詔相』，下闕。鈐『陳運彰』白文方印

第二十八開：

此家人之文，『凡公有司之所共』上闕。鈐『陳運彰』白文方印

丁晏舊藏明拓《嘉祐石經》

説明

《嘉祐石經》的拓本流傳罕見，國家圖書館藏本爲明初拓本，四册，册高26.5厘米，寬19厘米。存《周易》《尚書》《毛詩》《禮記》《周禮》《春秋》《孟子》七經，丁晏、劉世珩、李經邁等遞藏，有丁晏、何紹基、吴昌碩、吴重熹等四十餘人題簽、題跋。采訪號爲225002，1966年4月26日登記入藏。

第一册

程頌萬題簽

《北宋汴學二體石經》一。《周易》《尚書》《毛詩》。

聚卿先生藏。頌萬敬題。鈐『臣頌萬』左白右朱印

褚德彝題簽

《北宋汴學二體石經》一。《周易》《尚書》《毛詩》。

公魯嗣守。褚德彝題。

丁晏題簽

《北宋汴學二體石經》。一《周易》《尚書》《毛詩》。

鈐『山陽丁晏圖書』白文方印

吴昌碩題端並題記

《北宋拓汴二體石經》四大册。宣統庚戌中秋，薄游京師，集蕙石參議天禄西堂，得觀是册，并唐韓晋公手製大小忽雷，皆世間瓌寶，足爲鎮庫之豪也。爲篆宋石經室齋牓，並書簡端，以誌眼福。安吉吴俊卿。鈐『吴俊之印』白文印、『吴昌石』朱文印

吴重熹題端

《北宋汴學二體石經》第一册。《周易》《尚書》《毛詩》。山陽丁氏頤志齋舊藏。光緒壬申冬，歸蕙石五兄參議。

吴重熹題耑。

姜筠題畫詩

聖道今堪一涕零，君承家學校遺經。笑他氣電燈中客，誰識吹藜火尚青。

宣統元年正月，蒽石五兄仁大人屬寫校經圖成，奉題小詩，藉博一粲。大雄山民弟姜筠。鈐『姜筠印』白文印、『潁生甫』朱文印

何維樸録何紹基詩

寄題丁儉卿新獲嘉祐二體石經册

丁儉卿舍人兄新得宋嘉祐二體石經三百七十餘紙，爲《易》《書》《詩》《春秋》《禮記》《周禮》《孟子》七經。《玉海》等書述《汴石經》，不言有《孟子》。表章亞聖，自此刻始，是足補史志之闕。吴山夫嘗見四册於吴門薄自崑家，乃《尚書》《周禮》《禮記》《孟子》。山夫自得五碑，止有《易》《書》《周禮》。顧亭林、朱竹垞皆謂汴經久佚，拓本之富，未有如今日所得者。既黏綴爲四大册，有重出者卅餘片，另爲一册，寄京師付賢郎頤伯兄弟。頤伯來飲余齋，持册丐題。余因憶祥符、陳留兩處《二體石經》，余皆曾尋獲摩賞，行路悤悤，未及詳討，不知汴中湮匿者，尚有幾碑。亭林、竹垞謂其全佚者，非也。太宗表章《説文》，仁宗特刻《二體石經》，右文稽古，前代所無。而有宋一朝，篆學荒蕪特甚，深可慨嘆。酒後縱筆成詩，奉柬儉老，俟南游時，詣六莪堂，當獲飽觀快討也。

昔年南北隨計吏，訪古尋碑劇閒恣。祥符陳留兩縣學，諦觀《二體石經》字。當時單車急馳走，氊蠟無緣自携致。數紙雖從帖賈收，未由手拓窮精緻。三十年來成老瘻，百事荒凉從棄置。今宵忽枉故人子，翠墨持示而翁寄。三百七十有餘幅，得自淮安破書肆。《易》《書》《詩》《禮》《春秋》經，附庸《孟子》七經萃。溯惟宣聖定六經，古文特秉周公制。中興籀史屏不録，魯國儒書賴弗墜。臣斯敢以秦革周，倉雅茫芒委荒翳。慘到焚書萬古無，三代斯文真墜地。桃源俎豆無處問，孔壁金絲定餘幾。何怪中郎校石經，止寫八分不求備。先時汥長正六書，博采通人理群類。上通古籀成大宗，李相秦文

多割棄（秦刻石多與許書不合，知叔重自云『合以古籀』，即刊落秦文也）。黄初《三體》果嗜奇，本邯鄲淳及衛覬。惜哉入石止兩經，臆造科文相褋厠（《三體石經》止有《尚書》《春秋》，其古文特依科斗形造出）。五胡擾擾紛謬體，有唐巍巍握神器。昭陵繭紙寶俗書，開成石壁斠同異。雖然事有本末歧，要知俱遠篆分意。後蜀刊石兼傳注，翔實一更前代例。莫歎閏位孟知祥，賢哉僕射毋昭裔。右文崛起宋雍熙，應時果有徐常侍。遠從祭酒續遺緒，特斥陽冰出新義。傳及仁廟崇正學，首重篆文真楷配。七經朗朗列膠庠，二體森森標職志。無如講義忽鬱興，坐使奇文墮幽閟。歐蘇文筆騁雄駿，周程學術真淵粹。不聞論據到石經，神物嗟從何處避。許氏遺書幸已傳，徐家繫傳孤行世。茲經寥闃少人窺，豈待渡江落胡騎。打本都如鳳羽稀，貞珉那免牛角礪。先生微尚在高密，焠掌鏤心罙六蓺。精誠所感經有神，祕奥來逢天所賜。零瓊碎璧不肯舍，緘付賢郎勤誨示。賢郎㥯㥯敬父執，手編來破蝯翁醉。蝯翁經畬久不鋤，粗識蝸扁迷次弟。舊學温尋四十年，靈光想象三千歲（『四目靈光』見倉頡碑）。其箕云雲與於烏（即此册中篆書，『其』作『箕』，『云』作『雲』，『於』作『烏』，古气可掬），觸手摩挲古芬膩。頗望時髦略識字，休競詞華忘典記。幾時去泊淮浦舟，與君細翦寒燈穗。金石重探錢阮遺，觚彝遠索商周邃。江上烽烟當漸息，中天日月還重麗。古篆不毀聖不死，禮樂可興經可繼。莫驚此語迂且夸，請讀山陽丁氏新裝巨册四。

此先大父蝯叟公於咸豐丁巳秋間，在京師寄題山陽丁儉卿先生所藏《北宋汴二體石經》詩。壬寅十月，拓本歸貴池劉氏傳經精舍。惜丁氏後人析産，拓本與題詩分析爲二，是詩不在四大册之内。蓋其時别書横卷，未裝入册，今更不可蹤迹矣。蕙石世丈參議重爲裝池，從儉翁撰《石經考》中見先大父詩，由京録稿函寄，屬爲補録。惟家集所載，與丁考小有異同，當由先大父編集所改定也。茲題序謹依詩集刻本全録，詩中注中有數字，亦依集改正，並識緣起於後。時在宣統二年庚戌十月，道州何維樸記於上海。鈐『維樸之印』白文印、『詩孫』

朱文印

葉左下鈐『雙忽雷閣』朱文印

褚德彝録丁晏《石經記》

北宋汴學二體石經記

南宋《高宗御書石經》，今在杭州府學，殘石尚存，列於門廡。至北宋石經，石經之失久矣。顧亭林《石經考》列《開封石經》之目，實未之見。萬季野《石經考》云：『宋石經集當時善篆隸者分書，出諸名人之手，乃後人皆不獲見，而金人亦鮮有語及者，豈此刻遭汴京之覆，竟毁𣪘無餘耶？』是萬氏亦未之見也。《經義考》已云佚，竹垞謂沈於黄河淤泥之下。杭大宗《石經考異》云：『石板之亡，當在元末。』吾鄉吴山夫先生《金石存》有《宋二體石經》拓本，祇《周易》《尚書》《周禮》共五碑。李芝齡先生案語云：『碑在今陳留縣，僅存《周禮》卷一及第五中數石，餘經悉亡。』蓋石刻之亡佚有年矣。咸豐丁巳夏五月，余偶過書肆，見墨拓石刻石經殘破一束，篆書一行，正書一行。此即《玉海·藝文》所云『仁宗命國子監取《易》《詩》《周禮》《禮記》《春秋》《孝經》，爲篆隸二體石經，刻石兩楹』，周密《癸辛雜識》所云『汴梁太學九經石板，一行篆書，一行真書』是也。亟購歸，黏綴爲四大册。楮墨極舊，乃元以前人拓本，汴石刻之廑有存者。洵人間之奇秘，重可可寶也（编注：疑衍一『可』字）。暇日因取諸經覈對，小有異同，足資考證。《周易·困》《井》《革》《鼎》《巽》《未濟》諸卦，《歸妹》存上六一爻，《繫辭傳》『致寇至，盗之招也』一段，大衍一節不全，《易》共二十八紙。『升偕』今作『階』，《革》象『治麻』作『歷』，與《唐石經》同。『和兑』作『咊』。《未濟》『辯物居方』，《唐石經》書『辨』多作『辯』。《尚書·堯典》冠以小序，以後皆載書序。『《堯典》曰』至『欽若昊天』止。『《舜典》曰』至『遏密八音』止。《泰誓》《牧誓》、周書《武成》《太甲》《洪範》不全，書序《沃丁》《咸乂》《伊陟》《原命》，《書》共四十二紙。石經『協咊萬邦』，今作『和』。『五典克从』『言曰从』『月之从星』，今並作『從』。『五曰恖』『恖曰睿』，今並作『思』。又『以』皆作『㠯』，『于』皆作『亐』，『明』皆作『朙』，『罪』皆作『辠』，古字猶有存者。『柴望大告武成』，今作『柴』。『公劉克篤歬烈』，今作『前』。石經『柴』『歬』並依《説文》。《洪範》『我聞在昔』（編注：『昔』字似有誤），今作『昔』。『鯀陻洪水』，今作『陻』。『明作晣』，今作『哲』。案：唐《開成石經》及劉三吾《書傳會通》皆作『哲』。《會選》云：『哲，之列反，字與晣同，當從日，從口非。』《説文》日部：『哲，昭晣明也。從日，折聲。』《牧誓》『王右杖黄戉』，今作『鉞』。《釋文》：『鉞，本又作戉。』《説文》：『戉，大斧也。』古只作『戉』。又『烏呼群后』作『嗚呼羣後』，《伊訓》『烏呼』同，《漢書》『烏虖』，皆不從口，古文也。《毛詩·斯干》《無羊》載小序文，備載笙詩《由儀》等序。《鴻雁之什》十篇三十二章，三百三十三句，此依《毛詩·鴻雁之什》，《詩集傳》依孔疏説，分爲《祈父之什》不同。《谷风》《蓼莪》《北山》《無將大車》《小明》《有頍者弁》《時邁》《執競》，《詩》共二十紙。石經『載寑之牀』『載寑之地』『九十其犉』『爾羊來思』『爾牧來恖』『或歙亐沱』『實維豐季』，《小明》『昝我往矣』『載離寒暑』、《執競》『無競維烈』『奄有四方』，皆古字也。《春秋》昭十三年、十四年、十七年、十九年、二十年、二十二年、二十三年，經文殘缺，《春秋》共二十四紙。凡『年』字皆作『季』，宋華定、華亥皆作『蕐』。其正書皆小字一行，比篆書特小，與他經不同，蓋當時書者不出一人之手。《宋史·藝文志》楊南仲石經七十五卷，亦非南仲一人之書。《趙克繼傳》：『克繼善篆隸，仁宗時詔書石經。』《謝飶傳》：『國子監立石經，飶善隸，召爲直講。』《宣和書譜》：『章友直，閩人，工玉箸篆。嘉祐中與楊南仲篆石刻，時人稱之。』朱翌《猗覺寮雜記》：『本朝石經，胡恢書。』恢，金陵人，善篆隸。葉適謂時禁《春秋》學，石經甫刻即廢，瑞安沈彬老竊賂守者，自摹藏之。是《春秋》之學廢於安石，賴石經㠯傳之也。《禮記》《曲禮》《檀弓》《王制》《月令》《曾子問》《内則》《玉藻》《樂記》《雜記》《經解》《坊記》《中庸》《表記》《問傳》《三年問》《鄉飲酒義》，《禮記》共二百十二紙。《曲禮》「耋考曰卒」，《檀弓》「服勤至死」「致喪三年」「季武子成寢」「自子思始也」「古不脩墓」「鄰有喪」「般人棺槨」「食肉飲酒」「以爲蘿桂之謂也」「主人深衣練冠待于廟，坐涕洟」「嫂叔之無服也」「魯禮之末失也」「哭者呼滅」「有無惡乎齊」「斂首足」「醯醢百甕」「歠食衎衎」「欲人之弗得見也」「反壞樹之哉」「柏槨以端」。「汰哉叔氏」（編注：此處「汰」字疑誤），今作「汰」，非。《唐石經》、衛氏《集説》並作「汏」。《王制》「公侯田方百里」，凡「侯」皆作「矦」。「上士倍中士，下大夫倍上士」「任事然後爵之」「爵人於朝」「公家不畜刑人」「山川神祇有不舉者爲不敬」。《月令》「毋漉陂池」，今作「池」。「天子乃鮮羔開冰」「季春之月，日在胃」「天子乃齊」。「命大尉贊桀俊」，今作「太」，非。衛《集説》作「大尉」。「立秋之日，詰誅暴慢」「農乃登穀」「謹壅塞以備水潦」「補城郭」「蟄蟲坏户，殺氣浸盛」「以便民事」「棄戎路」「其器廉以深」「行糜粥飲食」。《曾子問》「是逆古之禮而亂君讓也」「賤不誄貴」。《内則》「吉者宿齊，朝服寢門外」「佗人無事不往」「由命士以下皆漱澣」「宰告閭史，閭史書爲二」。又「某生而藏之」「其一藏諸閭府」「州伯命藏諸州府」，今皆作「藏」。《玉藻》「乃屨進歠」「宿齊戒」「書思對命」。《樂記》「其哀心感者」「刑以防其姦」「壹倡而三歎」「而反人道之正也」「知者詐愚」「五刑不用」「禮樂刑政」「馬散之華山之陽而弗復乘」「車甲衅而不用府庫」「食三老五更於大學」。《雜記》「至於廟門，不毁牆」「冕服青弁」「其布曰總」。《中庸》「爵禄可辭也」「得一善則拳拳服膺」。《表記》「人雖曰不要」「邇臣守和」「鶉之姜姜，鵲之賁賁」。《問傳》「男子除乎首」。《三年問》「咊壹之理盡矣」「子生三季」。《深衣》「古者深衣』『㛐縫半下』。《大學》『無佗技』。《鄉歙酒義》『升歌三終』。皆兼古體字。凡『𢼸』字、『殷』字，皆缺末筆，避北宋先世諱也。《周禮》卷第一《天官冢宰第一》，序、内宰、小宰、女祝、女史、夏采。《周禮》卷第二《地官司徒第二》，序官。《周禮》卷第三，大宗伯、小宗伯、大司樂、司几筵、守祧、巾車、典路、司右、司隸。《周禮》共二十八紙。『幎人』今作『幂』。小宗伯『告絜』，今作『潔』，當從『絜』爲正。《孟子·梁惠王章句》已下，又『於此有人』至『而輕爲仁義者哉』，又『有伊尹之志則可』一節，又『《詩曰》不素餐兮』至『孰大於是』，『王子墊問』一章，『仲子不義』一章，《孟子》共三十七紙。石刻『予及女皆亡』『民欲與之偕亡』『願比死者壹灑之』，今本『皆』作『偕』，『壹』作『一』，小異。《注疏校勘記》孔本、韓本並作『皆亡』，《考文》古本、孔、韓本並作『壹灑之』，與石經合。通共諸經計三百九十一張，每張八行，每行十字，約存三萬三百字零。《宋史》及《玉海》載仁宗石經，無《孟子》，而此本殘石有之，足補史籍之闕。唐開成石經及《經典釋文》俱無《孟子》，汴學以《孟子》列於經，是表章《孟子》，自北宋石經始也。山陽丁晏記。

蕙石先生得丁氏所藏《汴學石經》拓本，曰儉卿先生原箸《石經記》手迹已佚，屬重録坿後。宣統三年正月，餘杭褚德彝識。鈐『里堂』朱文印

褚德彝題記

宣统辛亥，余客京師，蕙石屬書此記。距今已廿八年矣。歲月如流，海桑换劫，能無慨歎。今是册歸望雲草堂，與劉健之本同庋一室，可稱汴經雙璧矣。丙子秋八月，褚德彝記。鈐『松窗』白文印

丁晏題跋

宋仁宗嘉祐篆隸二體汴京太學石經

鈐『丁晏』白文印

《玉海·藝文類》：仁宗命國子監取《易》《詩》《書》《周禮》《禮記》《春秋》《孝經》爲篆隸二體，刻石兩楹。

至和二年三月五日，判國子監王洙言：『國子監刊立石經，至今一十五年，止《孝經》畢，《尚書》《論語》見書鎸未就，乞促近限畢工，餘經罷權（編注：據《玉海》當作「權罷」）』從之。嘉祐元年五月十五日，王洙薦大理丞楊南仲石經有勞，賜出身。六年二月一日，國子監言：草澤章友直篆石經畢，詔補試將作監主簿。友直不願仕，賜以銀絹。五月，以同篆石經殿中丞張次立與堂除。

李燾《通鑒長編》：『嘉祐六年三月，以篆國子監石經成，賜草澤章友直銀百兩，絹百疋，除試將作監主簿，辭不就，故有是賜。友直，建安人，得象之叔。』

周密《癸辛雜識》：『羅壽可游汴梁，見太學九經石板堆積如山，一行篆字，一行真字。』

《經義考》引江休復曰：『宋子京判國子監，進《禮記》石經本。』又引朱翌曰：『本朝石經，胡恢所書。顧起元（編注：據《經義考》此處奪「曰」字）：胡恢，金陵人，博物强記，善篆隸，臧否人物，潦倒貧困。韓魏公令篆太學石經，因得復官，任華州推官，卒。』

《宋史·藝文志》有楊南仲石經七十五卷，又《三體孝經》一卷。

朱竹垞曰：『宋太學石經在開封，陳永之猶及見之，惜未有好事者摹拓，今則沈於黄河淤泥之下矣。』

晏按：南宋《高宗御書石經》，今杭州府學尚存殘石，摹拓亦希。至北宋《汴學二體石經》久亡，故《經義考》云佚，竹垞謂沈於黄河之下。顧亭林撰《石經考》，止列《開封石經》之目，實未之見也。《玉海》載至和元年八月十六日，命皇姪右屯衛大將軍克繼書《國子監石經》，以上所寫石經《論語》求書石國子監。帝欲旌勸宗室，特從其請。二年九月工畢，上之，賜銀幣。仁宗石經創始于至和之初，逮嘉祐末乃成，歷十有餘年，當時韓魏公、宋景文、王洙寔贊成之，書篆則楊南仲、胡恢、章友直、張次立等。北宋石刻今已無存，咸豐丁巳五月初九日，晏偶過南門書肆，見碑帖殘破，有石經三百餘張，篆書一行，正書一行。以《石經考》證之，知爲

《汴梁石經》。紙墨極舊，乃宋元人拓本之僅存者，亟購以歸，并悉向係吾鄉屠明經文林所藏。明經工書法，多蓄古碑帖，此汴學拓本尤爲秘寶。以亭林、竹垞所未見，而晏幸有之，歡喜無量，如得一珍珠船也。山陽丁晏記。鈐『丁晏』白文印

《玉海》《經義考》皆不言有《孟子》，而此墨拓有之，足以補史志之闕。晏又記。鈐『半畮園主人』朱文印、『丁晏』『柘翁』白文印

吴士鑑題跋

《玉海》言嘉祐《二體石經》凡七經，曰《易》《詩》《書》《周禮》《禮記》《春秋》《孝經》。其時篆石經者爲楊南仲、張友直、張次立、胡恢。諸經書出衆手，皆不具名。至和元年，又命皇姪克繼書石經《論語》，合之嘉祐七經，共八經矣。惟弁陽老人謂羅壽可游汴梁，見太學九經石板堆積如山，一行篆字，一行真字，而不言九經之名。元時也先帖木兒置於汴梁學宫，有李師聖《修復汴梁學石經記》文，知所稱九經者，較《玉海》多一《孟子》，但何時所書，則不可考。頃見蕙石吾兄所得山陽丁柘翁舊藏，其題跋言有《孟子》墨拓，則李師聖之言爲可信矣。惜不獲起柘翁而一質之也（庚子以前，見徐澂園尚書師藏有《二體·周禮》石經自春官大宗伯以下一卷，爲本經第六卷。予曾題識之，不知尚在人間否。坿記於此）。

宣統辛亥四月，錢塘吴士鑑記。鈐『九鍾精舍』朱文印、『錢塘吴士鑑印』白文印

張寶德題跋

右北宋石經，篆法精眇，如斯、冰之復生，且合鄦氏六書之旨。近人篆書十三經，曾有刊板行世，而其書法之不逮此者遠矣。是本佳紙名墨，拓手工緻，望之有烟雲之痕，若浮於其上。嘗見姚惜抱先生所遺宋拓《淳化閣帖》，較之當在一時手橅也。考石經自漢熹平始，唐宋繼之，惟此篆體最合于古，并還漢經今文之舊觀，當時習經者必詣太學手拓之，然未易家置一編，半屬傳鈔讀之。迨宋國子監開雕木板，則歷代之石經

遂廢矣。曩孫伯淵先生僑寓吾邑，富藏書籍及石刻本，晚年置於其族祖明忠愍公祠，著《藏書目》，分内外篇。内載此本於經學門後，惜未見其拓本何若也。昨拓翁季文從淮陰市上購得此種，曰《易》《書》《詩》《周禮》《春秋》《禮記》《孟子》，共七經，失去大半，篇帙又皆錯亂，因竭數日之力排比其次，粘爲四巨册。復取諸經義逐加考覈，詳明其異同與古之相合者撰記一篇。足徵澤古功深，耄猶好學，非徒保殘守闕已也。今者出以眎余，一見之遂詫爲至寶。蓋自元明迄今，數百年嗜古諸君子多所未覯。余亦何幸而廣此眼福耶！爰喜而妄綴數語，坿其册末，以俟吾丈是正焉。時咸豐歲在疆梧大荒落閏五月之五日餔刻，金陵年愚姪張寶德容園甫拜識於六藝堂。

金城繪《校經圖》并題記

光緒戊申元宵，無聲詩社第二十四集集天禄西堂，爲蕙石先生作校經第一圖，即乞教正。

歸安金城。鈐『鞏伯父』朱文印

田步蟾跋《校經圖》

積雪放霽，春梅始花，斯圖頗似主人園庭景趣，步蟾遂至，爲補璧月，今夜上元，好月初圓，正合此雅集也。鈐『桂舫』朱文印、『步蟾』白文印

伊立勳書王秉恩跋

北宋汴學二體石經校記

緊古文字，由簡册而絹素，均屬寫定。《鴻都石經》乃爲刊經之祖，顧歷代石經大都散佚，惟《開成石經》獨完（日本有録木本，甚精，中國竟無有爲之者）。漢石經久佚（今所傳漢石殘字，大氏越州石氏刻本，非漢元石。沈同叔有大字漢石經一册，按諸鴻都庋石之所，度以樹石尺寸，或不能容此，疑不能明也），魏《三體石經》僅拓本二三（或疑僞作），《蜀石經》今廑存三數册（廬江劉氏收弆）。嘉祐《二體石經》乃有四巨册，《開成》外惟此獨多，舊爲山陽丁柘翁藏，今歸貴池劉蕙石參議。光緒壬午，秉恩嘗裒國朝考證石經諸書，刻之成都，名《元尚居石經彙函》，柘翁《汴石記》其一

也。經文拓本時未寓目，後得《周禮》殘拓，特鱗爪耳。壬子避地滬瀆，始於蒠石所見之。柘翁詡爲瓌寶，洵不誣也。蒠石繪圖徵題，名篇鉅製，琳琅溢目，顧於二體同異，孰爲古文、篆文，及假藉省改之得失，一一援據，疏通證明，諸家概未盡及。柘翁所舉，塗改鈎乙，似屬草未定。覃谿有意仿《隸釋》略分經，考其筆迹，訖未著録。秉恩不揣娩陋，就各經文字，參考群籍，斠其是非，靡或遺焉。夫嘉祐爲有宋全盛之時，物力豐牣，且竣工至十九年之久。顧未頒諸黌宫，昭示學子，傳播甚希，當時賢士大夫題咏亦尠。其書人多草澤韋布，皆由薦舉，搢紳先生未有與者。載考其時工篆者，如上官佖，與郭忠恕、釋夢瑛齊名，有天聖三年篆書《王母宫銘》。蘇唐卿有嘉祐七年篆書《醉翁亭記》，慶曆四年《鬱林觀詩》。江夏李康年（一名寂，字樂道），蘇、黄均贊其小篆，有嘉祐八年篆書《昌黎五箴》。此數人者，何一未預其役，不可解也。蓋宋人不甚重篆書，所以一代篆學，荒蕪特甚，工篆者又不盡通小學。開國之初，大徐歸朝，名高一時，士夫從游者衆，小徐亦爲宋鄭公激賞。乃僅重其文詞，所撰《説文》皆不甚顯。元豐初，始奉詔刊定，亦未盛行。至南宋時，遂有變其次第爲韻譜者。吁！可嘅也。宋子京判國子監時，石經《禮記》刊成進御，請同邵必不疑同對。以子京博學能文，不敢獨對，其故可思矣。今宋槧書有以百宋、皕宋名者，而此九經所存廑此，豈石壽乃不若梨棗耶？印布傳摹多少之異耳。夢瑛自負其篆，顧極推忠恕，不知江南有二徐。忠恕書存今者有《汗簡》，爲後人詬病。夏竦《古文四聲韻》即本之，《四庫提要》所謂雜綴成文，不合六書根柢者（遵義鄭子尹著《汗簡箋正》，考定精確，書始可讀）。至道士張有，始據《説文》著《復古篇》。此外工篆而深通小學者，不能一二數。二徐《説文》之學，不行於兩宋，至國朝始大昌明，豈不異哉？自魏以三體書刊經，唐則有李陽冰篆、李嶜隸書《怡亭銘》，有瞿令問三體書《陽華巖銘》。宋人尤喜爲之，忠恕有三體《陰符經》，太宗有賜蘇易簡三體書詩，有淳化三體錢文。真宗咸平三年，有句中正表上三體書《孝經》。一時風尚所趨，紛然有作。特好爲新奇，未必悉合六書恉趣。石經本以正定文字爲要義，所貴乎二體、三體者，必須深明夫古文、籀文、奇字、大小二篆、八分，以至隸、楷、行、草，源流遷改，孳乳相生，比坿參觀，具見沿襲相因之迹，異同得失之故，方不爲苟作。儻務奇立異，不盡翺符六書義藴，甚至譌謬百出，踳駮乖剌，不可究詰。字體即工，固與字學無當。兩體歧出，或於字義違反。轉滋惑誤，抑又甚焉。且許書以小篆爲宗，間合古籀。然隸楷自爲一體，不能盡繩以小篆。儻下筆悉依小篆，窒礙遂多。《干禄字書》所謂以篆行隸，漸失其真，當去泰去甚，使輕重得宜。須以《說文》正小篆，不以小篆改隸書者是也。江叔澐所書《尚書》釋石兩種，後人議之，詎無故耶？此經書人趙克繼工篆，尤喜楷書。丹陽謝飶善隸，閩人章友直工玉筯。此外爲胡恢、邵必、楊南仲、張次立諸人，惟南仲所書獨多。《宋藝文志》載石經七十五卷，屬之南仲，蓋有以也。南仲別有三體《孝經》，今佚不傳。所書經數，《玉海》爲七經（《易》《書》《詩》《周禮》《儀禮》《春秋》《孝經》），趙克繼書《論語》爲八經。周密《癸辛雜識》所載，合以《孟子》爲九經。《孝經》先刊，此册獨佚。今按此册凡七經，多寡各殊，今爲條別如左：

《周易》凡二十八開。《升》《困》（不全），《井》《革》（全），《鼎》（不全），《歸妹》存上六一爻，《巽》（缺首），《兑》（缺末），《未濟》（不全）。《繫辭傳》「寇至負也者」至「盗之招也」，「大衍」存一節。每開八行，行十字，一篆一真間書。《升》六四「王用亨於岐山」，又《鼎》「元吉亨」，篆皆作「亯」。秉恩按：《大有》《隨》《益》及《升》皆言「用亨」，古文「亨」即「亨」，有普兩、普庚、許庚三切，字皆作「亨」，隸變也。古亨通之「亨」、烹飪之「烹」、享獻之「享」，皆作「亨」。《說文》作「亯」，亦作「亯」，只是一字，乃「亯」之變體，亦「亯」之假借。漢碑凡「元亨」即作「亨」，後來「咸亨」亦作「享」。蓋「亨」「享」「烹」，篆皆爲「亯」也。六五「升階」，篆真同（凡二體同者不著，餘仿此）。《井》「汔至」，秉恩按：《釋詁》：「譏，汔也。」《唐石經》、岳珂本作「迄」，足利本同「汔」。「汔」「迄」「訖」，音義並同。《詩》「汔可小康」，箋云：「汔，幾也。」《釋詁》：「汔，至也。」「刑」，篆作「荆」。秉恩按：《說文》：「荆，罰辠也。從井，從刀。《易》曰「井法」。井亦聲。」刀部：「刑，剄也。從开聲。」與此音義各異。今概作「刑」，遂使兩字無別。《書》之「五荆」，篆即作「荆」矣。

《尚書》凡四十二開。《堯典》有小序，以下多列書序，然多不全。《牧誓》全。「五典克从」「言曰从」「日之从星」皆作「从」，今並作「從」。秉恩按：許氏曰：「从，相聽許，从二人。」《玉篇》云：「从，今作從，隨行也。」音義皆通。「从」「從」爲古今文。「柴望」，《武成》作「祡」。秉恩按：《說文》：「柴，燒柴燎祭天也。」《釋文》「柴」本作「祡」。「柴」乃「祡」之假藉，以其燔柴，故亦作「柴」。張乳伯云：「柴爲祭天本字。《說文》以事涉祀典，故作祡。經典不必改爲祡。」「黃戉」，《說文》：「戉，大斧也。從戈，乚聲。《司馬法》「左杖黃戉」。」《繫傳》：「鉞，車鑾。」俗作「鉞」，誤。「明作晰」，吴山夫謂今作「哲」，馮柳東誤以爲吴本作「哲」，「哲」乃坊本之譌，本經均作「晰」。秉恩按：「晰」「哲」「悊」三字，各有本義，經傳往往假藉用之。

《詩經》凡二十開。《斯干》九章，四章章七句，五章章五句。《谷風》三章，章八句。《蓼莪》《北山》《無將大車》四章，章八句。《小明》《有頍者弁》《時邁》一章，章十五句。《執競》均不全。《無羊》四章，章八句。小序并載以下笙詩《由儀》諸序，亦載《鴻雁之什》。共凡十篇、三十二章、二百三十三句。「載寢之牀」二句及《檀弓》「季武子成寢」「又哭諸寢」「寢門之外」，均同「寢」，皆古文之僅存者。又小序「則爲國之基隊矣」，篆作「礈」，《唐石經》作「墜」。秉恩按：《說文》有「隊」，「墜」新坿字，「礈」則異文也。

《禮記》凡一百二十開，分二册，現存《曲禮》《檀弓》《王制》《月令》《曾子問》《内則》《玉藻》《樂記》《雜記》《經解》《坊記》《中庸》《表記》《間傳》《三年問》《鄉飲酒義》。《曲禮》『薨考曰卒』，山井《考文》作『壽』。《檀弓》『季武子成寝』，馮按：《説文》作『寑』，從宀，侵聲。段曰：『今皆作寢，寢乃㝱部寢之省，與寑異義。』秉恩按：足利本已作『寑』，下『寑』字同。凡宮寑、寑息，皆用『寑』矣。『於』，篆皆作『烏』。馮柳東謂『於』可假爲烏乎之『烏』，不得以『烏』假『於』，篆文皆誤。秉恩按：『烏』『於』古爲一字，今經典則『烏』或用爲烏、烏，或借爲烏呼。『於』字則借爲『于』也。『古不脩墓』，足利本作『修』。秉恩按：古修治字多假『脩』，故石經《易》《詩》、三《禮》、三《傳》均作『脩』，《釋文》同，不煩改復。『不巷歌』，『卩』從邑，不從巳。『泰山其頽』，各句『其』字及各經通篆作『𠀠』。秉恩按：《説文》：『箕，籀文其。』鄭伯更以《説文》所録籀文，只有一體，此『其』字乃古文，下有『𠥱』，從匚之籀𠥱，則『其』爲古文何疑？『夫由』，篆作『甹』。馮謂《説文》無『由』字，《書》之『由蘖』作『甹』，從古文也。秉恩按：段云：『由即甹之假藉。』古文省丂作『由』，故本書不再書『由』字，似不得爲假藉。今以因由、行由等字，則爲義之假藉。『丂』，許氏曰：『嘾也。艸本之華未發函然，象形，讀若含。』『食肉歓酒』，『肉』，篆作『月』。馮案：《説文》：『月，胾肉象。』『歓，歠也。從欠，酓聲。』作『飲』者，隸文也。『必有草木之滋焉』，『草』，篆同。馮案：草，斗櫟實也。一曰象斗。即『皁』字。兩字義殊，宜作『艸』。《説文》：『艸，百芔也。凡艸之屬皆作艸。』『有惡乎亾』，《唐石經》作『齊』。秉恩按：足利引宋本、衛湜《集説》，『無』均作『亾』。上『家之有亾』，下『苟亾矣』，均作『亾』。按：『無』『亾』雙聲，『亾』又爲『無』之通借。此作『無』歧出，殆非一手所書，未能畫一也。『斂首足形』，按：《正義》云：『斂其項首及足，形體不露」。岳本及各本作「手」，與疏義不合。此經作「𦣻」，足利本引本亦作「𦣻」，是也。「汏哉叔氏」，秉恩按：《唐石經》《釋文》、衛氏《集説》均作「汏」。《説文》無「汏」字。又泰，滑。古文作「太」。《左傳》「汏舟而過之」，杜云：「汏，過也。」與「滑」誼合。知「汏」即「泰」與「汰」也。《佩觿》「汏」與「汰」同。「汏」音太，沙汰也。「汏」音大，濤也。今語謂陶汰。《大學》「驕泰以失之」，《左傳》「汏虐已甚」，皆與「過」誼合。《月令》「農乃登穀」，秉恩按：《説文》：「農，耕人也。從晨，囟聲。古文作𦥯，籀作農。」「命太尉贊桀俊」，阮《校勘記》：「太尉」，宋本作「大」，今作「太」。衛《集説》作「大」。「桀」，石經作「傑」。案：「傑」正字，「桀」乃假借也。《王制》「爵」作「𣪠」。秉恩按：《説文》：「爵，禮器也。象爵之形，中有鬯酒，又持之也。」通借爲爵禄字。「車甲衅而藏之府庫」，篆作「釁」。秉恩按：本經注「衅」，「釁」字血部所無，殆「釁」之別體（編注：此處「釁」字疑有誤）。《曾子問》「襢衣」，秉恩按：篆「𧟲」隸「襢」，「展」爲「襢」之假藉。《説文》有「襄」無「襢」，「襢」亦借。襄，丹縠衣也。《詩》之展衣，即《禮》之襢衣。「襢」與「展」同，故《爾雅》展、亶同訓信，又同訓誠也。《内則》「鬋髮」，《曲禮》「不蚤鬋」，注：「鬋鬢也。」《士虞禮》之蚤翦，即以「翦」爲「鬋」之借也。又作「揃」。手部：「揃，搣也。」秉恩按：李富孫曰：「羽部：翦，羽生也。刀部：剪，齊斷也。今俗以齊斷之剪爲翦後字，以羽生之翦爲翦齊字，而翦之本義隱矣。」段曰：「翦，羽初生如前齊也。前，古之翦，今之剪字。」毛傳：「翦，去也。」「𢟪」，篆作「𢟪」，隸省作「愛」。秉恩按：《説文》：「𢟪，行皃。」「㤅，惠也。」《經典》「㤅」「惠」字假作「愛」。

《春秋》凡二十四開，二體書，與它經不同，隸書尤小。每行九字，靡存昭公（十三、十四、十七、十九、二十、二十二、二十三），「年」皆作「秊」，宋華氏皆作「華」。

《周禮》凡二十八開，亦非一人所書，頗有虞永興書體，與他經微別，篆亦差小。《周官》「徒」，篆作「辻百有二十人」。馮按：「辻」，古文，隸作「徒」。《説文》只有「辻」字，石經并作「辻」，從古也。「大賓客則攝而薦果」，篆作「祼」。馮按：《説文》：「祼，灌祭也。從示，果聲。」段曰：「《大宗伯》《玉人》字作果，或作祼。注兩言『祼之言灌』。」「祼」之音本讀如「果」，下「贊祼」，真作「果」，篆亦作「祼」。秉恩按：鄭注：「果讀爲祼。」唐石經文作「果」，通作「淉」「灌」。《大宗伯》以下諸職，經文皆作「果」，讀爲「祼」。是「祼」爲正，「果」爲「祼」之省假也。「大涖」，篆作「竦」。馮按：《説文》無「涖」字。秉恩按：「竦」是「涖」之正體。周伯琦《六書正譌》云：「俗作涖。」非。因「涖」更譌爲「莅」。鄭注《儀禮》，讀「位」爲「莅」。「莅」「涖」皆後起字也。「祧」，苕同，竹垞云：「《説文》無祧字，當從故書作濯，讀爲祧。」秉恩按：新坿有「祧」字。《廣雅》：「祧，祭也。」「濯」有櫂音，故書作「濯」，即「祧」之假藉，實「眺」之假藉也。又足部：「跳，一曰躍也。」音義并近。《韓詩》「嬥」通「佻」，《文選·魏都賦》「或明發而嬥歌」，李注引《爾雅》「佻佻」作「嬥嬥」，即其證也。「辨」，篆均作「辦」。馮案：《説文》作「辦」，本字。秉恩按：段云：「辨從刀，俗作辨，爲辨別字。別作從力，爲幹辦字。古辨、辦無二義，亦一形二音也。」「用兩山尊者皆有罍」，篆作「櫑」。馮案：鄭注「讀曰酢」。古以醋爲酬醋字，漢人互反易之，以酢爲酬酢。此經從古。《唐石經·儀禮·有司徹》「酌以酢之」作「醋」。「酢」「醋」，古今字。蓋先秦古書早互用，蓋兩通也。「鬱齊獻羽」，篆作「鬱」。馮案：《説文》：「鬱，芳艸，築以煮之爲鬱。從臼缶鬯，彡其飾。鬱林郡。」兩字義異。此宜從臼，蓋築須用臼也。「蹕」，篆同。竹垞云：「當從走。」秉恩按：《説文》走部：「趩，止行也。從走，畢聲。」足部無「蹕」字。今《周禮》多作「蹕」，惟大司寇《釋文》作「趩」。

當以從走爲正，足爲或體也。『大磬』，篆作『韶』，《釋文》作『招』。秉恩按：《一切經音義》云：『韶，磬，從殸，召聲。』同音爲假藉也。《説文》革部：『鞀，或作鞉，作鼗。』《釋文》：『一作招。』《經典》《舜樂》皆作『韶』。蓋《九招》作於帝嚳，舜之《九韶》，乃修《九招》而用之，故有九磬之舞。《孟子》徵招、角招，《左傳》祁招，『韶』『招』義并通也。『冪人』，篆作『幎』。馮案：《説文》『幎』引《周禮》，『冪』爲俗『冖』字，此從古作『幎』。『路』，古『輅』通作『路』，本經悉作『路』。謂之路，言行於道路也。《詩》《禮記》《儀禮》同。《經典》相傳通用。

《孟子》凡三十七開，真篆與他經差別。『皆亾』，今作『偕』。秉恩按：阮《校勘記》：孔繼涵本、韓岱雲本并作『皆』。《湯誓》即作『皆』。《詩·無衣》『與之偕行』，《漢書·地里志》引亦作『皆』。是『偕』爲『皆』之通借。『壹洒之』，今作『一』，孔、韓本、足利引古本均作『壹』。秉恩按：古文『壹』作『一』，『壹』『一』相爲假藉。《儀禮·士冠禮》『壹讓壹揖』，《周禮·典命》『其士壹命』，《公羊·襄二十九年》『不壹不足』是也。

以上凡七經，通存三百七十九開，每張八行，行十字，約三萬零三百廿字。此柘翁自記數也。秉恩按：《春秋》每行只九字，又不及半張，廑存二三行者，未知并計否。惟册中經文有傎倒錯亂者，應依經次第迻裝。此石經顧亭林未見，吳山夫只見《易》《書》《周禮》五碑。朱竹垞僅見《周禮》，有考。柳東所見與朱、畢同。《周禮》校朱、畢多《天官冢宰》第一，《地官司徒》第二。餘第三《大宗伯》以下，與畢秋帆《中州記》、錢竹汀《潛研堂跋尾》所見同。畢未見《地官》，錢未見《天官》，然末又缺，比朱、畢又少前後數條。孫淵如《訪碑録》所列，僅《周官》一石（在陳留），《易》《書》二經（在祥符），三經分列兩地，亦僅五段耳。顧千里亦未見，僅據《續萃編》言之。阮文達未見《周易》《詩》《書》，故《校勘記》均未引證。柳東作《考異》，僅見《周禮》《禮記》，《尚書》僅哲字一條，《孟子》僅一字一條。且正文均從今本，與原文不合。惟柳東所見《周禮》，此册又佚數條，宜柘翁詫爲瓌寶也。柘翁原記及何蝯叟題詞均佚，此册係補書，蕙石擬彙刊之。余所刻《彙函》凡十一種，續得桂未谷《石經考》，金匱徐嵩《石經表》并蕙石此册，當爲續刊。向輯國朝人文集筆記論考石經者，爲叢鈔數巨册，并刊爲讀石經者考證之資。自學校多廢經不讀，經學日即淪亡，昔五代亂離，彼長樂老尚爲鏤版權輿，今并此無之，可不悲哉！可不思哉！蕙石以此册屬題，因循久之，始得脱稾，坿諸册尾，願與蕙石訂正譌謬是幸。華陽王秉恩記。鈐「息存」朱文印、「王秉章」左白右朱印

辛酉仲夏，汀州伊立勳書。鈐「伊立勳印」白文印、「峻齋」朱文印

此跋稿甫具，以冗長未即繕正。蕙石特專請伊君代書。乙丑春出示，因識。秉恩。尾鈐「秉恩書居」白文印

引首鈐「元尚居」「息盦著録」朱文印

又

蕙石仁兄世先生鑒：汴石經一箱，已略識數言。敝藏有《周禮》殘石一册，小子已校完，即專介奉完整，點收不誤，峻齋所書第三開第三行「釋石」誤，「石」須改，或稍楮亦可。此復，即請著安。弟恩頓。枕雷卷題就再繳。

四月初十日。

丁晏題跋

北宋《汴學石經·周易》。《升》《困》二卦不全。「升偕」今作「階」。《井》全。《革》全。（《象》「治麻」作「歷」，與《唐石經》同）。《鼎》「元吉亨」誤作「亨」字。下「亨飪」字不誤，「初六」下不全。《歸妹》存「上六」一爻）《巽》全。《兑》全。書「和兑」作「咊」。《未濟》全。書「辨物」作「辯物」。《唐石經》「辨」多作「辯」。《繫辭傳》「寇至負也者」至「盗之招也」。《大衍》一節不全。

共《易經》二十八張，每張八行，一篆一真間書，每行

十字。

又

北宋《汴學石經·尚書》。《堯典》有小序，以後皆刊書序全文。『《堯典》曰』至『欽若昊天』止。『《舜典》曰』至『遏密八音』止。《泰誓》不全。《牧誓》全。《周書》大題別寫。《武成》存上半篇。書序、《沃丁》《咸乂》《伊陟》《原命》《太甲》不全。《洪範》自首至『月之從』止。《尚書》共四十二張。

石經『協咊萬邦』，今作『和』。『五典克从』『言曰从』『日之从星』，今並作『從』。『柴望大告武成』，今作『柴』。『明作晣』，今作『哲』。又『以』皆作『㠯』，『明』皆作『朙』，『罪』皆作『辠』，古字猶有存者（『于』皆作『亐』）。

《金石存》云：『唐《開成石經》及劉三吾《書傳會選》皆作哲。《會選》云：「哲，之列反，字與晰同。當從日，從口非。」」（《說文》目部：『哲，昭晰明也。從日，折聲。」」）又《牧誓》『王左杖黃戉』，今作『鉞』。《釋文》：『鉞，本又作戉。』《說文》：『戉，大斧也。』當作『戉』。《武成》『公劉克篤歬烈』，今作『前』。又『烏呼群后』今作『嗚呼』（後《伊訓》『烏呼』同）。《洪範》『我聞在昔，鯀湮洪水』，今作『陻』。『五曰恖』，今作『思』（又『恖曰睿』）。

顧廣圻《思適齋集》：『北宋《嘉祐二體石經》，孫淵翁《續萃編》又載《周易》《尚書》二種，未知出自何時。《訪碑録》亦有之。』晏案：石經《易》《書》之文，顧氏僅據記載，實未之見也。

又

北宋《汴學石經·毛詩》。《斯干》九章。《無羊》『宣王考牧也』全載小序，下同。備載笙詩《由儀》等序。《鴻雁之什》十篇，三十二章，二百三十句。《谷風》不全。《蓼莪》不全。《北山》《無將大車》《小明》《有頍者弁》《時邁》《執競》不全。

《毛詩》共二十張，每張八行。石刻「載寷之牀」「載寷之地」「九十其犉」「侖芊來思」「侖牛來思」「侖牧來思」「或歔亐池」「實作豐秊」，皆古字之僅存者。《小明》「昝我往矣」「載𩐜寒暑」、《執競》「無競維烈」「奄有四方」。

石經正文後鈐「澄園」白文印、「望雲草堂珍藏」朱文印。

葉昌熾題跋

石經惟唐開成刻尚在西安府學，宋南渡後，権場得本不易，士大夫貴蜀本。顧蜀石今已佚，樊榭、蘇齋所見僅《毛詩》殘字，虬龍片甲，幾與漢《熹平》殘碑並重。曩在都門，值會典館，先友王文敏公袖拓本一束見示。文敏故好詼諧，曰：「此魏正始《三體石經》也。山左新出土，一行古籀，一行小篆，一行隸書。其文象蝌蚪形，皆上鋭，與薛尚功、王復齋所樵彝器文字無以異也。」當時黄仲弢、蒯禮卿諸公皆在坐，但摩挲之而不言，此後收藏家亦未見著録。兩宋石經爲時差近，高廟御書武林已僅有存者，汴石更久佚。吴山夫曾見《易》《書》《周禮》五碑，即陽湖孫氏《訪碑》所録，《周官》一石在陳留，《易》《書》二經在祥符，孫氏書例，但見拓本，祗云某氏藏此三經分繫兩地，當時殘石尚在可知。但僅僅五版，今亦不知其存否。余從旁喜齋得《周官》經四紙，皆《天官冢宰》文，藏之篋衍，敝帚自享。今窓石參議得山陽丁氏六藝堂藏本，裒然四巨册，七經，三百九十一紙。烟墨蒼黝，如古璆佩，的是元以前拓本。海内藏《二體石經》者，此爲海若矣。以之鎮庫，足傲竹垞、堇浦所未見，可不寶諸！癸丑新春，長洲葉昌熾書於滬上瓠樓小築，時年六十有五。

鈐「葉昌熾」白文印、「鞠裳麋壽」朱文印

册末鈐「李國超印」白文印、「定侯」朱文印

第二册

程頌萬題簽

《北宋汴學二體石經》二。《禮記》。聚卿先生藏。頌萬敬題。

鈐「臣頌萬」左白右朱印

丁晏題簽

《北宋汴學二體石經》二。《禮記》。鈐「丁晏之章」白文方印

左孝同題端

《北宋汴學二體石經》第二册。《禮記》。山陽丁氏頤志齋舊藏。光緒壬申冬，歸蒽石京卿，屬孝同篆耑。鈐「三世太常卿」「憲靖侯第四子」「子異」朱文印、「左孝同印」白文印

王存善題詩

鴻都車馬闐填咽，石洪覆本欺孫黄（伯淵、小松藏漢石經，皆越州及蓬萊閣覆本耳，非熹平原石也）。魏刻三字亦殊絶，誰復問諸鄴水旁（有謂漢三字、魏乙字者。此據《金石録》）。紛紛川汴有遺石，開成未可儕晚唐。枕雷嗜古具奇癖，嘉祐宋挩收山陽（此丁儉卿藏本）。云與孟蜀當並立，二劉經室相頡頏（劉健之觀察藏有《蜀石經》殘本）。康熙篆文九經在，奉勅校閲首李王。乾隆時有蔣拙老，十三經寫呈純皇。勒之貞珉置太學，篆楷咸備生鋒芒。倦勤權相説考異，留待聚訟天語詳。爲傳方來仏蜀宋，光價何止百倍張。世人重古輕近代，豈知今昔殊低昂。猶勝金移共元補（《嘉祐石經》，或言金人移去，或言元人補刻），抱殘守闕勞裝潢。忽嗟豺狼走大陸，聖令廟社成滄桑。及今搜討尚未晚，深願居士同考藏。

枕雷居士見眎宋拓嘉祐《二體石經》，歡喜贊歎，奉題請正。

癸丑四月王存善記（「光價何止百倍張」改作「光燄何止萬丈長」）。鈐「王」朱文印（「王」字下刻朱文鶴肖形）

吴觀岱繪《校經圖》并題記

蒽石集天禄西堂作無聲詩第二十四集，爲畫校經第二圖。時戊申元宵同客京邸。梁溪吴觀岱。鈐「觀岱」白文印

樊增祥題詩

《蜀石經》與《汴石經》，二劉寶墨懸日星。蜀刻昔觀張武奇，汴本舊屬山陽丁。頤志齋中考顛末，宋《嘉祐》繼唐

《開成》。七經行世此孤本，黄河蝕盡貞珉青。當時筆札多供奉，《二體》書成爲世重。楷法銀鈎謝不疑，篆文鐵綫楊南仲。女直鐵騎蹂中原，艮嶽雖燬石經存。鞞韃御宇稍闕佚，也先帖木彌其殘。有明猶及見礎柱，竹垞考古嗟淪湮。此帖猶是北宋拓，鬼神呵護垂不刊。關中唐碑今猶峙，國學周鼓亦鱗次。高要真書補七篇，司成精拓增三字。我愛古刻三摩挲，坐臥其下不能置。獨惜汴蜀石如林，如鶴上天龍蟄地。南劉蜀本得其二，北劉汴本得其四。四者我得觀其一，古墨生霜曲臺記。吁嗟乎！新學用世歸东西，立國專用禮教爲。乾坤晦昧忘尊卑，孰當混沌目與眉。六經入秦爲爨灰，孔子居魯思九夷。魯秉周禮弱不危，百世不祧天下師。搥提禮學會有期，當在免極思治時。守闕哀殘其俟之。

癸丑孟陬十日題，應蕙石仁兄大人疋屬。詩尚有注，限於篇幅，不能備書。樊山樊增祥拜題（詩中南北二字誤倒，健之籍皖北，爲北劉，君籍皖南爲南劉也）。

鈐『蘁畦』白文印

易順鼎題詩（首鈐『琴志』白文印）

萬里投荒作邊吏，詩情老去難奇恣。貴池公子我故人，頗復相招飲文字。酒酣示我校經圖，已見閑情與高致。請觀汴宋之石經，篆楷二體工且緻。每慮桓元寒具汙，拚令殷浩高閣置。聊同觚賸觚不觚，亦曰寄園寄所寄。嗟君堪抵百城王，使我若入五都肆。京師向稱藪與淵，百代人文皆薈萃。近來時賢益傑出，争談立憲恨專制。非徒杞國憂天傾，正恐斯文將地墜。誰平龍蛇似神禹，誰驅虎豹似伯翳。有能捨身衛遺經，我願以首頫至地。古來石經列學官，自漢至宋兹第幾。虎觀曾聞講異同，鴻都已覺稱明備。厎事黄初科斗形，僅儕新莽鳥蟲類。兩晋清談逮六朝，太息經如弁髦棄。詎解微言共討尋，祇知神器争窺覬。揚雄書僅覆醬瓿，李賀詩惟投溷厠。東壁罕聞金石聲，西行誰執丹漆器。貞觀創業始閎達，開成刻經更瑰異。書體不效邯鄲淳，讖緯肯託鍾離意。干戈五季復雲擾，孟蜀獨破群雄例。居然傳注附六經，遠勝碑版照四裔。有開必先古所云，五星聚奎若環侍。韓王佐命但論語，荆國作相惟制義。果然文治邁前古，以宋與漢遥相配。香孩兒已解讀書，赤脚仙還能繼志。二體石經遂昭著，兩縣學宮守清閟。當時不遇列儒官，今日豈知成國粹。異文時時古義參，缺筆往往國諱避。喬梓還爲漢北行，滄桑竟易人間世。金銅仙人辭漢闕，洛陽伽藍感胡騎。莫言聖學不救亡，臣節終能相砥礪。詒謀回憶開國初，蓺祖真宜謚爲蓺。君從何處得此本，毋乃異瑞天所賜。爲言山陽丁氏物，復以蝯叟大篇示。三百七十有餘幅，蝯叟當時早心醉。淮安肆裏此神物，頤志堂中好兄弟。東州歿後又兩朝，南阮貧來經幾歲。遷流展轉入君手，墨痕觸手猶餘膩。因之作圖名校經，始末源流差可記。卯金曾説杖然藜，乙火猶看燈吐穗。騰達清時已冠群，商量舊學還加邃。强令屬和蝯叟篇，愧少鯨鏗與春麗。嗟我三餘學久荒，羡君累代芳能繼。豈惟保存十一於千百，方且恭逢五六而三四。

竄石五兄以所藏《汴宋石經》四巨册及何蝯叟所賦七言長篇見示，並屬和蝯叟元韻。時余將赴滇，倚裝草草，不能工也。即請正之。弟順鼎。鈐『稷牛山民』朱文印

沈曾植觀款

嘉興沈曾植敬觀。歲在癸丑。

羅振玉題跋

北宋《汴學二體石經》殘佚已久。趙靈均《寒山金石林部目》載真篆《禮記》殘本，吴山夫先生《金石存》著録《周易》《尚書》《周禮》八紙，彭文勤公藏《周禮》殘石三百五十四行，吾鄉馮柳東氏撰《石經補考》，得吴興厶氏本《周禮》，則僅二百餘行。明以來收藏家所見，如此而已。振玉兒時即聞山陽丁氏頤志齋所藏宋拓，計三百七十九紙，爲海内瓌寶，顧不獲於其後人藉觀。前年來京師，始知此本爲聚卿先生所得，於聚學館觀竟夕，歎爲絶倫。昔吴山夫先生曾於吴門薄自崑家見此經四大册，然僅有《尚書》《周禮》《禮記》《孟子》。此本更有《詩》《春秋》《易》，爲山夫先生所未及見。豈非人間有一無二之墨皇耶？去歲振玉得楊幼雲舊藏《周禮·天官》《春官》殘刻百七十八行，亦百餘年前舊拓。又廿年前，汴中新出土《禮記·中庸》一石四十餘行，可補此本之缺。因舉以贈聚公，俾

坿裝此册之後。異日若仿翁氏刻石經殘字、孫氏刻魏《三字石經》、陳氏刻《孟蜀石經》例，將此本精摹付梓，與前三者合裝之，洵藝林盛事。聚公其有意乎？

光緒戊申十月上澣，上虞羅振玉重稓觀題記。鈐『羅振玉印』白文印

又

此諸經中，《春秋》字迹獨異，真書亦小於他經。丁儉卿先生謂非一時所書。振玉按：葉水心言『瑞安沈彬老北游程門，得性命微旨。時方禁《春秋》學，石經甫刻即廢。彬老竊賂守者，自摹藏之』云云。是《春秋》在當時刻成旋廢，此殆是禁弛補刻，故字迹獨異與？質之聚公，以爲何如？

振玉又記。鈐『唐風樓』白文印

吴鬱生題跋

曩見沈均初舍人所收孫氏平津館漢石經《堯曰》篇，今復展此北宋刻孤本，可稱眼福，書以志幸。

時庚戌八月，鈍齋吴郁生。鈐『鈍齋』朱文印

程頌萬觀款

宣統元年四月，長沙程頌萬獲觀於京師。鈐『臣頌萬』左白右朱印

沈瑜慶題詩

《熹平》殘字六百餘，《三體》兩册摹當塗。《開成石經》最完足，太和長興分兩途。九經十經母昭裔，雍都舊本同步趨。自蜀廣政迄乾道，未盡清獻詳成都。宋人偁引據蜀本，陜本南渡阻崎嶇。鵲巢乘舟僅起訖，谷林謝山空欷歔。長興板本行北宋，郡齋讀書記國初。邢璹林甫説不取，夢土作又示一隅。兩楹深刻出嘉祐，長編恍載帝曰俞。癸辛雜誌暨玉海，篆隸二體標楬櫫。誰知牟駝岡一戰，艮嶽花石棄焚如。或傳石經同禹鼎，沈淪入水黄泥淤。或云元季始茫昧，金源失載獨何歟？雲烟過眼羅壽可，如山堆積猶於諸。重修况聞耶律隆，也先帖木復規橅。亭林季野皆惝怳，竹垞道古仍模糊。弇山僅搜陳留縣，開封早拓吴山夫。竹汀跋尾等彭本，苕溪茂才分鈔胥。一時方氏别藏弆，周官戴記兼易書。稍資考證馮教授，中

州金石尤區區。山陽丁氏生已晚，閱市得此真不圖。《易》《書》《禮》《詩》《春秋》經，益以《孟子》前所無。三百餘紙三萬字，唱和大放詞瓊琚。多存古字自善本，六書謬誤堪胡盧。如其作箕云作雲，及修作脩於作烏。又池作沱齋作𠫤，若援此例概可誣。求將作裘衰作蓑，朋將作鳳乎作呼。良由許書失古本，説文解字宗大徐。存沱删池但誤袒，更僕難數妄未祛。怪哉猨叟講許學，古氣可掬翻稱譽。其他作寢宜作𡪢，華宜作𠌶或作荂。由已作𦥑冪作幎，衰已作縗徒作𨑒。裸果艸草偶通假，𡜏從女如古巫（編注：此句疑有脱誤）。近來唐本多發見，説文木部韻寫吴。夥頤𤰞宋淪異域，争寶雙井及髯蘇。紛紛影宋與石印，汗牛充棟觚不觚。

聚卿參議仁弟屬題。宣統己酉閏二月，濤園沈瑜慶。鈐『濤園』朱文印

陳寶琛題詩

樊樓艮嶽久成塵，石墨經香世尚珍。萬劫故知終不壞，忍心蔑古彼何人。卅載論交閲紀群，一尊猶得與斯文。夜牕莫漫猜虹月，太乙然藜正爲君。

宣統三年七月，聚卿五兄年世大人屬題似正。弢庵陳寶琛。鈐『寶琛之印』朱文印

楊守敬題跋

北宋《二體石經》，予所得只《周禮》一卷，及黄石齋斷碑硯拓本而已。向聞丁儉卿先生得舊拓本而未見，今爲貴池劉聚卿參議所得，始知有四巨册。據吾友羅叔韞以明以來著録照之，皆不及此本之多，定爲宋元間拓本，信不誣也。通繙四册中無名人印記，則知沈霾於故紙中已數百年，其爲海内孤本無疑。惟予所見丁氏跋刻本中，有何子貞長歌，并有儉卿和詩，而此册不載，豈何詩以别巨幅書之，此不能容故耶？今擬爲補録，而老眼昏花，不能勝，敬告聚卿先生當亟録入。

宣統元年八月，宜都楊守敬記。時年七十有二。鈐『楊守敬印』白文印

曹元忠題詩

汴都文物散如烟，對此依稀嘉祐年。卻憶建安章友直，定

期赴闕上元前（《續通鑒長編》云：『嘉祐六年六月庚午，賜草澤章友直銀絹，以篆國子監石經成也。』又友直帖云：『已被旨召書石經，即日沂淮及泗，舍舟而徒，上元之前，期至闕下。』見《皇宋書録》）。

殘碑珎重抵瓊瑰，二體書家妙鑒裁。中有故鄉文獻在，好將姓氏表胡恢（《玉海》載篆石經者，章友直外祇楊南仲、張次立。按《猗覺寮雜記》云：『本朝石經，胡恢所書。』恢，金陵人，官至華州推官，坐法失官十餘年。韓魏公當國，令篆《國子監石經》，因得復官。見《書史會要》。王伯厚獨未之及，何也）。

自從劫火照青城，紙本流傳盡莫名。我亦閣書成目録，倘逢禮記眼還明（明《内閣藏書目録》有真篆《禮記》十九册，不全。下云『石刻闕第十三卷，又第一卷闕一帙，第二十卷闕數章，未詳何代』，寔即《嘉祐石經》。余己酉歲在文華殿檢勘大庫藏書，未之見也）。

劉侯志趣古爲徒，徹幸山陽德不孤。欲抱遺經刊史誤，周官孟子未應無（《宋史・藝文志》有楊南仲石經七十五卷，蓋據《中興館閣書目》著録，謂《周易》十、《書》十三、《詩》二十、《春秋》十二、《禮記》二十，爲七十五卷。《玉海・藝文門》引書目可證。其於《周禮》《孟子》，並未言及。詎南渡諸公以遠在汴都，不能親見而遺之耶？是册具《易》《書》《詩》《春秋》《周禮》《禮記》《孟子》七經，足訂史誤，尤可寳也已）。

北宋石經册，爲蒽石五兄同年鑒家題。庚戌秋九吴曹元忠。鈐『曹元忠印』白文印、『君德手痕』朱文印。册末鈐『李國超印』白文印、『定侯』朱文印

第三册

程頌萬題簽

《北宋汴學二體石經》三。《禮記》。聚卿先生藏。頌萬敬題。鈐『臣頌萬』左白右朱印

丁晏題簽

《北宋汴學二體石經》三。《禮記》。鈐「静安草堂」朱文印

徐坊題端

《北宋汴學二體石經》第三册。《禮記》。山陽丁氏頤志齋舊藏。光緒壬申冬，歸蕙石仁兄大人，屬臨清徐坊題。鈐「手拓陳倉石鼓文」「國子丞印」「樓亭樵客」「臨清徐坊士言」白文印

那晋繪《校經圖》并題記

無聲詩社第二十四集，蕙石五弟屬作校經第三圖。戊申元宵集天禄西堂。那晋。鈐「那晋」白文印

拓本鈐「赤鴻鑒賞之印」「季皋」「合肥李氏望雲草堂珍藏金石書畫紙章」「望雲草堂珍藏」「澹静齋徒」朱文印、「李經邁印」「哀經室」「心鉶讀過」白文印。

丁晏題跋

《北宋石經·禮記》下一百十二張。

《曲禮》《檀弓》《王制》《月令》《曾子問》《内則》《玉藻》《樂記》《雜記》《經解》《坊記》《中庸》《表記》《間傳》《三年問》《鄉飲酒義》。凡「殷」字「敬」字皆缺末筆，避宋諱。

《曲禮》「耇考曰卒」，《檀弓》「服勤至死」「致喪三年」「季武子成寢」「自子思始也」「古不脩墓」「鄰有喪」「殷人棺槨」「食肉飲酒」「目爲蘿桂之謂也」「主人深衣練冠待于廟，垂涕洟」「姣叔之無服也」「魯禮之末失也」「哭者呼滅」「有無惡乎齊」「斂首足形」「醯醢百甕」「飲食衎爾」「欲人之弗得見也」「反壞樹之哉」「柏槨目端」。「汏哉叔氏」，今作「汰」，非。《唐石經》、衛氏《集説》並作「汏」。《王制》「公侯田方百里」，凡「侯」皆作「矦」。「上士倍中士，下大夫倍上士」「任事然後爵之」「爵人於朝」「公家不畜刑人」「山川神祇有不舉者爲不敬」。《月令》「毋漉陂陁」，今作「池」。「天子乃鮮羔開冰」「季春之月，日在胃」「天子乃齊」。「命大尉贊桀

俊」，今作「太」，衛《集説》作「大」。「立㚨之日，詰誅暴慢」。《月令》「農乃登穀」「護壅塞以備水潦」「補城郭」「蟄蟲坏户，殺氣浸盛」「以便民事」「棄戎路」「其器廉以深」「行糜粥飲食」。

「知者詐愚」「五刑不用」「禮樂刑政」「馬𣪠之萼山之陽而弗復乘」「車甲衅而藏之府庫」「食三老五叜於大學」。《雜記》「至於廟門，不毁牆」「冕服𧆞弁」「其布曰總」。《中庸》「𧆞禄可辭也」「得一善則拳拳服膺」。《表記》「人雖曰不要」「邇臣守味」「鶉之姜姜，鵲之賁賁」。《間傳》「男子除乎首」。《三年問》「味壹之理盡矣」「子生三季」。《深衣》「古者深衣」「要縫半下」。《大學》「無佗技」。《鄉飲酒義》「升歌三終」。

程頌萬題詩

北宋二體石經歌爲蕙石參議作　鈐「嶽麓山長」朱文印

山陽藏經歸劉郎，三百九十一紙强。真書小篆駢兩行，軒如鸞鶱争旭光。九經傳刻繇仁皇，勅書胡（恢）謝（飶）楊（南仲）趙（克繼）章（友直）。遠溯史籀窮三蒼，八分今體搜偏旁。陳留打本凝蟫香，援挐瓌寶移星霜。當時刻畫工既臧，或云經石沈淤黄（朱竹垞）。或云版逮元末亡（《石經考異》），語涉鑿空而弗臧。亭林季野猶彷徨，石壽那得如紙長。薄氏四册難斠量，惟吴山夫八紙藏。易書周禮零縑緗，毛詩既佚春秋盲。何有孟子梁惠王（吴玉搢《金石存》僅得《周禮》《周易》《尚書》五碑共八紙，又云嘗見四大册於吴門薄自崑家），偉兹七聖經有航。至和嘉祐年相望，三萬三百字炳朖。功在禹下疇敢忘（《宋史》《玉海》言寫諸經，皆無《孟子》），熹平邕書薶漢庠。典（堂谿典）賜（楊賜）日磾（馬日磾）馴（張馴）説（韓説）颺（單颺），蘭臺漆簡金絲堂。迺以三字譌雒陽（《熹平石經》皆蔡邕書，本無三字，即《隋志》所謂「一字石經」也。范蔚宗誤紀三體，後儒乃承用之。説見劉傳瑩《石經考》），黄初科斗竺所倡。兩經篆隸差頡頏，瓶甂造館悲秋防。開成石壁崇李唐，篆分同異鐫未遑。何如後蜀孟知祥，刻兼傳注作法良。聖宋經術隆表坊，徐家繫傳鄦學昌。秦斯唐冰工崛張，古文邃遠迷知方。七篇託始立兩廊，更詔蜀石爲補將。南渡高宗書在杭，獨嗟汴石如麟傷。孝公劭公歌永揚，惜闕《孝經》《論語》裝。宣統作噩方對敫，憶觀石經太學墻。邂逅參議陳青箱，要予作歌懷大梁。幾年朝市悲蒼涼，缨塵走墨麻姑桑。天口聖譯吁倀倀，嬴顛劉蹶胡紀綱。願從拜經庚子暘，卻掃衆喙毋披猖。劉郎嗜古當慨慷，秦燼以外裒一囊。待尋汴石無何鄉，海水照屋天茫茫。

癸丑嘉平月，子大程頌萬并書於海上汐廬。

鈐『頌萬印信』白文印、『十髮居士詩稿』朱文印

馮煦題詩

萬旌各口彙，唯禮爲綱維。秉禮魯後亡，棄禮秦先危。卓哉小戴記，經曲唯必施。橫渠創關學，紫陽益孳孳。遞流至今日，通通爭狂馳。精言既淪喪，縈文上離被。君□之父子，秦伐視瘠肥。六官本周制，秩宗繫□司。奈何祖新法，禮乃爲學移。四經失其首，實爲亡國昏。劉君眎此本，三復增絫欷。想君載□時，趙宋揚朝曦。王李才柄國，應政無瑕疵。□此以□學，□聖□邈□。一代亦名節，豈不以禮爲。河圖介甫出，周禮爲二□。競騁厲氏策，富强友可期。下逮元祐末，黨籍迹鐫碑。禮教既弁髦，遵令□□窺。汴京好家居，撞破中□□。艮嶽付一炬，□經上□隳。況汶大河□，殘石堪□□。流轉得此本，寶若千球彝。匪唯二體精，大篆天下無。形君孫國門，侯爲百世師。偭規錯矩者，讀之者忸怩。

《北宋二體石經·禮記》殘本，蒽石五兄屬題。蒿叟馮煦。鈐『蒿隱』『壬子後作』白文印

繆荃孫題詩

一行小篆一真書，此石流傳汴宋初。開國規模文化盛，石經刻後又經疏（雍熙、端拱刻《九經正義》於國學）。

皋皮淮右曾親炙，皓首龐眉教澤新。五十年華彈指過，後生今亦鬢如銀（頤志師主講麗正，荃孫受經數年，此本常置桉頭）。

宋《二體石經》，頤志師舊藏，今歸蒽石參議。江陰繆荃孫。鈐『繆荃孫印』白文印、『雲自在龕』朱文印

柯劭忞題詩

宋初尚古學，臣鉉校許書。石經兼二體，形聲備權輿。流落人間者，皆爲礮石餘。山陽獲宋拓，又與陳留殊。今歸子劉子，珍若千璠璵。昔我游大梁，訪古覽遺墟。百聞無一見，感慨意何如（劭忞客汴時，聞有藏宋石經殘本者，展轉求之，卒不得一見）。

蕙石尊兄屬題。膠州柯劭忞。

陳衍題詩

石經題字已數數，西蜀北宋皆廑存。今觀此册小戴記，試作校勘非戹言。展衣褏褎見古誼，由柎臚華不刪繁（襢作展，抱作褎，由作甹，膚作臚，皆其當者）。箕裘箕子有專字，甘求詰屈形居先。後來加丌復加竹，語詞假借從籀文（其，籀文）。作六即丌出墨子，此與丠也同探原。表裘襲裘已變本，干求來牟真共論。古文文少乃通假，豈於小篆仍遵循。有朋遠來乃有鳳，東栖丘也知何云。烏於于混鴉可塗，兔免免（讀問）皆足方蹲。無蕪不辨亡爲有（於作烏，免作兔，無作蕪），衰簑異用誰所分。齋㕖縗衰未咄咄，剸冓㤅㤅當斷斷。□□搢珽不缺筆，諱玄諱敬還諱殷。終鄉飲酒始爲禮，目録題識何紛綸。服膺加點往加炷，隸變復古偏拳拳。艮庭醫方必小篆，取藥藥店羣茫然。福山祭酒刊帖括，奇字滿紙難具陳。勤𣏌藥梅記石刻，桃仁杏仁俱作人。文人好事何不有，六書經訓誰便便。

七言長句十八韻，奉題蕙石五兄所藏《北宋石經·禮記》册。辛亥二月，陳衍作於小秀野舊草堂。鈐『陳』（白文）、『衍』（朱文）印，『赤伊』朱文印

曹元忠題詩

汴都文物散如烟，小篆依稀嘉祐年。卻憶建安章友直，定期赴闕上元前（《續通鑒長編》云：『嘉祐六年六月庚申，賜草澤章友直銀絹，以篆國子監石經成也。』又友直帖云：『已被中旨召書石經，即日沂淮及泗，舍舟而徒，上元之前，期至闕下。』見《皇宋書録》）。

殘碑珎重抵瓊瑰，二體書家妙鑒裁。徵倖楊張傳姓氏，

不曾紀載到胡恢（《猗覺寮雜記》云：『本朝石經，胡恢所書。』然《書史會要》衹稱楊南仲與章友直篆石經，又有張次立同篆也）。

自從劫火照青城，紙本流傳盡莫名。我亦閣書成目録，倘逢禮記眼還明（明《内閣藏書目録》云『真篆《禮記》十九册，不全』，下云『石刻闕第十三卷，又第一卷闕一帙，第二十卷闕數章，未詳何代所刻』，寔即《嘉祐石經》。余己酉歲檢勘内閣庫書，未之見也）。

劉侯志趣古爲徒，差幸山陽德不孤。欲抱遺經刊史誤，《周官》《孟子》未應無（《宋史·藝文志》有楊南仲石經七十五卷，蓋據《中興館閣書目》著録，謂《周易》十、《書》十三、《詩》二十、《春秋》十二、《禮記》二十，爲七十五卷。《玉海·藝文部》引書目可證。其於《周禮》《孟子》，獨未之及。詎南渡諸公以石經遠在北朝，不能親見而遺之耶？是册具《易》《書》《詩》《春秋》《周禮》《禮記》《孟子》七經，足訂史誤，尤可寶貴已）。

宣統辛亥七月，應蕙石道兄同年雅教。吴曹元忠。鈐『曹元忠印』白文印、『君德手痕』朱文印

楊鍾題義詩

表進名標宋子京，鄰幾雜志語分明。遥知戴記刊成日，洛誦先頒國子生。

屯衛猶傳克繼名，曾將銀幣奬宗英。愛人節用開章義，半部能行即政成。

大船載得汴京還，燕學氈椎疑似間。雪屐游梁羅壽可，兩楹親見石如山。

洛學淵源得沈彬，水心特筆記來真。尊王不廢春秋義，付與深明閣上人。

蕙石先生所藏《汴學石經》讀竟，題四絶句。辛酉祀竈日，遼陽楊鍾義。

鈐『之頎』朱文印

第四册

程頌萬題簽

《北宋汴學二體石經》四。《春秋傳》《周禮》《孟子》。聚卿先生藏。頌萬敬題。鈐『臣頌萬』左白右朱印

丁晏題簽

《北宋汴學二體石經》四。《春秋傳》《周禮》《孟子》。鈐『子吳寶之』朱文方印

張權題端

《北宋汴學二體石經》第四册。《春秋傳》《周禮》《孟子》。丁氏頤志齋舊藏。光緒壬申十月，歸蕙石同年。南皮張權篆耑。鈐『臣張權』左白右朱印

周喬年繪《校經圖》并題記

同人集天禄西堂，作無聲詩社第二十四集，爲蕙石先生畫校經第四圖。戊申鐙節，吳周喬年，時客京師。鈐『喬年』朱文印

丁晏題跋

北宋汴學石經《春秋》。昭十三年、十四年、十七年、十九年、二十年、二十二年、二十三年，殘闕。

共《春秋》二十四張。其正書皆小字，比他經特小，蓋書者不出一人之手。凡『年』字皆作『秊』，宋華定、華亥皆作『蕐』。

又

《北宋石經·周禮》二十八張。

《周禮》卷第一《天官冢宰第一》，序官、内宰、小宰、女祝、女史、夏采。『幎人』，今作『幂』。《周禮》卷第二《地官司徒第二》，序官。《周禮》卷第三，大宗伯、小宗伯。『告絜』，今作『潔』。大司樂、司几筵、守祧、巾車、典輅、車僕、司右、司隸。

劉之泗題跋

丁卯十月朔夜二鼓榖，孫如兄携新得臨川李氏舊藏宋淡墨拓大觀帖第二、第四、第五三册，過寒齋見示，棉紙松煤，若

烏雲掩月，隔麻、蟬翼不啻也先帖。前逡覃溪題識，殆編中一則云：宋人摹永興正楷，無如《嘉祐石經》，《周官》最好。《嘉祐石經》今雖不全，《周禮·天官》一石尚在也，其楷法真能得唐本廟堂筆意。又一截并録之：祭酒昭陵片石留，《周官》嘉祐篆誰酬。只應嘗熟馮班記，方穩虞書玅過歐。穀孫既去，展家藏《嘉祐石經·周禮》，讀之楷法方穩逼似永興，信如蘇齋所云，憙而識此，以誌一時清興，貴池劉之泗。鈐『劉之泗』白文印、『公魯』陽文印

錢大昕題跋

潛研堂金石文跋尾續卷第四

《二體石經·周禮》殘字（嘉祐）

右《二體石經·周禮》殘字，凡六列，每行十字。一行篆書，一行正書。《大宗伯》八十八字，《小宗伯》六十字，《肆師》一百五十字，《司尊彝》六十字字（編注：二『字』疑衍其一），《司凡筵》八十字（編注：『凡』當爲『几』），《典瑞》廿三字，《典命》一百廿字，《典祀》十八字，《守祧》五十三字，《世婦》七十字，《職喪》九字，《大司樂》一百字，并標題十四字，共八百五十一字。其中文字漫滅者，篆百有六，真百廿五，餘皆完好可讀。以今本校之，無一字不合。篆文『涖』爲『竦』，『佐』爲『左』，『績』爲『繪』，皆合正體。『果』爲『裸』，『昨』爲『酢』，『依』爲『扆』，『衰』爲『縗』，則依正體，不依經文通用字。此其去取之得當者。『蹕』當從𧺆，『藏』當去艸。《說文》無『祧』字，當從故書作『濯』，而書碑者皆不能知也。至於矦禳之『禳』，真從示而篆從禾。考鄭注小祝云『禳卻凶咎』，則從示，不從禾，灼狀無疑。楊南仲輩號精於小學，何竟紕繆乃爾。《玉海》引《書目》：石經七十五卷，楊南仲書。《周易》十，《書》十三，《詩》二十，《春秋》十二，《禮記》二十。獨不及《周禮》。或是章友直、張次立輩所篆，不出南仲手耶？據標題，《職喪》以上爲卷五，《大司樂》以下爲卷六，知《周禮》當十二卷，與《唐石經》同也。黃叔璥《中州金石考》言，此碑今在陳留縣文廟，凡二

面，每面六排，各三十行，上下不相屬。一，《天官》『惟王建國』至《宮正》『徒四十人』止。《凌人》至《掌舍》『府二人』止。《九嬪》至《縫人》『女御八人』止。『五曰保庸』至『八曰山澤之賦』止。『凡邦之小治』至《小宰》『三曰以叙作其事』止。『六曰廉辨』至『不用灋者』止。一，《春官·大宗伯》『若王不與祭祀』至《小宗伯》『辨吉凶』止。『牲繫於牢』至『類造』止。『享祼用虎彝』至『加莞席紛純』止。『共其玉器』至典命『凡諸侯之適子』止。《司隸》『而役之』至《世婦》『有摋事於婦人』止。《大司樂》『掌成均之灋』至『大合』止。予所收廑其二面耳。

丁晏題跋

顧廣圻《思適齋集·二體石經周禮跋》引《中州金石記》云：「『今僅存《周禮》卷一及卷五中數石，在陳留。』此拓本六紙，一起《大宗伯》，二起《肆師》，三起《司尊彝》，四起《典瑞》，五起《典祀》，六起《職喪》，皆卷五。唯末紙接連第六卷大司樂，似少畢秋帆所見之卷一也。」晏案：今所得石經，有《天官冢宰第一》《地官司徒第二》，餘第三《大宗伯》以下，與畢氏《中州記》、錢氏《潛研堂金石續跋尾》所見正同。此卷所得較多，畢氏未見《地官》，錢氏并未見《天官》，而余竟得之，爲諸家著録所無，真至寶也。

同治七年二月十九日，淮安丁晏記。時年七十有五。鈐『望雲草堂珍藏』朱文印

又

《北宋石經·孟子》三十七張。

計《易經》二十八張，《書經》四十二張，《詩經》二十張，《禮記》二百張，《春秋》二十四張，《周禮》二十八張，《孟子》三十七張。

通共石經存三百七十九張。每張八行，每行十字，約計三萬零三百廿字。

石經《孟子》『予及女皆亾』『民欲與之皆亾』『願比死者壹灑之』，今本『皆』作『偕』，『壹』作『一』，小異。阮氏《校勘記》，孔本、韓本並作『皆亾』。孔、韓本，《考

文》古本作『壹灑之』。

鈐『赤鴻鑒賞之印』『望雲草堂珍藏』朱文印

又

萬斯同《石經考》

《宋史·趙克繼傳》云：『趙克繼，秦王廷美曾孫，善楷書，尤工篆隸。仁宗時，詔與朝臣分隸石經。仕至定武軍節度觀察留後，謚章靖。』

《宋史·謝飶傳》云：『謝飶字不疑，丹陽人，舉進士，爲上元主簿。會國子監立石經，以飶善隸，召爲直講，終龍圖閣學士。』

《宣和書譜·章友直傳》云：『章友直字伯益，閩人，工玉箸篆法。嘉祐中，與楊南仲篆石刻于國子監，時人稱之。』

萬氏曰：《金史·劉彦宗傳》『劉彦宗謂宗翰、宗望曰：「載石經以歸。」二帥納之』。此石經果爲金人携去耶？宋石經集當時善篆隸者分書，出諸名人之手，乃後人皆不獲見，而金人亦鮮有語及者。豈此刻遭汴京之覆，竟毁壞無餘耶？

又

杭大宗《石經考異》

朱翌《猗覺寮雜記》云：『本朝石經，胡恢所書。』恢行事詳沈括《筆談》。

楊慎《丹鉛總録》：『淳化中刻，今猶有存者。』

錢塘王延年嘗考《開封石經》云：『《宋史》：仁宗命秦王廷美曾孫克繼，與朝臣分隸石經。丹陽謝飶善隸，會國子監立石經，召爲直講。又《宣和書譜》：閩人章友直，工玉箸篆法，與楊南仲篆石，刻於國子監。而《藝文志》有楊南仲五經七十五卷，是皆宋開封立石經之明驗也。顧唐石經在西安府學者斑斑可考，而宋竟無片石傳於人間。意二帝北狩時，盡爲金人所携去耳。金劉彦宗於侵宋日，謂宗翰、宗望曰：「遼太宗入汴，載路車、法服、石經以歸，令則也。」二帥納之。是其徵已。』

江都汪祚云：『草窗《癸辛雜識》：「汴學即昔時太學舊址，九經石板堆積如山，一行篆字，一行真字。」則臨安亡而開封之石經猶存也，未得，據《金史》之言爲證。然汴當元時，未嘗有所屠薙，如楊髡臨安之禍，則石板之亡，當在元末，不然明初。周邸剪桐，其地世擅儒雅，不應及見石經，而聽其忽焉以亡也。』

葉名澧題跋

北宋汴學二體石經跋

儉卿先生於淮安書肆得《北宋石經》殘字一束，裝爲四大册。內有《孟子》三十七紙，郵寄以示名澧。考汴學刊石，奉詔於宋仁宗至和元年，畢工於嘉祐六年，凡九經。李燾《續資治通鑑長編》：『嘉祐六年六月庚申，賜草澤章友直銀百兩，絹百疋，以篆《國子監石經》。成，除試將作監主簿，不理選限，辭不受，故有是賜。』是當時，寫經者，不僅趙克繼、楊南仲諸人也。王氏昶《金石萃編》未著録。錢氏大昕《金石文跋尾續》、畢氏沅《中州金石記》所見，惟殘本《周禮》一種。畢氏曾詢之開封學官，是刻修學時已作瓴甋，僅存《周禮》卷一至卷五數石於陳留耳。《宋史》及《玉海》言寫諸經，皆無《孟子》。吴氏玉搢《金石存》云：『嘗見四大册於吴門薄氏，乃《尚書》《周禮》《禮記》《孟子》。』文辨『挾太山以超北海』，書『超』爲『起』之誤。不言某經若干卷。元時有修復《汴梁石經》之舉。翟氏灝《四書考異》引李師聖《記》云：『汴梁舊有六經、《論語》《孝經》石本，殘缺漫剥。參政也先帖木兒慨然以爲己任，不數月復還舊觀。《孟子》七篇猶闕，然欲增置而期會拘迫，有司請爲後圖。』據此，汴學初刊諸石，即有《孟子》在內。《宋史》《玉海》不之及者，其時亡佚已久，王伯厚及修史諸公不復知有此石，蓋其疏也。李師聖所舉六經之外，有《論語》《孝經》，是九經尚屬未備。宋以《孟子》升經，并《論語》《孝經》爲三小經，亦《玉海》所云六經之外，增置三經，是以得有九經之名。周密《癸辛雜識》『太學九經石板堆積如山』，乃其明證矣。蓋宋自大中祥符間，命孫奭作《音義》，爲尊信《孟子》之始。厥後仁宗刊石立學，表章之功更大。至晁公武《郡齋讀書志》，詔宣和中席旦知成都，刊《孟子》以補《孟蜀石經》

之缺，殆因汴學而踵行之者歟。此本紙墨精善，其爲宋拓無疑。李師聖既未修復完具，終元之世又不聞增置之議，王伯厚徵引亦不及此，則宋南渡後，蓋已鮮有流傳者。碎玉零璣，幸而獲存，可寶也夫！

咸豐八年歲在戊午立夏前一日，漢陽葉名澧跋於京寓之敦夙好齋。

佚名題跋

《金石存》有宋《二體石經·周易》《尚書》《周禮》殘碑。山夫先生云：『右宋《二體石經》凡五碑，《周易》二碑，存《升》《困》《鼎》《未濟》五卦（編注：『困』下，《金石存》有『革』字），及《繫辭》前七章（今增多《井》《革》《歸妹》《巽》《兑》五卦）。《尚書》三碑，存《牧誓》《武成》《洪範》《旅獒》《金縢》《康誥》《酒誥》之文（今增多《堯典》《舜典》《泰誓》《太甲》諸篇）。書具篆隸二體，中多殘缺不完。往嘗見四大册于吴門薄自崑家，乃《尚書》《周禮》《禮記》《孟子》文。今又得此五碑，意此碑之存于今者，其數尚不止此，而收藏家往往無之，亭林《石經考》亦不言今時尚有傳本。趙子函《石墨鐫華》，于金元人書皆經收録而獨遺此。碑賈顔印榜爲余言，此石現在開封府學，彼親至碑下，搆以遺余者，惜乎不得見其全也。』

又云：『宋《二體石經》三紙，皆《周禮·春官宗伯》文（今增多《天官家宰》《地官司徒》之文），斷缺不全。余向得《周易》《尚書》五碑，今又得此三碑，合之共有八紙。諸經皆無全文，篆隸二體亦互有工拙，不知《開封石經》其存世者更有幾何也。』

李芝齡先生云：『案：碑在今河南陳留縣，僅存《周禮》卷一及卷五中數石，餘經悉亡。蓋修學宮時用作瓴甋矣。惜哉！』

楊鍾羲題跋

黄玉圃《中州金石考》：開封祥符《二體石經·易》《書》殘碑，宋仁宗至和元年書。本七經，或云九經。其後頗殘毁，惟《易》《書》僅存，然剥損過半矣。據《宣和書譜》，章友直工玉筯字學，與楊南仲篆石經於國子監。今二經遺字可見者，《升》五爻象『貞吉升階』，『階』，石經作『偕』。《困》五爻『利用祭祀』，石經作『宗祀』。《尚書·武成篇》與今書不同，蓋在朱子定本前也。『惟一月壬辰旁死魄』，『魄』，石經作『霸』，『既生魄』同。《洪範》『明作哲』，石經作『晰』。《酒誥》『厥心臧』，石經作『藏』。陳留縣《周禮》殘碑，石長與祥符等，寬減三寸，蓋即至和舊物，散佚於此也。《春官·司尊彝》『大喪存尊彝，大旅亦如之』，今本在『凡酒修酌』下，石經在『左右玉几』下。蕙石先生所藏《汴學石經》，諸家考證綦詳，録此以補其缺。

宣統十有三年龍集辛酉冬至后三日，鍾羲寫記。鈐『聖遺』白文印

徐樹鈞題跋

北宋《真篆二體石經》，奉詔於仁宗至和元年，畢工於嘉祐六年，凡九經。寫經者爲楊南仲、趙克繼、謝飶、章友直、胡恢諸人，見《宋史·藝文志》。顧亭林《石經考異》、萬季野《石經考》皆列其名，未見其書。杭大宗《石經考異》云：『石板之亡當在元末。』吴山夫《金石存》有《嘉祐石經·易》《書》《周禮》殘碑。孫淵如《寰宇訪碑録》存其目。《玉海》：仁宗命國子監取《易》《詩》《書》《周禮》《禮記》《春秋》《孝經》爲篆隸二體，刻石兩楹。又皇姪克繼書《論語》，不知有《孟子》。咸豐中，丁儉卿從淮安得《嘉祐石經·易》《書》《詩》《春秋》《禮記》《周禮》《孟子》，共存三萬三百字，海内無第二部，洵爲希世之珍。今歸劉聚卿觀察所藏。鈞前八年在京師得見宋拓《周禮》殘本，僅一百七十一行，而筆意肥美腴潤，神似虞永興，未若此之多。此本自丁氏以前，未入《金石録》，可以補前人所未及。惜當日書者未必皆能手，九經中以《周禮》爲極佳，今陳留尚存《周禮》殘碑，神采蕭然。此本留案頭流覽三月，今將之官淮安，書以歸之。

光緒三十一年乙巳正月，長沙徐樹鈞。鈐『九十二蘭亭主

人』白文印

張蔭椿録曹元忠跋

宋《嘉祐石經》三百九十一紙，每紙八行，每行十字，真篆相間，約存三萬三百餘字，爲山陽丁儉卿前輩舊藏，同年劉蕙石參議得之。往歲嘗爲賦四絶句者也。第在京師時，祇見《禮記》一册，未能詳言。今年客蕙石家，始盡見之，往往有儉卿《北宋汴學二體石經記》所未言，與言之未盡者。如《易》則每卦首列上下二卦，下分真篆雙行，據所存《井》《革》《鼎》《兑》諸卦可知也。《書》則頂格書篇名爲小題在上，低三格書某書爲大題在下，然後以序冠篇首。據所存《牧誓》次行書『周書』，次行書序，及正文可知也。《詩》則以小序冠篇，篇終低一格書章句，每什後頂格書某什若干篇、若干章、若干句，據所存《斯干》至《鴻雁之什》可知也。《春秋》則每年終跳行，據所存昭十有三年至二十有三年經文可知也。《周禮》則每卷書《周禮》卷第幾，次入正文，而於每官皆跳行，據所存地官敘官及《周禮》卷第三可知也。《禮記》則每卷書《禮記》卷第幾某篇第幾，次入正文，若同在一卷，則但書某篇第幾，據所存《禮記》卷□□《雜記第二十》及《深衣第三十九》可知也。《孟子》則每卷書《孟子》卷第幾某篇章句上下，次入正文，每卷畢又書《孟子》卷第幾，據所存《孟子·梁惠王章句上》卷末題《孟子》卷第一，次《孟子》卷第二《梁惠王章句下》可知也。但其寫經雜出衆手，不能無誤。如《洪範》『月之從星』，『月』誤作『日』。《内則》『接以太牢』，『牢』誤作『宰』。《雜記》『主妾之喪則自祔』，『祔』誤作『附』。《間傳》『此哀之發於衣服者也』，『衣』誤作『卒』。《孟子》『若無罪而就死地』，此行至『罪而』適盡，次行遂誤重『罪而』二字。似當時並未檢校，遽以刻石者。然觀於《革》上六《象辭》『順以從君也』，誤刻『君子』，復磨改『也』字。《檀弓》『葬也者，臧也。臧也者』，兩『臧』字誤刻從艸，復磨改『臧』字。則知當時既經刻石，又重加追勘矣。特未及上所言各條耳。況夫因《説文》無『鄭』字，故昭二十年夏

「曹公孫會自鄸出奔宋」，於「鄸」字無篆。因《説文》無「彌」字、「紂」字，故《檀弓》「子辱與彌牟之弟游」，及「爵弁經紂衣」，於「彌」字、「紂」字皆無篆。因《説文》無「朌」字，故《王制》「名山大澤不以朌」，於「朌」字無篆。在唐以後，能根據許書，刊正文字，如此夫豈易易？而且地官序官「遂師府六人」，注疏本皆作「四人」。以賈疏「上士已下，其數與司徒同」言之，司徒府六人，則遂師府亦必六人。《孟子》「老者衣帛食肉」，注疏本皆作「七十者」，以孫疏「五十之老足以衣帛，七十之老足以食肉」言之，則其所據本亦作「老者」，與《盡心篇》「老者足以衣帛」「老者足以無失肉」相照，尤向來校勘家所萬不及知者。何幸於《嘉祐石經》殘本遇之？至於《月令》「文繡有恒」，「恒」字因真宗廟諱缺筆作「恒」，而《玉藻》「天子搢珽」，「珽」字亦順祖廟諱，並不缺筆，致吾友陳叔伊學部題詩，引以爲疑者。意石經當畢工於神宗之世，《本紀》載熙寧六年正月辛亥，祧順祖於央室。其時祧廟不諱，尚何疑耶？元忠嘗考《嘉祐石經》，本具《易》《書》《詩》《春秋》《周禮》《禮記》《論語》《孝經》《孟子》，謂之九經。南宋末尚存汴學。《癸辛雜識》別集載羅壽可丙申再游汴梁，書所見梗概云「九經石板堆積如山，一行篆字，一行真字」是也。至元時，《論語》《孝經》《孟子》始有殘闕，故翟灝《四書考異》引李師聖《記》，有「汴梁舊有六經、《論語》《孝經》石本，殘缺漫剥。參政也先帖木兒慨然以爲己任，不數月復還舊觀。《孟子》七篇猶闕，然欲增置而期會拘迫，有司請爲後圖」云云。今蕙石所藏，雖無《論語》《孝經》，而《孟子》具在，則尚是宋世舊拓。零縑斷錦，猶足寶貴，矧多至三百九十一紙哉？顧君家世守之毋斁也。宣統丙辰十月，吳縣曹元忠跋於海上劉氏楚園。

北宋《嘉祐二體石經》三百九十一紙，爲蕙石同年參議所藏，海内孤本也。吳縣曹内翰元忠跋尾，審訂綦詳。辛酉清和月，屬古杭張蔭椿硯孫氏校録一過。鈐「蔭椿之印」左朱右白印、「硯孫」朱文印

王式通題詩

真篆成行誰抱殘，八分爲隸説從刊。孯經一老猶沿誤，始信人間考古難。

周密《癸辛雜志》：羅壽可游汴梁，見太學九經石板堆積如山，一行篆書，一行真字。

《宣和書譜》：章友直，字伯益，閩人，工玉箸篆法。嘉祐中與楊南仲篆石經於國子監，時人稱之。

《宋史·謝飶傳》：飶字不疑，舉進士，爲上元主簿。會國子監立石經，以飶善隸，召爲直講。終龍圖閣學士。又《趙克繼傳》：克繼，秦王廷美曾孫，善楷書，尤工篆隸。仁宗時，詔與群臣分隸石經。仕至定武軍節度觀察留後。

式通案：唐以前所謂隸書，即今楷書，非八分也。至宋始以八分爲隸，歐陽公《集古録》因之。雖經沈存中、章子厚、趙明誠力加駁斥，不能復改。至洪氏《隸釋》、婁氏《漢隸字源》諸書出，而聚鐵鑄錯之勢成，積非不可挽矣。阮文達力肩復古之任，獨於南北書派等論著，似仍襲宋人謬説，抑又何也？《宋史》於謝飶稱其善隸書，於趙克繼稱其與群臣分隸石經，是《汴學石經》隸書，二人與有書丹之勞。當時俱目爲隸，固不爽也。然史稱克繼善楷書，尤工篆隸，歧分楷隸爲二，語殊惶惑。石經具在，一篆一楷，各自成行，固未有八分雜厠其間也。於此而猶不悟楷隸，爲一陋矣。

紀夢東京故事存，峨峨貞石寶中原。金元兩代珍文物，説與時流笑嚋言。

《金史·劉彦宗傳》：天會中，大舉侵宋。彦宗謂宗翰、宗望曰：『昔蕭何入關，惟收圖籍。遼太宗入汴，載路車、法服、石經以歸。皆令則也。』二帥納之。

李師聖《汴學修復石經序》云：汴梁舊有石經《論語》《孝經》石本，殘缺漫剥十之五六，七十餘年矣。參政也先帖木耳慨然以爲己任，不數日復還舊觀。《孟氏》七篇猶闕，亟欲增置，而期會拘迫，有司請爲後圖。公默然。

式通案：據此，《汴學石經》元代曾經修補，則金人入汴，固未嘗捆載以行也。《金史·劉彦宗傳》云云，殆未必果行歟。

劉向傳經願未逮，山陽紙本竟君歸。河泯石礎皆碑字，世有陳朱一涕欷。

陳頎曰：開封宋建都處，予署府庠事，見諸碑刻多宋時太學中石經，皆磨滅破碎，罕有完者。周視齋廡，見石礎俱斷碑，隱然文字在上。

朱彝尊《經義考》：宋太學石經在開封，陳永之猶及見之，惜未有好事者摹拓，今則沈於黃河淤泥之下矣。

式通案：陳頎字永之，號味芝居士，明成化時長洲人。宣統辛亥七月，南歸省覲，首涂有日，蒽石道兄出此屬題，略疏本末，愧未能廣徵群籍也。志盦王式通題記。鈐『王式通印』白文印、『志盦』朱文印

王闓運題跋

余嘗病太學石經不典，命大女篆九經，將上之，會孝貞上仙而止。比年自校定經文，今來上海，又爲劉健之題蜀四經，今蒽石又示此汴刻。凡刻經，皆在衰亂倥傯之時。太學刻石當盛時，宜其不工也。今文彦鎡財，聚於上海，可不假國家之力，刻新石經，輒題二十字寄意。王闓運題。鈐『壬父』朱文印

又詩

本自鴻都校，文同孟蜀鎸。何如正文句，留待五千年。

李瑞清題跋

余昔年曾見萬梅巖同年藏《熹平石經》，一北平孫氏研山齋本，一錢唐黃氏小蓬萊閣本，擬爲考訂長題，以人事填委未能也。劉健之亦得錢梅溪本，迥非原石，疑即越州石氏所重刻，今流入日本矣。前年於陶榘翁家見《蜀石經》，後旋爲劉健翁所得。今年春，爲題名於其寓齋。頃者，枕雷居士以北宋《汴學石經》命題，云所得有《詩》《書》《易》《春秋》《禮記》《孟子》《周官》七經。《周官》《孟子》爲《宋史·藝文志》《玉海·藝文部》所不載也。元也先帖木兒於汴梁補修石經，《孟子》亦闕未能補，則此刻爲南渡諸公所未見，必爲北宋拓無疑。今湘綺夫子望滬上諸公刻新石經於海

上，則此本它日尤足爲校定經文之資，尤可寶也。王志盦先生謂唐以前人言隸即今楷，最爲碻論，猶不能不以漢隸爲八分，尚沿翁覃溪、包慎伯兩先生之誤。余以爲古石中，惟三公山、天發神讖爲八分，餘均爲隸，灼然易辨。竊笑翁、包之説，只益人迷惑耳。枕雷居士以爲何如？

歲在癸丑暮之初，清道人題。鈐『臨川李氏』白文印

鄭孝胥題詩

汴學經久亡，殘石定有幾。山夫記五碑，爲數疑不止。彭（文勤）馮（柳東）楊（幼雲）所藏，著録僅周禮。汴中新出土，中庸益可喜。薄家見四册，猶未及丁氏。九經得其七，三百數十紙。竟爲聚卿得，默相有神鬼。聚卿負俠氣，好古力尤偉。羅君勸摹刻，輒以翁孫比。此議誠大佳，我意欲稍俟。祥符陳留間，蝯叟所親履。已云多湮匿，顧朱語非是。安知開封學，石板果盡毁。士夫常漏略，碑賈或可恃。及今力蒐索，奇秘儻再啓。石齋斷碑硯，珍重已如彼。得石加護持，重摹安可擬。天驚石破事，亦在人爲耳。卻嗟章（友直）楊輩，夙號精篆體。蜀經皆題名，此刻胡不爾。古人重經學，視書特小技。用意極尊嚴，誰歟會微指。老夫丁世亂，覩此空掩涕。兒時真隔生，背經瀉瓶水。

聚卿五兄指正。癸丑五月望日，孝胥。

鈐『太』『夷』朱文印

李詳題詩

夜光投闇珠吐澤，來自無端誇嘖嘖。往聞丁先得此時，只費奚囊泉數百（淮友説如此）。料簡殘裹飾緹錦，馣馤古香傾坐客。頤志齋中驚夥頤，穿屋神光照鄰壁。東洲老人（何蝯叟）呿舌詫，題詩妙摹復初格。睦州蚤逝失傳經（柘翁長子壽昌，字頤伯，早通經訓，能傳翁學，以御史出爲嚴州府勤事而亡），徇臧無緣向兒索。長物連雞不並棲，留示諸孫工鬥隙。皇天默相落君手，柘翁精爽妥安宅。何異蔡邕贈仲宣，況有連城償趙璧。既不入萬（漢陽萬中立）又不陶（端公），經兮有主我爲懌。當年上傲畢與錢，後者視今今視昔。憂如置身嘉祐朝，親與英賢倆莫逆。何時復訪陳留碑，襆被徑卧檐下碣。

蒽石參議屬題。癸丑五月李詳若穎。鈐『審言』朱文印

趙世駿題詩

翠墨舊傳嘉祐刻，劫灰遠溯靖康年。恨渠不及岐陽鼓，席裹氈包尚入燕。

辛亥八月，聚卿參議以『汴學石經』命題，未及屬筆而鄂亂作，旬日之間，四方雲擾，無心參考，乃題一絶塞責。九月廿二日，南豐趙世駿記。鈐『聲伯』朱文印

沈曾植題詩

宋《二體》準魏《三體》，石素不及開成堅。細篆章楊甄假借，異文京監校流傳。丁家經笥數贏六，劉氏墨寶金當千。西州杜林牢守護，會有建武委它年。

聚卿參議屬題，時癸丑三月，植。

柯逢時題詩

《熹平石經》已陳迹，殘字流傳百分一。開成刻石猶魏然，聲畫精昭曜兩日。《紹興御書》此最近，璆琳琅玕十損七。況聞汴贊《二體書》，沈霾久涸潛蛟室。亭林幽討尚未見，竹垞考經亦云佚。伯淵訪碑通寰宇，殘拓稍傳二三帙。屐藏祠屋扁荒園，學子何從闚秘密。柘翁耆古苦搜求，六藝堂開羅散共。淮陰市上星熉黄，欻驚壞壁奎光溢。啓縢發册一狂叫，器車寶鼎難終謐。鳳毛虬角篆雜真，古服靚妝文儷質。矯矯雲中俊鶻盤，翩翩霞外驚鴻逸。足令好事詫奇觀，已聽群儒嗟晚出。仁皇全盛物力豐，宰相崇文吏才軼。善書妙選章胡張，勒之貞珉惠韋韠。數傳遽墮金源塵，百年遂被黄流汩。祗今什襲踰縑緗，誦數聊堪佐佔畢。異文足證今壁經，儀徵校字窮爬櫛。鄒魯微言方在兹，汴宋風流誰與匹。曲臺複字百二十（《禮記》『國之卿與下大夫一命』至『公家不畜刑人』，複裝一百二十字），當日雲烟過眼疾。物聚所好古今同，高閣然藜照甲乙。一朝示我武昌城，何止兼金餽百鎰。關輔遺文昔摩挲，蜀中彙函工品騭。孫黄合璧漢陽在，平安館文足稱述。案頭故紙誰足鑽，仰視霄漢卿雲矞。

聚學先生屬題，宣統紀元五月，武昌柯逢時。鈐『逢』白文、『時』朱文印

唐晏題詩

首鈐『涉江』朱文印

一册殘碑拓石經，開函俾我倦眸醒。問誰辭復弇中禮，不負高堂汗簡青。

篆法共傳章友直，棋枰射帖技無倫。那知八百餘年後，還見寒陵片石存。

劉文范富韓歐陽，嘉祐人才邁漢唐。回首中興十年事，也曾拜石辟雝堂。

蕙石先生以宋《嘉祐二體石經》見眎，謹占三絶句記之。時甲寅季夏朔，涉江道人唐晏。鈐『晏』朱文印

宣哲題詩

藏書寶宋刊，况乃刻之石。嘉祐稱小康，崇儒重經籍。卓哉楊南仲，彝器舊有釋。嶽嶽者數子，亦復徵草澤。旁證洨長説，上接冰斯迹。開成及廣政，俗書遂精覈。蕭寥漢魏後，唯此分一席。胡塵飛汴京，坐歎如山積。一朝委黄流，未滅河陽厄（後魏遷洛陽石經於鄴，河陽岸崩，遂没於水。見《隋志》）。氈椎絶近代，烟墨辨至昔。彭（文勤）孫（衍慶）各跋尾，無此四巨册。拓唐偶得之，公從何處獲。開篋驚瑰奇，欲讀不敢借。我瞻忽雷閣，夜虹貫月魄。年來《三體碑》，頗出自發掘。莽莽瓴甋叢，譇然爲大索。願公召巧匠，伐棗摹點畫。綫裝傳萬本，餉彼嗜古癖。覃谿雪峰間，論功仲與伯。孤本不易逢，懷玉世所惜。

聚學先生大公祖出示北宋石經命題。治下宣哲呈稾。鈐『愚公』朱文印

繆曰藻舊藏宋拓《絳帖》

説明

《絳帖》，北宋皇祐、嘉祐年間（1049—1064）由潘師旦摹刻於山西絳州（今新絳縣），故名。全帖二十卷，分上十卷

和下十卷，匯刻歷代名家法書，它以《淳化閣帖》爲底本，刪僞增量、重新編次而成，是《淳化閣帖》譜系最重要的一支，也是宋刻叢帖中唯一私人刻帖，尤爲著名。《法帖譜系》轉引單炳文對《絳帖》的評價：『《淳化》官本法帖今不復多見，其次《絳帖》最佳，而舊本亦已難得。』《絳帖》前十卷的卷一爲諸家古法帖，卷二至五爲歷代名臣法帖，卷六七爲王羲之書，卷八至十爲王獻之書；後十卷卷一爲大宋帝王書，卷二歷代帝王書，卷三至六爲王羲之書，卷七八爲歷代名臣法帖，卷九爲唐人法書，卷十是唐宋法帖。

潘師旦主要活動於仁宗時期（1022—1063），其生平事迹不詳。傳説潘氏死後其二子平分原石，長子得前十卷，因負官債，帖石没入官庫，絳州太守補刻後十卷足成一部，稱『公庫本』或『東庫本』；次子補刻前十卷，人稱『私家本』；公、私二本後皆毁於靖康（1126）戰火；因此《絳帖》有原石本、東庫本和私家本三種原刻拓本，稱爲《舊本絳帖》或《真絳帖》，流傳稀少。東庫本分卷以『日月光天德山河壯地居太平無以報願上登封書』二十字爲序，故二十字卷號是東庫本的版本特徵。《絳帖》傳世最佳拓本是馮銓舊藏配補本二十卷，以《絳帖》真本爲主體，配補《閣帖》泉州本和費刻本等，今存故宫博物院。

《絳帖》影響很大，後世多有翻刻，其中『榷場本』『新絳本』『武岡舊本』等均爲二十卷本。金崇慶初年（1222）高汝礪重刻《絳帖》爲十二卷，明清時期僞刻本皆出此本，即『僞絳帖』，此本流傳廣，特點是每卷題首和帖尾『淳化五年歲在甲午春王正月潘師旦奉聖旨摹勒上石』皆爲隸書，其卷一倉頡暨周、秦、漢人書，卷二漢、魏、晋人書，卷三至五王羲之書，卷六七王獻之書，卷八晋人書，卷九宋齊梁人書，卷十至十二唐人書。

國家圖書館藏本爲宋拓殘本，存前一、二卷，1册，凡27.5開，高24.7厘米，寬14厘米。彙集懷素、張芝、王導等19人書26帖。經繆曰藻、黄芳、譚敬、李瑞荃等遞藏。有繆曰藻、李瑞荃題簽，徐渭仁、釋然、潘仕成、褚德彝等人題跋。布套内襯有李瑞荃墨書題記一則。鈐『歐波館藏』『吴門繆氏珍賞』

『咸豐丙辰後黄氏所藏』『徐紫珊秘篋印』『粤人譚敬印』等幾十方藏印。

李瑞荃書帙題簽

宋拓《絳帖》殘本。二十八葉，卷二十六葉，卷二十二葉，古法帖，名臣帖二卷。

繆曰藻題簽

宋拓《絳帖》殘本。乙丑重裝。

李瑞荃書帙題跋

徐隨軒所得繆文子藏本，嗣歸長沙黄氏天光雲影樓。光緒癸卯冬月，余正得其所藏退谷瘦本蘭亭，因以名齋，並所得大觀帖兩卷同貯之，真奇光滿室，驚心動魄矣！筠厂並記。

徐渭仁題跋

《絳帖》真本在南渡後已不可見，世傳有『日』『月』等字者，榷場翻刻，所謂『新絳』。東庫本，姜白石據之作《絳帖平》者，嶺南黎惟敬有七八兩卷，范大澈謂海内稀有，孫退谷居輦轂之下，又當滄桑之際，奇珍瑰寶，供其搜求，所得亦止四卷，因之《閑者軒帖考》引曹士冕《法帖譜系》，誤以二十爲十二，王虚舟承繆襲謬，所説非真矣。朱竹垞獲觀二卷，有『驚心動魄攬其心曲』之語，可見古人於此帖實有罕覯之想也。此册二卷，爲繆文子所藏，雖殘佚之餘，唐碑宋帖，隻文片紙，皆足珍玩，况擅名如此帖者耶！余避兵居吴，患難之中，一旦遇之，亦不幸中之大幸也！篋中已有閣帖祖本四卷，黔江帖八卷，星鳳帖殘本十卷，泉州帖四卷，淳熙秘閣續帖一卷，汝帖二卷，皆零珠碎璧，惟未得大觀帖耳。

道光癸卯二月二日，上海徐渭仁書於蘇州護龍街之吉由巷，古之條坊巷也。

又

今年戊申，得大觀帖卷一澹拓、卷二濃拓兩卷於吴門貝柳郊家，數十年積思爲之釋然。

潘仕成題跋

此古法帖、名臣帖二卷，與余所藏祖石《絳帖》右軍書四卷仿佛伯仲，實難得之品，崑山片石，自有奇光，何須全璧始足貴耶？

咸豐戊午冬潘仕成識。

褚德彝題跋

淳化《閣帖》刻成，藏之禁中，不輕椎拓，流傳殊罕，故民間複刻本甚多。《絳帖》原出《閣帖》，乃潘舜臣取淳化舊本略有增損，宋亡後石在絳州東庫者漸次燬失，翻本亦流傳絶少，明代諸收藏家均不能究其原流，即或見之，亦難别其真僞。至今日欲見真本，豕稀如星鳳矣！此徐隨軒藏《絳帖》殘本二卷，爲繆文子舊物，字畫飛動，精采畢露，《法帖譜系》載《絳帖》云：今好事家所藏舊本如宋儋帖，頗多燎鋒，有如《蘭亭序》「群」字末筆之類，今驗此本張芝書二月帖「等」字，皇象書「文武」「文」字，「皇綱」「皇」字，張華書「甚」字，王導書「佳」字，其末筆均有燎鋒，與《譜系》言合，尤足爲宋拓之證。

和盦道兄得此殘册，愛護甚至，頃携以見示，黄塵擾擾中相與平議古帖，亦歲陰清事矣。

甲戌十二月廿八日褚德彝記。

韓崇觀款

道光癸卯春二月四日，吴縣尤崧鎮、元和韓崇同觀於滁芳僦舍。

程庭鷺觀款

是歲二月十三日嘉定程庭鷺觀。

許聞武等觀款

癸未歲不盡五日，漏下三十刻，坐區齋觀徐紫珊舊藏大觀帖及此《絳州帖》，同觀者吴興張珩、邢鎮及吾弟聞泉也。海昌許聞武記。

吴子重藏清拓《雪浪石盆銘》

說明

《雪浪石盆銘》，北宋紹聖元年（1094）四月刻，刻於河北省定州市。蘇軾撰銘並正書。國家圖書館藏本爲清拓整幅本，卷軸裝，2張，外徑186.5厘米，內徑157.5厘米，拓本寬14.5厘米。有楊沂孫、葉廷琯、楊恩海、李芝綬、吴大澂、沈樹鏞、陳承修等題跋及石渠、吴大衡等觀款，鈐『雪浪齋』『吴大澂』『誼卿』『清卿』『鄭齋』『吉祥居士』『子與』『詠春』『芝綬私印』『緘閣』『石渠』『梅孫』『廷琯字調生』『臣恩海』『鶴峰』『陳承修印』等印章。

楊子與題端并跋

左幅右邊：東坡先生《雪浪石甕銘》舊拓本左幅，同治七年歲次戊辰十月望日，暨陽吴子重裝弆。海虞楊子與題識，李斗蘭同觀。

右幅左邊：東坡先生《雪浪石甕銘》舊拓本右幅，同治七年歲次戊辰十月望日，暨陽吴子重裝弆。海虞楊子與題識，錢仲謙、趙次侯同觀。

楊沂孫題跋

雪浪奇峰久化去，止餘丈八芙蓉盆。賴有坡公銘刻在，回環可讀手可捫。定州古院久供寘，如古鼎甗盤罍尊。罋酒公餗實已罄，雲回靁轉文未昏。又如飛僊既尸解，所居洞屋留乾坤。豈無邱壟藏體魄，難從塵坱追精魂。譬公證果歸兜率，遊歷之境猶可論。杭潁常畫等甕盎，遷謫游宦偶著痕。以瓮寓石作賓主，如公得由爲弟昆。離合成毀足悲忧，鸞凰失偶篪無塤。自公去定芸叟繼，石勢已變水不噴。不知何年就湮泐，偕公靈氣歸九閽。銘辭昭回五十六，芒角光怪珍與璠。迄今已逾七百載，紀年溯自紹聖元。暨陽吴君得舊拓，欣喜示我言煩冤。乾隆中葉甕無恙，忽有內監入祇園。少見多怪叱磨去，僧俗承意不敢言。鴻文一旦竟澌滅，奇迹終古遭厄屯。或甕久畏捶拓苦，斫雕爲樸避繁喧。或甕久恥文辭競，銷光滅迹逃批根。甕石先離銘又沫，歸之氣數誰怨恩。自此拓本愈希有，得者不異甕石存。裝兩巨幅絶奇特，如月生暈天儀渾。古鏡懸空壁分合，無極太極剖混沌。愛古如斯豈數見，無獨有偶驚愚芚。但求此日快心定，何計異日示子孫。莫愁屋窄不可挂，有友爲子開衡門。煮茗釃酒集同調，編籬插枳啓楹軒。即看粉壁埽百丈，古書名畫懸繽繙。我將從君日談讌，如莊得惠期無諼。

子重先生老兄教正。虞椒楊沂孫應題。

石渠書葉廷琯題跋

坡公此銘字清勁秀偉，大似荔子碑筆意，且舊刻已磨滅，彌可寶貴。今定州學有重刻本，雖亦迴環刻於盆口，而字體較小於舊刻者半，圓熟亦不類坡書，并疑盆非舊物，然賞鑒家往往誤以贋鼎爲真也。獲觀子重藏本，附識之。

戊辰季冬吴門葉廷琯，時石渠同觀并書。

楊恩海題跋

仇池官府蓬萊仙，天風吹墮峨嵋巔。宫闕高寒厭岑寂，袖携群峰游世間。壺中九峰頗靈巧，珠宫兩峰亦連娟。一峰忽自太行謫，適遇坡老非無緣。曲陽石甕天作合，題以雪浪銘其邊。石交惜難久相聚，勞生又作羅浮遷。海外歸來厭塵擾，與峰白日飛上天。人耶石耶杳難即，巨甕孤寂巳千年。剩有銘詞在人世，吴君示我喜欲癲。憶昔先公守惠郡，坡老妙迹多流傳。白鶴峰居今尚在，生我名我均取焉。逢公誕日集朋詠，酌公舊井曰廉泉。手植二松廟庭下，至今鱗甲當蒼然。德有鄰與思無邪，堂齋題署留摩鐫。壁窠之字大如斗，拓本歸里素壁懸。亂後屋廬填馬矢，寶墨委棄空雲烟。猶子（蔭眉）居鄉理殘斷，紙堆尚有數本全。見我愛古急相饋，如逢舊寶開歡顔。魏珠君莫傲齊陋，趙璧我亦誇秦還。白虹夜月起庭際，光氣煜曜虞峰前。

戊辰十月。子重尊兄大人出《雪浪甕銘》舊拓本見示，率成七古一章求教。鶴峰楊恩海。

李芝綬題跋

飛狐山色何峥嶸，直與太華相争衡。崩崖斷石天半落，更無人識埋榛荆。坡公睹此詫奇絶，輦致座右逾晶瑩。石間奔流盡水變，曲陽丈八盆相盛。天吴詭狀出山骨，疑是鬼斧爲扳擎。激以清泉灌其頂，迅若飛雨雲濤生。自名高齋曰雪浪，盆邊鐫刻銘詞精。未幾遷謫公南征，芸叟接守盆石傾。作詩正欲寄嶺外，公將歸北俄騎鯨。招魂萬里些詞苦，人亡石在徒心怦。即今盆銘垂千載，回文雒誦嗚韶韺。吴君持示舊拓本，字迹剥蝕留精英。想見伏流漱寒玉，耳邊還有飛濤聲。

戊辰十月題奉冠英仁兄大人指正，虞山李芝綬。

吴大澂題跋

崑崙之巔多白螭，下挾雲氣翻天池。丈八盆中吐奇采，忽逢坡老來題辭。分明五色天堪補，却被女媧手攫取。數點殘星歸太空，一輪明月寒終古。珠已去兮櫝則存，六十四字埋苔痕。荔子碑文各肥瘦，表忠觀記同評論。豈知名迹還遭忌，何物刑餘不解事。文章磨滅七百年，舊日盆銘今没字。既非牛礪與童敲，又不爲雨淋日炙，野火燒嶧山，棗木空傳刻，徒使人間魚目來相淆！君從何處得紙本，烟墨如新完不損。琴川百里往來便，壓倒行囊書一捆。我憶盆銘與塔盤，寶鐵齋中同日觀。大業七年紹聖元，一時璧合雙龍蟠（昔年外祖韓履卿先生曾以《雪浪石盆銘》及《上方山大業塔盤》兩幅命題）。嗚呼！舊事如烟那足道，一歌再歌傷懷抱！安得壽如金石長相保！

己巳初夏題奉子重先生大雅正句。清卿吴大澂初稿。

吴大衡觀款

同治己巳初夏日，誼卿吴大衡觀於止敬室。

沈樹鏞題跋

坡公書自遭黨禁後，存於世者十無二三，此《雪浪石盆銘》尚是原刻真本。盆與石皆在定州。康熙初，臨城令宋慶業自定州移至臨城，建亭鑿池，宋去後變爲馬廐，至乾隆丙戌，趙州刺史李文耀始移還定州，未幾又被磨毁。近日所傳墨拓，率皆重刻本矣。按：公於元祐八年甲戌以龍圖端明兩學士出知定州，至明年紹聖改元，章惇用事，左遷英州，旋貶惠州。書是銘時爲四月辛酉，蓋公即於是月去定州也。同治己巳夏五月，子重先生出示是銘整幅真本，因附書之。時同客吴門。沈樹鏞。

陳承修題跋

雪浪齋印邊刻一『軾』字，濰縣陳簠齋（介祺）舊物，向藏其曾孫禮丞（文會）許，今年禮丞病殁，此印乃入市肆，因假歸，鈐印於此。一家眷屬，合共流傳。櫝内有高南阜題記，并橅於後方。

庚午六月既望，閩中陳承修記。

陳承修録『雪浪齋』印櫝内高鳳翰題跋

雪浪齋東坡遺印，郡前輩劉司農巡方京畿時獲此印於定州，并『雪浪齋』三大字及《雪浪石圖》，坡公所謂『玉井芙蓉丈八盆』也。歲甲午購自其裔孫豪齋，閲二十年甲寅，在海陵處爲此耑櫝藏之。

五月二十日記。鳳翰。

邵鋭舊藏明拓《蕪湖縣學記》

説明

《蕪湖縣學碑》，宋黄裳撰文，米芾行書，張士亨摹刻。北宋崇寧三年（1104）八月刻，在今安徽省蕪湖市。首題『太平州蕪湖縣新學記』。

國家圖書館藏本爲羅振玉舊藏明拓本。裱本，1册，册高33厘米，寬16厘米，共計35開；半開2行，行4字，墨心高23厘米，寬11.2厘米；鈐『羅振玉印』『六通館』『平齋所得』『曾在并州田季子處』『羅振玉印』等章，采訪號爲94881，1963年8月16日登記入藏。

邵鋭題外簽

明拓宋《蕪湖縣學記》。己亥夏邵鋭題。鈐『茗生』朱文小方印

邵鋭題跋

米南宫書《蕪湖縣學記》，明拓精本，墨華腴潤，可寶可玩。戊戌初秋，杭邵鋭讀後偶記，時年五十又四。鈐『邵鋭小記』白文方印、『茗柯有實理』朱文方印

王敏先生按語

碑近拓本首行『太平州』『平』字左下角泐甚，『州』字泐右半如州，『蕪』只餘草頭，『湖月』右泐連石花，此明拓本，均未泐以上諸字。

張伯英藏明拓《大觀帖》

説明

《大觀帖》是北宋官刻叢帖，大觀年間（1107—1110）由宋徽宗下詔，龍大淵主持刊刻，刻成之後置於東京（今河南開封）太清樓下，又名《太清樓帖》，或《大觀太清樓帖》。全本十卷，内容包括：歷代帝王法帖（第一卷，漢至唐帝王18人，共收49帖）；歷代名臣法帖（第二卷至第四卷，漢張芝至唐陸柬之67人，共收114帖）；諸家古法帖（第五卷，倉頡至唐張旭15人、無名氏6人，共收23帖）；王羲之法帖（第六卷至第八卷，共收171帖）；王獻之法帖（第九卷至第十卷，共收61帖）。

《大觀帖》拓本流傳較少，國家圖書館藏本爲明拓殘卷，存卷九1册，高33.5厘米，寬17厘米，凡5開。宋犖、張伯英題跋，鈐『張伯英印』『英』『犖』『牧中』『緜松菴』『虞山氏記』『勺甫』等章。

張伯英題簽

《大觀帖》之九。幸山堂遺石，癸未重九張伯英署。

宋犖題跋

宋郡南有幸山堂，爲宋高宗駐蹕之□，明崇禎中沈氏濬池得石一片，兩面刻字，乃淳化《閣帖》九卷第一、二兩版，王獻之書也，旁有『陳懷玉鎸』四楷字。董文敏見而愛之，後寇亂失去。康熙丁丑，余姪壔偶掘地復得，拓以寄余。筆劃遒勁，精彩奕奕，爲北宋刻無疑。按：《閣帖》祖本用棗版，而陳簡齋云『太宗刻石寵賜下方』，則閣本固有石刻也。南渡後摹刻者紛紛，曹士冕《法帖譜系》云：『襄州刻本第九卷《大令帖》毁於王旻之變。』余曩撰《筠廊偶筆》，即以此石爲襄州所失，不知旻變在理宗端平三年，以地以時，相去遠甚。且既毁矣，安得復出？今爲正之，别刻一石附帖後，俾壔永寶焉。

綿津山人宋犖跋。

張伯英題跋

此《大觀》殘石，非淳化，漫堂引陳簡齋語附會石刻，不知有《大觀帖》，何也？襄州刻者絳本，更於此石無關。張叔未藏廿三行，僅存一面，不言爲幸山堂遺石，蓋未詳所出。余少時聞歸德有此石，七旬後乃得見墨本，幾如星鳳，與明人所稱河南本十七帖，皆太清樓所遺之鱗爪。十七帖更無知者，余爲審出。漫堂不識帖，因思翁賞愛，乃知可貴，售此者則以漫堂題識居奇矣。

癸未重九，用漫堂鳳鐸硯書，銅山張伯英。

又

萬年少題《大觀帖》云：高宗渡江載其石行，遺第九卷於歸德軍。榷場南來磨『亮』字本依然完帙，其不曾載石渡江可知，不曾遺第九於歸德亦可知，萬氏之説未詳所本。吾疑此石至歸德在金亡之後，記此待考。『陳懷玉鐫』四字緣何棄去？可惜也！

又

《太清樓》第九卷宋拓本無由得見，與此是否一石，非互校不可知。甲申三月。

汪師韓舊藏《牛鼎銘》

説明

《牛鼎銘》，北宋政和（1111—1115）年間所製。鼎高一尺二寸五分，寬一尺六寸，耳高三寸，腹至足七寸，重五十斤。黄易《小蓬萊閣金石目》之金目著録宋代金文，有一條目『豐潤鼎文』，篆書，文曰：『惟甲午八月丙寅帝若稽古肇作宋器。』五行，在直隸豐潤縣學宫。

國家圖書館藏《牛鼎銘》拓本與《刁遵墓誌》合裱爲一冊，總計27開，冊高28.5厘米，寬16.5厘米。此拓一紙，在誌後，拓本高18厘米，寬11厘米；後有牛鼎綫圖一幅，0.5開，圖下有正書釋文和説明，題跋7開。鈐『頤清館印』『徐堅曾觀』等印。此本爲汪師韓、蔣祖詒、金文淳、宗源瀚等遞藏，有汪師韓、倪承寬、陸飛、金嘉琰、陶濬宣、鄒士城、宗湘文、張珮綸等題跋。采訪號爲83981，1961年7月12日登記入藏。

牛鼎釋文

維甲午八月丙寅，帝若/稽古，肇作宋器，審厥/象，作牛鼎，格于太室/從用享，意寧神休，維/帝時寶，萬世其永賴。

牛鼎説明

鼎高一尺二寸五分，闊尺有六寸，耳高三寸，腹至足七寸，重五十斤。

汪師韓題跋

京畿豐潤縣文廟中有古鼎，乾隆甲戌，友人羅孝廉堃在縣修志，以邑人曹翰林易望所作辨文寄京師，邀余賦詩。越一紀，余客保州，適友人金明府嘉琰來宰是邑，因屬摹拓銘文，并繪鼎象而裝潢之。余按：《長安客話》謂宏治（按：當爲弘治）間土人鑿井得之，重五百斤，圜腹弇口，四足，足上爲牛首，下爲牛蹄，或以爲商時物。《客話》得自傳聞，未嘗目擊。今文廟之鼎重只五十斤，高一尺二寸五分，闊尺有六寸；耳旁出，高三寸，腹至足七寸，凡三足。以爲重五百斤及四足者，皆非也。宋雖殷後，不當稱帝。鐘鼎之文，或月而不年，或日而不月，無取周備。且古不以甲子名歲也。曹翰林據陳世崇《隨隱漫録》云：紹興初有獻鼎於行都，上賜白金三千兩，賜三茅觀（觀在吴山），高一尺三寸，廣尺有咫，兩耳旁出，三足皆具牛首。鼎外周環紋如篆籀，腹内篆銘曰：『維甲午八月丙寅，帝若稽古，肇宋鼎，審厥象，作牛鼎，格于太室，從用享，億萬寧神休，維帝時寶，萬世其永賴。』凡四十一字（今銘云『肇作宋器』，增『作』字，易『鼎』字，又『億』下無『萬』字，亦共四十一字）。乃五代宋孝武帝孝建元年八月二日肇作以享太室者，而田叔禾《西湖遊覽志》又訛作漢鼎，稱漢建元三年。按：漢武帝建元三年乃癸卯，非甲午，是蓋以宋孝武訛漢孝武，又以孝建元年訛作建元，益加謬矣。然《游覽志》謂宋鼎今以焚香殿中。叔禾乃嘉靖間人，而三茅觀之鼎猶無恙，豈其宏治時便已得自豐潤？則雖篆銘與隨隱所録相符，當别是一鼎！且宋自武帝永初元年受禪，遷神主於太廟時，尚未立明堂，閲三十餘年，至孝武大明五年，明堂始立，有司奏鼎俎彝簋一依廟禮，班行有司，搜材簡工。此在孝建之後。若明堂未立以前，何有太室，又況南朝重器，豈得遠至北地？余考太歲之在甲午者，北宋實得其三（太宗淳化五年，仁宗至和元年，徽宗政和四年。其淳化、至和之甲午八月，俱無丙寅日）。宋初季秋大享，命有司攝事於郊壝，寓祭而已。仁宗皇祐二年以大慶殿爲明堂。三年宰臣文彦博進《大享明堂記》，亦猶寓祭，雖皇祐五年有閱宗廟祭器之事，而五年乃癸巳。明年至和元年，方值甲午。元年之八月，又無丙寅日。至神宗元豐時，禮官以明堂寓大慶路寢，别請建立，未暇講求。沿及徽宗崇寧，蔡京爲相，始以姚舜仁《明堂圖議》上，詔依所定營建。尋因彗出，蔡京免官，明堂亦罷。故大觀元年大享明堂，猶寓大慶殿。及政和五年，特詔建立，參稽古制，爲四户、八窗、五室、十二堂、九階、四阿之式，又以言者明堂基宜正臨丙方，近東以據福德之地，乃徙秘書省宣德門東，以其地爲明堂，命蔡京爲明堂使。其年乃金太祖稱帝之收國元年也。政和七年，明堂成，太室乃明堂五室之中室，而《宋史·禮志》云：初議禮局之制也，詔求天下古器，更制尊爵鼎彝之屬，又置禮制局於編類御筆所，于是郊廟禋祀之器，多更其舊。是則明堂之建，雖降詔於政和五年，而鼎或先鑄於政和四年之八月，其丙寅之日，則是月之二十三四日也。然則紹興所獻，亦是北宋之鼎，而非五代之宋矣。史紀靖康之難，古器、祭器、八寶、九鼎，無一不與辟雍石鼓同其輦致，夫焉保無流落民間者乎？惜乎此鼎未經顧亭林《金石文字記》（潘次耕補遺亦無）、朱竹垞《日下舊聞》（《舊聞》但録《長安客話》，無所辨證）兩書之考證。趙宋政和相隔劉宋孝建六百三十餘年，越十二年而及欽宗靖康，自靖康至明孝宗宏治三百六十餘年，到今又二百五十六年，竟無鑒别古器者。或謂宋仁宗皇祐五年鑄鼎十有二，圜邱用五，宗廟用七，劉敞爲之銘，疑此爲劉敞作銘，而鑄成於至和元年者，無論是年八月不及丙寅，且閱祭器已在前一年。原父博通古今，亦不應戾古而以甲午紀歲也。

乾隆三十有二年歲在强圉大淵廳壯月，蓮西僑士汪師韓跋，時年六十有一。鈐『汪伯子』『師韓』『韓門』『家書』

等印

倪承寬題跋

寬少小喜閲法帖彝鼎款識，罕有佳者。考之宋元以來金石古文、博古圖記，僅傳其説，而未覩其妙，又安辨其真贋耶？韓門先生學識淵醇，考據精審，區區一宋鼎爾，不憚詳辨如此，其心用之勤可知已。《刁遵墓誌》字形扁闊，是古篆隸之遺，其用筆嚴整，實開李北海、蘇靈芝體勢，顧得考覈明確，是不獨刁太守之幸，抑亦後學之所當式遵者歟。乾隆己丑小春望日，錢唐後學倪承寬跋於定武試院。鈐『倪承寬印』『敬堂』章

陸飛題跋

嗜奇與考古兼擅爲難，不辨《瘞鶴銘》爲陶真逸，石鼓文爲宇文周，取笑後人，賢者不免。右《刁遵墓誌》，北宋鼎銘，上湖先生考核精確，益足寶貴，乃知非有萬卷書未可以爱古也。乾隆庚寅筱歙陸飛識。鈐『筱飲齋印』章

金嘉琰題跋

豐潤文廟有古鼎，載諸志乘，余於乙酉之冬，量移是邑，即因銘考志，其説與史多未合，心竊疑之而未暇考證也。越一歲，謁上湖先生於蓮池講堂，命余拓銘繪象，裝於魏洛州刺史刁遵斷裂墓銘之後，考訂精確，足闢《長安客話》諸説之謬。金石遺文，惜乎亭林、竹垞二老人未之見也。傳聞往歲朝鮮貢使欲以重價購求此鼎，不可得，厥後每經是邑，必詣文廟摩挲瞻拜而去，豈猶以爲商家之法物歟，抑尚以爲微子之宋歟！嗚呼！不帝而帝，不王而王，何其謬歟！若夫牛趾建丑之説，尤屬附會不經，僻在外服，或遥追華胄，不暇稽古，輒與水木之思，理固宜然。至於珥筆之士，見異詞面聞異詞，余又惜乎未得。上湖先生之説，爲之援據而備録之也。戊子五月，竹泉金嘉琰識。鈐『可亭』朱白文連珠印

陶濬宣題跋

才字誰如刁奉國，撫摩殘石倍精妍。趣長畫短神明境，獨嗣元常筆骨傳。

附録稷山論書絶句百首之一。張懷瓘謂太傅著筆骨論。濬宣。鈐『陶押』印

鄒士城題跋

庚寅仲吕，士城移治閏州，明日謁文廟，獲觀古鼎於庭。銘文凡四十一字，諸生僉言此殷商舊物也。余循省良久，疑未之信。孝古建年不擊曆首，月日幹支剛柔互用，如古器銘之十有三月乙子、十有九月丁子及辛辰戊酉之類。而鼎以甲午紀年，仍以丙寅紀日，其可疑一也。商人世質作祭器，以荐道功德，多稱父祖之名，鼎之父甲、父乙，畢觚之父壬、父癸、父丁，甗之父乙，敦之父己，盉之父癸，舉之父辛、祖丁、祖戊之爲尊，祖戊之爲匜，母乙、世母辛之爲卣，與鬲皆是。而兄癸、婦庚、子乙、女乙、孫己則又名之得通於下者也。今鼎識宋帝，無論宋建，上公慎乃服命，必無是號，即有，商二十八王，廟享宗彝，稱帝稱名，自亂其例，僨孰甚焉，其可疑二也。三代銘章，皆係蝌蚪古文，惟石鼓始用大篆，云是周宣史籀所書，茌平馬薺堂指其『于維』字不類古，疑『于柳帛君庶』等字索整取稱，疑爲宇文周狩岐陽而刻是鼎。促長引短，殆甚於鼓，偏旁波磔，全仿篆體，規撫匪惟不得爲商彝，抑亦不可爲宋器，其可疑三也。蓄此三疑，思一伸説以息聳聱之喙，而劣於考訂，不能導源何代。觀上湖先生題跋，出入證據，援辨精當，且更步衍長曆，知是『歲八月丙寅』，實宋徽宗政和四年之八月二十三四日，持論允爲確鑿。而靖康之難，珍寶彝鼎，輿致燕山，往往流落民間，足與《客話》淘自古井一語相爲發明，則信乎先生審定之不妄也已。城受讀卒業，既用證己之疑，且以眎閏之士夫，俾擴其見聞而祛其惑，并附記之，以歸諸先生。时壬辰寒至静二十二日，仁和鄒士城。鈐『鄒士城字宗子』印

宗湘文題跋

牛鼎之銘，上湖考辨極精，惜其猶未見《籀史》也。按：《籀史》載徽宗皇帝政和四年夏祭方澤禮器款識一卷，刻曰：政和甲午五月庚午十有二日丙戌，帝以夏日之至，祗書於方澤，作牛鼎，用享萬世有休。又載盦簋之識曰：政和甲午，帝

以五月庚午十有二日丙戌，肇祭於方澤，制器尚象，作簠以格明祇，萬世永賴。犧象、鼎、彝、尊、罍、壺、豆凡廿有八。是甲午五月丙戌徽宗作諸器之明證。由丙戌至丙寅，計應一百三日，由五月十二至八月廿三、四，亦應百三日，與上湖所考吻合。其爲政和四年五月丙戌作鼎彝，後八月丙寅又作此牛鼎，灼然無疑，而《長安客話》《西湖遊覽志》之訛不足辨矣。源瀚。鈐『宗』『湘文』朱文連珠印

張佩綸題跋

吾鄉牛鼎，曹澹齋先生據《随隱漫録》以甲午爲宋孝武孝建元年，程易疇是之。錢竹汀《金石目録》亦據程説，編入劉宋，惜其跋不傳。乾隆《續通志》定爲宋政和四年甲午，韓門綴學益加詳焉。湘文觀察復以家藏《籀史》祕抄本爲證，足補吾鄉志乘。余辛巳歸里，觀鼎學宫，手摹其文款識，決非古物，以爲北宋者近之，因疑積古齋所録甲午簠，其文曰：唯甲午八月丙寅，帝盥清廟，作禮簠。年月日均與此同。頤性定爲泰昭襄十九年稱西帝所作器。使此鼎爲通人鑒賞，亦可傅會先秦，爲甲午簠作一旁證矣。殆非君子盖闕之義也。吉金文字類云作寶尊、作寶鼎、作寶敦、作寶盤，故易疇又疑肇作〓器之〓字，與齊刀〓字皆古『寶』字省文。《説文》：宲，藏也，省作〓。亦近似。然孝建政和，紛如聚訟，全以宋器二字爲斷，此自用作宗周寶鐘，例以爲肇作宗器，安必其爲宋器耶！恐程氏未定之説也。唯宋字《説文》从宀木，《宣和博古圖》所摹宋公䜌鐘六器，『宋』字均作小篆，此〓字求之字書鼎録，無所據依，蓋許君所謂『詭更正文鄉壁虚造』者。政和君臣不學無術，不止博古圖釋文流舛，歷爲洪景盧所譏也。其時金源漸强，邊備日弛，豈造明堂鑄彝器潤色太平之時。况所云稽古審象者，又且變常耀世，與荆公字説通謬，甚失啓後維則之誼，何論其他。班氏稱漢孝宣之治，至于技巧工匠器械，元、成間鮮能及之，有旨哉！

光緒十有五年己丑夏四月，豐潤張佩綸謹識，營山于式枚同審定。鈐『張』『綸』印

畢瀧舊藏宋拓《争座位帖》

説明

《争座位帖》又名《論座帖》，或《與郭僕射書》《與郭英乂書》，爲唐廣德二年（764）十一月顔真卿致尚書右僕射、定襄郡王郭英乂的信函。信中，顔真卿直指郭英乂於安福寺興道會上藐視禮儀、諂媚宦官魚朝恩，致其禮遇高於六部尚書之事，體現了顔真卿正直剛烈的個性。原稿用唐畿縣獄狀碰熟紙寫就，共七頁，秃筆書，有夾行小注和勾改痕迹。此稿本墨迹北宋時藏於長安安師文處，安氏據以摹勒刻石，後安家兄弟異爨析産，傳安師文子、兄分得四紙，弟分得三紙及《鹿脯帖》，真迹遂一剖爲二，其後又進入内府，原本自此輾轉不知所終。

《争座位帖》安氏刻石高107厘米，寬69厘米，上下兩截刻，總計68行，行十餘字至廿餘字不等。因刻於陝西西安，世稱『關中本』或『陝刻本』，今存西安碑林博物館。好事者因以該本爲底本反復翻刻，翻本衆多，良莠不齊。張彦生説：『傳世陝刻本爲主，其他刻本多出之陝刻。』比較著名的有宋越州石氏本、宋永興守吴氏復刻本、宋北京國子監本等，另有刻入《歷代叢帖》本。世以原刻本爲重，今北宋拓本已不傳，南宋拓本亦稀如星鳳。

國家圖書館藏本即爲南宋拓本，1册，12.5開，册高22.5厘米，寬13.3厘米。此帖原爲永瑆家珍藏，後經畢瀧、王志瀜等遞藏。畢瀧、顧文彬、永瑆題簽。有嚴長明、王峻、畢瀧、王志瀜、徐嵩、李宗瀚題跋。鈐『畢瀧鑒藏』白文方印，『詒晋齋印』白文方印，『王志瀜鑒藏』朱文方印，『少華王氏圖書』朱文方印，『張競仁印』白文方印，『王峻之印』白文方印，『元山』朱文方印，『畢瀧』白文肖形方印，『宗瀚』朱文橢圓連珠印，『畢裕曾印』白文方印，『曉山氏』朱文方印等。

畢瀧書版題簽

宋拓《争座位》，是齋題簽。

永瑆題簽

宋拓顏魯公《争座位帖》，詒晋齋珍藏。

顧文彬題簽

宋拓《争座位》，甲寅四月，七十五□宸題。

畢瀧題簽

宋拓《争座位》，是齋題簽。

王志瀜題跋

此帖以丁亥夏日，畢曉山明府以之歸余。曉山，秋帆尚書猶子也。尚書開府秦中時，每不惜重貲購求古帖，此帖爲所藏《争座位》第一本，知《争座》之難得宋拓久矣。余舊藏郭允伯先生本與此皆同時所拓，必求宋本，毫髮逼清，生平未之遇也。此□題籤乃王柳東先生筆，柳東以畫名當代，而書法亦極遒古。

道光庚寅閏四月，王志瀜幼海甫題記。

又

書法規矩於唐，而超逸於宋。宋蘇、米數大家皆以平原《争座帖》爲崑崙墟也，蓋顏楷亦出率更河南，而此稿純任天真，無一筆不本篆籀，遂能於右軍《蘭亭》之外別樹一幟。漢魏人書不可得見，此帖遂敻絶千古，覺世之學《蘭亭》者，猶有規模，而《争座》則如列子御風而行，神乎技矣。余十八九歲即臨摹此帖，數年之後始知此帖非初學可摹，蓋其天馬行空之妙，非解折釵屋漏、用筆得之心而應之手，徒以形似求平原，即池水盡墨，而平原終不我即也。前人謂楊少師書與之相也，而其迹甚少，惟林藻深慰數行類爲神契。然行草必由真入，學顏不將其大楷刻意臨習而遽學《争座》，畢竟空虚，無實際真學。書者又不可爲高論所誤，余向見《争座》不下數十百本，以石在碑林，久即漫漶，所得舊者不過二三百年之物，無所謂宋拓。此本乃畢秋帆尚書所藏，其中剥蝕僅數字，觀之眼明神爽。道光丁亥六月，尚書猶子畢曉山明府以之歸余，書畫船中頓添寶氣。戊子携之都門，又經諸鑒家推許，以爲得未曾有，洵屬宋拓無疑。惜余年過古稀，骨格已定，欲從莫由，惟有與門外青山、籬邊黄菊慰此老眼，以永朝夕而已。

乙未中秋後四日，坐左馮書院河聲岳色之齋展玩漫題。王乾隆癸亥仲秋虞山王峻識。

畢瀧題跋

《争座位》墨迹用先豐縣先天、廣德中牒起草，秃筆，字字意相連屬，鬱勃奇宕，渾似天行而無迹可求，爲顏行書第一。昔米南宫論之甚詳矣。此拓紙墨精妙，神氣完足，可稱宋拓善本。

己亥重九，風日清美，獨坐分緑樓題此。竹癡子畢瀧。

李宗瀚題跋

海嶽評《争座》稿詭異飛動，得於意外，自是確論。然石刻剥泐後骨骼尚存，風韻大減，觀此宋拓本，正如魏文貞，更饒嫵媚也。

幼海二兄同年博雅嗜古，此行笈所携，出以見示，信墨緣耶。

道光戊子芒種前二日，臨川李宗瀚記。

徐嵩觀款

乾隆六十年十月初七日，金匱徐嵩觀於京師寓齋。

志瀜幼海甫。

嚴長明題跋

昔人稱魯公《争座位帖》氣格與《蘭亭》并峙，蓋謂其性情流露，意不在書，而天真爛然，自合矩度，故爲後代書家極則。真迹舊在安師文家，刻以傳世，即今關中本也。後吴中復守永興重摹上石，其别本半出。袁清容所藏實米臨也，渾厚流轉，去此本遠甚。今原石尚在，僅存皮骨，竊欲屏棄世緣與鼠尾，麝煤熏染終歲，而驪駒就駕有願未能。爰書數語以爲他日息壤之約。

甲辰首春嚴長明識。

王峻題跋

魯公行書世所傳者，《争座》《乞米》《鹿脯》《祭侄》《送劉太真》數帖而已，米元章以《争座》爲顏公行書第一，董文敏亦謂此書直接右軍，以其不爲結構，天真爛漫，非虞、褚所及，昔人推重此書如此。今真迹不知尚在否？石刻流傳久已漫漶，此本乃初拓中最佳者，點畫分明，姿態横溢，信可寶也！

范大澂舊藏宋拓《隸韻》

説明

宋劉球編輯的《隸韻》是一部漢隸字典，全書十卷，以楷體爲字頭，依韻排列，字頭下輯録兩漢以來廟碑、墓碣、遺經殘石、鐙、鉦、盆、鏡等金石器物上的隸書字形，並分别注明出處。正文前有碑目一卷，所引諸碑今多不存。傳世拓本極爲稀少。

國家圖書館藏本爲范大澂舊藏宋拓本，共8册，缺碑目和卷四。凡205.5開，其中墨本199開，題跋2.5開，題端1開，補本3開；册高34厘米，寬21厘米，墨心高25.5厘米，寬15.8厘米。范大澂、黄氏一層樓、盧登棹、李鴻裔等遞藏。有趙之謙題簽，錢大昕、盧焯、錢維喬題跋，吴大澂等觀款，鈐『范大澂印』『錢大昕印』『蘇鄰鑒藏』『鄞江李氏文房』『維喬之印』『四明盧氏抱經樓印』等印。

趙之謙題每册外簽

第一册題簽：《隸韻》卷一，上平聲上。明范氏大澂藏宋拓精本。一册。

第一册錢大昕題首：《隸韻》

第二册題簽：《隸韻》卷二，上平聲下。二册。

第三册題簽：《隸韻》卷三，下平聲上。三册。

第四册題簽：《隸韻》卷五，上聲上。四册。

第五册題簽：《隸韻》卷六，上聲下。五册。

第六册題簽：《隸韻》卷七，去聲上。六册。

第七册題簽：《隸韻》卷八，去聲下。七册。

第八册題簽：《隸韻》卷九、十，入聲。第四卷原闕，同治乙丑五月，沈鄭齋同年得於都門，趙之謙題記。八册。

錢大昕題跋

金石集録昉於歐陽文忠公，厥後好古之士著録日繁，搜采之博無過趙德甫，考證之精無過洪文惠。文惠《隸釋》《隸續》二書世多有之，惟《隸韻》不傳。乙巳夏於四明盧氏抱經樓得見此刻，雖殘缺不完，款識都失，要爲文惠之書無疑也。文惠嘗模鴻都石經殘字，刻於會稽之蓬萊閣，論者謂淳古不異真漢刻。予往來越中，求其隻字不可得，而兹本忽出於六百年之後，神物護持，洵非偶然哉！

竹汀居士錢大昕記。

吴大澂篆書吴雲等觀款

宋拓精本，稀世至寶。

光緒三年丁丑三月十又八日，歸安吴雲愉庭、秀水杜文瀾静逸、元和顧文彬怡園、武進盛康旭人、吴縣潘曾瑋養閒、吴大澂恒軒，集網師園同觀。

盧焯題跋

洪盤州《隸韻》乃刻之紹興蓬萊閣者，全謝山太史云世間已無傳本。此殘帙乃范序班所藏，後歸之黄氏一層樓，數十年流落，不知歸於誰氏。己丑冬，於迎鳳橋舊書鋪中得之，驚喜殊甚！即殘本，當寶同拱璧也。

乾隆乙巳夏六月，書船焯識於抱經樓。

錢維喬題跋

盤州《隸釋》自序云：既法其字爲之韻，復辨其字爲之釋。又竹垞跋《隸續》云：繹後叙尚有《隸韻》《隸圖》，今不得見。是《隸韻》之不傳久矣！此本抱經樓所藏，雖殘缺不完，而精彩焕發，規矩可師。考顧南原《隸辨》一書，亦以韻采輯，取以相校，所收不及是刻之詳備，豈非考古者所當斤斤寶愛哉！

乾隆乙巳中秋後一日，毗陵錢維喬識於四明官舍之小林樓。

洪範舊藏《武梁祠畫像》

説明

此本稱宋拓，粘貼本册裝，1册，册高31厘米，寬18.8厘米；連跋共計4開。《武梁祠畫像》三幅，宋（960—1279）翻刻本，隸書。有翁方綱、洪範、邵鋭題跋，采訪號爲94884，1963年8月19日登記入藏。

帝嚳像高27厘米，寬12.5厘米，牓題：『帝嚳高辛者，皇帝之曾孫也。』鈐『石畫軒』白文長印、『蘇米齋』白文方印；曾子像高23厘米，寬26厘米，牓題：『曾子質孝，以通神明。貫感神祇，有靈來乃。後世凱式，□□無綱。』鈐『翁方綱』白文方印；丁蘭像高24厘米，寬33.5厘米，牓題：『丁蘭二親終殁，立木爲父，鄰人假物，報乃借與。』鈐『覃谿鑒藏』朱文方印。

邵鋭題外簽

宋刻宋拓《武梁祠畫象》三幅。翁覃溪洪石農題記，丁酉九秋邵鋭珍皮。鈐『半巖廬曾孫鋭』朱文長方印

洪範題內簽

漢《武梁祠畫象》。鈐『石農書畫之印』白文方印

翁方綱題跋

帝嚳　曾子　丁蘭

甲辰三月廿七日，以汪雪礓、陸貫夫、黄小松三次所摹本對看。北平翁方綱記。鈐『蘇米齋』白文方印

又

己未三月，吴門陸孝廉沅持所藏舊拓十三幅屬題，即此本之後拓者。

又

洪石農所贈宋拓重刻本三幅。鈐『翁方綱』白文方印

洪範題跋

先文惠公《隸續》云：《武梁祠堂畫記》，自伏羲至於夏桀，齊公至於秦王，管仲至於李善，及萊子母、秋胡妻、長婦兒、後母子、義漿羊公之類，合七十六人，其名氏磨滅與祠無題識者又八十六人，得之括蒼梁季珩。始予聞建康寓客有此碑，嘗託連帥方務德訪之，未至而書已成，方亦刻之郡齋。此三幅筆畫淳古、毛髮具在，楮色墨色，舊光盎然，縱非建安之刻，殆亦淳熙間物也。可不寶諸。

乾隆己亥六月下澣，石農洪範識。鈐『洪範之印』朱文方

印、『石農』白文方印

邵鋭題跋

宋衛博《定厂類稿》云：某聞之，喻子才郎中南渡四十年纔再見之朱晞真張如瑩氏，漢碑鄉來无恙者，故自有數，中厄戎馬，其傳益微，此本則文字奇古，少訛缺，尤可珍愛。乾道丁亥夏，客有持示建康尹某人，云即張如瑩尚書所藏本也，乃刻而納諸府廨紬中閣之壁，以震耀來世云。洪适《隸續》云：右《武梁祠堂畫記》，得之括蒼梁季珩。始余聞建康寓客有此碑，嘗託連帥方務德訪之，未至而書已成，方亦刻之郡齋，地遠歲久，殆將亂真也。衛氏所云刻之紬中閣之本，殆即洪氏所云方亦刻之郡齋之本，以時地相同也。此三幅，拓墨黝舊，白麻宋紙，誠爲罕見奇品，又有洪翁題記，至可寶也。或即方務德重刻之本僅傳於今者。

洪範字石農，歙人，官河庫道，博雅工詩，書畫俱磊落超逸。附記於此。

丁酉九秋杭人邵鋭。鈐『茗生題記』朱文方印

章鈺舊藏元拓《道德經》

說明

《道德經》，全稱《太上玄元道德經》。趙孟頫正書，元延祐五年（1318）十一月顧信摹勒，吴世昌鐫刻。此本帖式刻，半開七行，行十七八字不等，爲元拓本，凡25開。册頁裝，1册，高24厘米，寬12.7厘米。此帖原爲章鈺舊藏，章氏題簽並書『元刻元拓前人所謂親見仙人吹玉笛也茗移秘笈』，後附章鈺用『至正丙申孟夏翠巖精舍新刊』箋墨筆題跋一頁。

章鈺題簽

趙松雪書《太上玄元道德經》。元刻元拓，前人所謂親見仙人吹玉笛也，茗簃秘笈。

章鈺題跋

安素軒覆本首行改作『老子』二字，前有『趙字』『大雅』二字印，末『善夫』兩行無，夾葉有鮑勳茂跋四行，正文

末添『老子終』三字。

張伯英舊藏清乾隆拓《書譜》

説明

《書譜》，唐孫過庭撰文並草書，明曹驂摹，明梁元壽刻。原作於唐垂拱三年（687），此爲明嘉靖二十二年（1543）據太清樓本重刻本，首正書題『唐孫過庭書譜』。帖後刻曹驂跋。

國家圖書館藏本爲楊浚、張伯英遞藏之清乾隆拓本，木刻本，經折裝，楠木封面，烏金拓，1册，凡27.5開，半開高31厘米，寬18厘米。有張伯英題跋和題簽，鈐『雪滄所贈』『閩楊浚雪滄所得金石』『雪滄所得善本』『小來禽館』『老勺平帖』『張伯英印』等章。

张伯英題簽

《書譜》。江陰曹氏重橅太清樓本，庚辰穀雨後三日，銅山張伯英。

張伯英題跋

太清樓《書譜》，予見殘本存三之一，以廿行为一石，清迴绝倫，爲《書譜》最先之刻。嘉靖廿二年江陰曹氏依太清樓本重橅，曹驂作跋，泛論孫書，不言何本，世傳元祐二年河東薛氏模刊者與此悉同，惟帖尾有垂拱三年寫記一行。太清樓原本明人已云難得，何以遠在其前之元祐，薛刻明人都不曾言及，可知明時并無此物。清代碑匠重翻嘉靖曹氏帖，妄增元祐年款，蓄帖者莫名其妙，競尚薛刻，其稍精者便謂宋拓，殊可笑也。太清樓不可見，見此尚有叔敖之似，曹跋已撤去，向售者索回仍裝於後。跋有嘉靖紀年，無以欺俗目，故皆撤之。豈知此跋足證薛刻之僞妄，百不存一，至爲可貴。垂拱一行，曹氏原本所缺，跋以『三年』爲『五年』，當誤，僞薛有者取他本橅補耳。庚辰穀雨後四日，試天籟閣春臺硯書，彭城張伯

英。鈐『老勺平帖』『張伯英印』章

又

薛少彭刻東坡《上清詞》爲元祐二年，翻此《書譜》者亦作二年，此其作僞之根據也。辛巳七月八日，閱《上清詞》舊本記之。勺叟。

孫禄增舊藏明拓《比干盤銘》

説明

《比干盤銘》，全稱『比干墓銅盤銘』，篆書，無年月，割裱本，1册，墨本1張，高24.4厘米，寬21.9厘米，總4行，行4字；册高34.5，寬23.5。有孫禄增、李慈銘、王瓘等墨跋1.5開。此本爲孫禄增舊藏，鈐『臯堂』『平生有三代文字之癖』『寶漢樓主』『叔苐』『曾在歸安龐氏』『寶漢樓主』等印。

采訪號爲220991，1965年11月15日登記入藏。

佚名題外簽

《比干槃》。宋拓。

趙濱彦題内簽

宋拓《比干槃銘》。趙濱彦爲叔苐吏部題。

孫禄增題跋

同治七年十月，余自揚州回里，訪陸存齋觀察。適有書賈自外來，存齋重值收羅，皆宋刊宋印者，余縱旁縱觀，不勝臨淵之羡。偶翻一頁甚厚，窺之，其色黯然，啓視之，則《比干盤銘》也。卷而懷之，當無傷於雅。禄增記。鈐『苐』印

王賦觀款

壬午元日，臨桂王賦觀於寶漢行廬。

李慈銘題跋

此銘真僞聚訟紛紜，然不特比干無據，即論篆法，茂密姿致，必非三代物也。其首四字或云『左林右泉』，或云『右林左泉』，然第三確是『左』字。古人右作[illegible]，左作[illegible]，此文

作𠂇，明是左字偏旁，非右也。然下從工己，叚左助字爲之，是亦非三代文字之一證。第一、第二及五、六、七、八字，則各家以意釋之，不敢質矣。後二句曰『萬世之齡』『於焉是寶』，則筆畫皆可識。古無『齡』字，或借『軨』、借『令』爲之，此文作□，則可知秦漢前已有『齡』字，《禮記》夢與九齡之言，不必穿鑿曲説也。舊釋爲『靈』，亦可通叚。或釋爲『寧』、爲『藏』，則不識字矣。『於』字古文象鳥之形，此可放悲，或釋爲『兹』，亦謬也。然玩此二句，豈服周人語乎？同年叔弗吏部得此拓甚舊，爲宋政和間新出土時拓者無疑，不特非明萬曆重橅本，亦并非元延祐刻本，是亦可寶也。

李慈銘識。鈐『慈銘』印

王瓘題跋

《比干墓銅槃銘》，郭昌宗、顧亭林、錢辛媚、畢秋颿、武虚谷諸人皆已著録，然所據者僅明萬曆間周思宸重摹本，原本至今迄未之見，故有疑其爲僞者。

叔弗吏部见示舊藏，此紙楮墨黯淡，而神氣渾古，與王復齋、薛尚功所收《董武鐘帶鈎銘》字迹相類，確是三代文字無疑。一朝得見前人所未見之舊拓原本，叔弗吏部何古緣之厚耶！

辛巳閏七月，銅梁王瓘觀并記。鈐『王瓘』『孝禹審定』印

後附簽佚名題詩

一片笙歌沸夕陽，西湖六月自風光。鑲紅鑲白旗何在？滿眼青帘酒店香。搴裾姊妹髮初齊，雹火紛黄路又迷。不耐市囂燈影亂，風吹人語過橋西。燕兒消瘦玉奴肥，冰剪吴紈著體微。花樣玲瓏嵌綃鬒，招涼不是水雲衣。宋嫂魚羹味太難，藕絲金粉薦冰盤。燈紅酒緑人何在？倩影亭亭過畫欄。

王敏先生按語

明周思宸云，元延祐戊午，學正王公悦臨摹汝帖，勒石立於比干墓前，不久亡失。明時何思宸又從汝帖模刻，今所傳者思宸模刻本也。《比干墓銅盤銘》，或云在汲縣，或云在偃師，耕獲獲一銅片，槃形，四尺六寸，上鏤文深二分。

各金石書著録所載此銅盤銘均未見之原拓本，此紙爲明重摹刻，明拓本耶？

姚衡舊藏明翻明拓《出師表》

説明

《出師表》，三國蜀諸葛亮撰，題歐陽詢正書。

國家圖書館藏本爲周進舊藏，題宋拓本，實爲明翻明拓本。册頁裝，1册，凡10開，其中墨本8開，跋2開；半開4行，行10字；册高30.8厘米，寬16.5厘米，半開墨心高22厘米，寬10.5厘米。有王淶、葉德輝題簽，周季木、程瑶田、周在廉、王淶、姚衡等題跋，鈐「宋拓」「健之審定」「懷麓館審定宋拓本」「周季木審定印」「夢廬審定」等章。采訪號爲28822，1961年7月11日登記入藏。

葉德輝題簽

宋拓歐陽率更書《出師表》。鑒之觀察屬書，葉德輝。

木居士附頁題

丙辰秋初，方第山以此帖質予四百金去。木居士識。

王林題簽

宋拓歐陽率更《出師表》。庚辰初秋，吴興王林書籤。

秦恩復觀款

道光壬午年秋重陽後一日，秦恩復觀於京師。鈐「性初寓目」印

程瑶田題跋

右《出師表》，以爲歐陽信本所書，不見諸家著録。然據紙色、墨色及觸手生香，其爲真宋拓無疑矣。乾隆丁未九月朔，程瑶田觀因跋。鈐「程壽」「程瑶田」印

周在廉題跋

余獲觀此帖，精心細玩，覺點畫波磔間，雄秀天然，以爲吾鄉率更書於《醴泉》《皇甫》諸帖外，別具渾朴之致，無平日勁險刻厲氣象。米老評其真到内史，有以也。況此拓紙墨精神，如親古玩，臨池者得此可以入古人之室矣。嘉慶戊寅四月朔，長沙後學周在廉敬跋。鈐「在」「廉」「吾鏡」等印

王洓觀款

嘉慶庚辰七月，吴振棫、高習之、王洓同觀。

姚衡題跋

《越州石氏帖》世不多見，文氏《停雲館帖》摹有數種，此表未經摹入，用筆差近元常，故閲者疑非率更耳，其渾朴之致，固非信本不可，而自來著録家未經論及，幾令異寶與碔砆同價矣。得此二十餘年，覽者無慮數十，從不欲凌豈無意，得石氏帖目，始知此爲歐書無疑也。道光戊申重陽前六日，吴興姚衡書。

姚氏録《越州石氏帖目》

越州石氏帖目

《蘭亭》，向之二字雙鈎宋游丞相本也。

《黄庭》，《樂毅》，《曹娥》，《東方畫讚》，《女史箴》右軍，十三行，率更《前出師表》，永興《破邪論叙》，《陰符經》褚河南，《麻姑仙壇記》，《西園雅集圖》。

此表五十三行，並標題銜名爲五十五行，行十二字，裝池者截作十字一行，非石氏之舊矣。覃溪先生謂舊刻宜併餘紙摺裝，則後人有可追考，真卓識也。己酉三月，大孤山舟中又記。

又

米海岳《書史》載關景輝刻石子敬帖節過觸事云，甚奇妙，云真迹在越州石元之大夫家，今在其子縣尉處，則刻帖者當即其人。庚戌四月廿三日銅陵舟次記。

陳春永舊藏清乾隆拓《秀餐軒帖》

説明

《秀餐軒帖》不分卷，海寧陳春永纂輯家藏舊刻而成，所取多小真書，或采舊拓，或宋明人叢帖，選擇精善，摹勒亦有法度。附康熙三十七年（1698）後。

國家圖書館藏本爲乾隆拓本，4册，經折裝，凡85.5開。高28厘米，寬13厘米。收有鍾繇、陶弘景、張即之等20人書37帖。羅復堪舊藏並題簽。有方貞觀、程易疇、陳德大等題跋，鈐『老複丁』『橋盦所存金石文字』『嵐石山房』『樹銘長壽』『舊燕堂』『濟寧王謝家深父珍賞』『唐牒樓鑒藏印』『老鐵』等印及嵐石主人朱批。

第一册題簽

《秀餐軒帖》第一册。嬾民清玩：元常四表，附王僧虔帖；逸少《黄庭》《樂毅》《蘭亭》三帖，附初月十二日帖。

程瑶田第一册題簽

《秀餐軒帖》

漁笛庵澹老第一册題簽

《秀餐軒帖》。舫亭摹本。漁笛庵澹老書簽。

第二册題簽

《秀餐軒帖》第二册：逸少像贊二本，晋人《曹娥碑》，大令十三行《洛神賦》，王僧虔表，《華陽隱居帖》，永師《歸田賦》并小札，裴耀卿表，楊景度《韭花帖》。

漁笛庵澹老第二册題簽

《秀餐軒帖》。舫亭摹本。漁笛庵澹老書簽。

第三册題簽

《秀餐軒帖》第三册：虞《破邪論序》《汝南公主誌》，歐《心經》《磚塔舍利記》，褚《西昇經》《文皇哀册》，薛《杏冥君銘》《行雜帖》。

漁笛庵澹老第三册題簽

《秀餐軒帖》。舫亭摹本。漁笛庵澹老書簽。

第四册題簽

《秀餐軒帖》第四册。咸豐己未九秋得：誠懸《護命經》二本，魯公《麻姑仙壇記》《鹿脯》三帖，李泰和《少林寺戒壇銘》，君謨尺牘，東坡小字《歸去來辭》、前後《赤壁賦》，附徐季海、山谷尺牘，附蘇明允，海嶽《千文表》，《西園雅集［記］》《樗寮［息心］銘》。

漁笛庵澹老第四册題簽

《秀餐軒帖》。舫亭摹本。漁笛庵澹老書簽。

方貞觀題跋

香巖居士精於書法而尤好臨摹舊拓，余得秀餐軒刻，不甚愛惜。香巖曰：雖不佳，要可見古人遺意，學之不置，何患不成家數？余曰：善。因持贈之。時康熙丙申二月廿四日也。

貞觀識於義興坊之寓齋。

佚名書陳春永家譜系圖

十世伯祖嵎陽公與郊　子區吴公祖皋，子之□，子息園公春永（生天啓辛酉年，卒康熙戊寅）；子增城公瓛，子申甫公之伸（刻《玉烟》《藏真》《觀復》等帖）。

佚名題跋

帖石後歸揚州唐悔庵，有乾隆四十六年王夢樓太守刻跋，無目外諸帖矣。

竹香題跋

《秀餐軒帖》刻於明季，海寧陳氏所藏，計六卷。余曩在柘南錢司寇齋中見之，拓手精妙。後聞陳氏式微，並石散失，歸於邗上，今止四册，而各卷秀餐軒篆書冠首僅見兩行，恐非全豹耳！

竹香漫識於南宫僑舍。

程易疇題跋

《秀餐軒帖》四册，前有帖目，實六卷，校録無遺。

乾隆丁未秋九月得於京師。葺翁。

陳德大題跋

息園公爲余七世伯祖，名春永，字稺熙，家乘亦載刻《秀餐軒帖》四卷，今此帖編號實有六卷之迹，而以目録校之，卻恰無遺漏，且逸少初月十二日帖、智永小札，徐季海、蘇明允等書皆無目而有其帖者，無怪前人跋語或以爲全、或疑其缺也。大案：帖刻於萬曆己未，後玉烟堂帖僅七年，而息園寔生於天啓元年辛酉，意帖必增城公父子所刻，而息園公重葺舊石，爲之編目者也。置裴、楊於歐、虞之前，當時亦甚草草，惟摹勒凝重，不加粉飾，當與仲玉、墨池抗行。近日古帖日少，遂享高價，况有方南塘、程易疇二跋，足貴乎！

咸豐己未十一月廿四日，陳德大跋。

又

《破邪論》，寶晋齋而外，未見善本。此刻雖神致拘謹，形體寒瘦，然鋒稜勾畫尚清朗可鑒，念中郎者正不得不愛虎賁耳！

丙申夏首伏日書。

張之洞舊藏清阮元拓《積古圖》

説明

此卷爲阮元手拓家藏古物合裱之長卷，内容豐富，包括歷代鐘鼎彝器、鏡、洗、泉布及磚硯等九十一件金石文物的銘文，並鈐蓋九十一方秦漢以來璽印。清嘉慶年間（1796—1820）拓本，阮元撰《積古齋記》並正書，翁方綱題引首，周瓚繪圖，翁方綱撰《積古圖記》並正書。清張之洞舊藏。卷軸裝，1卷，高38厘米，長2640厘米。有伊秉綬、趙魏等觀款。鈐「覃溪」「翁方綱」「蘇齋墨緣」「積古齋」「文選樓」「儀徵阮伯元章」「阮元私印」「阮伯元所藏鐘鼎吉金」「阮伯元藏鐘鼎文字」「臣元奉敕審釋内府金石文字」「珠湖草堂」「南皮張氏可園收藏庚壬兩劫所餘之一」「續雅」「可園珍秘」「第二品」「兵衛森晝戟燕寢凝清香」「陳文述印」「云伯」「伊秉綬印」「趙魏」等印章。

翁方綱題端

《積古圖》。嘉慶癸亥夏六月朔，爲芸臺中丞題並記於後。北平翁方綱。

阮元題跋

李義山詩云：『湯盤孔鼎有述作，今無其器存其詞。』義山唐人，尚不見其器而重其詞。况今又千年，不但存其詞，且有其器耶？所以余於鐘鼎古器有深嗜也。與余同嗜者，有平湖朱氏右甫。右甫得一器，摩挲考證之，頗於經史多所創獲。余政事之暇，藉此羅列以爲清娛，且以償案牘之勞。子長生好兒童之篆刻，亦刷飾以侍。癸亥孟春，舉酒獻賓，且屬吴縣周氏秬卣繪《積古圖》。是日几案所積，有鐘二、鼎三、敦一、簠一、豆一、匜二、彝一、甗一、卣二、尊一、鉼一、角一、爵一、觶三、觚一、洗三、劍一、戈六、瞿一、弩機二、削一、鏡二十、鐙二，及刀布印符之屬。同積者有五鳳、黄龍、天册、興寧、咸和、永吉、潘儒、蜀師八磚。謂之『積古』者，余督學山東時，高宗純皇帝賜御書《筆誤識過文》一卷。此文紀筆誤試題『稽古論』爲『積古論』引過一事。元奏摺謝恩，奉批答云：『文佳，非徒頌即規。』臣愚，豈能於聖德規頌萬一，而『積古』一言，轉有深愜私衷者。因名篆山左金石之齋曰『積古齋』，所以紀恩記事也。兹之名圖，猶此志也。

嘉慶八年上元日阮元記。

翁方綱《積古圖記》

積古圖記

今浙江巡撫儀徵阮公《積古圖》一卷。按其自記，合卷内所拓文，凡鐘二：周彔康鐘，虢叔大林鐘也。鼎三：商父乙鼎，周大祝鼎，漢定陶共王陵鼎也。又周師酉敦、穴簠、素豆、諸女匜、素匜、商父辛彝、周甗、周惠卣、父辛卣、黄目尊、史賓鉼、商父辛爵、父乙觶、周遂仲觶、象觶、商父丁角、商子執戈觚。又漢安二年朱提堂狼洗、漢平陽侯洗、大吉羊洗。又周素劍、周衛公孫吕戈、子永戈、高陽左戈、華戈、素斷戈、素雞鳴戈、周素瞿、漢宛仁弩機、素弩機、周書削。又鏡二十：漢劉昉金背鏡至仙人不老鏡凡十有二，唐仿漢仙人鏡、四靈鏡凡二，六朝周仲鏡至唐清素鏡凡六也。又鐙二，漢龍虎鹿盧鐙、雁足鐙也。又刀布貨幣之屬，齊化、安陽布至晋沈郎錢範，凡廿有四。又官私印凡九十有一。而古器續於後者，又有周堇山簠蓋、商父癸匜蓋、周史僕壺蓋。又周敦殘銅字、周鐎，漢丙午鉤、長壽半鉤，鐎斗及尚方器飾。又梁佛像、唐魚符、宋鐵匣、元鎮紙也。又漢五鳳五年磚、黄龍元年磚、吴天册元年掌文磚、晋興寧二年俞氏作磚、咸和二年歲在丁亥磚、大吉宜侯王磚、晋潘儒吴蜀師磚，凡八磚，所謂八磚吟館者也。公政事之暇，摩挲手拓其文，古苔青緑，羅列前後床几，公子侍焉。拂拭孯剔，以爲樂也。前三年，公與及門樸學之士，成《經籍纂詁》一書，以韻部字爲經，以諸經傳注箋疏爲緯。又其前在濟南使廨，彙集齊魯諸郡邑秦漢以來金石之文，洎今吴越所考述，萃以成編。而去年，公適於吴下購得宋王復齋《鐘鼎款識》册，凡拓文五十有九器，皆復齋手爲釋文。其青牋識者，畢良史書也。公與朱右甫諸君加以考釋摹録，以公同好，於是古今奇秘，江山粹精，皆在阮氏積古齋矣。蓋馬、鄭之傳注，孫、郭之詁訓，吕、薛之考訂，歐、趙、洪、婁之鑒藏，備於一卷者，世未嘗有也。故書以爲後記。

嘉慶八年夏六月朔，北平翁方綱。

陳文述等觀款

嘉慶癸亥重九前一日，受業弟子錢塘陳文述敬觀於京師宣武坊南海昌查氏寓齋。同觀者蒙古法式善，遂寧張問陶，綿竹李鼎元，金匱楊芳燦，南海吴榮光，全椒吴鼒歙、鮑桂星，高郵王引之，仁和孫均、錢枚，錢塘陳嵩慶、袁通，長洲李元塏，金匱楊承憲，山陰何湘。

伊秉綬觀款

嘉慶丙寅人日，借玩兼旬，并過文選樓摩挲古物拓本藏之。寧化伊秉綬齋心觀古之居記。

趙魏觀款

嘉慶丁卯夏五七日，偕張燕昌、錢承淦叩頭師門竟日，獲觀積古諸器，飯畢謹識。趙魏。

《國家圖書館藏未刊稿叢書》總目

日記編

書札編

金石題跋編

國家圖書館未刊石刻題跋輯録　盧芳玉　整理

小蓬萊閣金石目（清）黄　易　著　盧芳玉　整理

題贊手卷編

明渤海孫氏積善堂題贊手卷　田曉春　整理

中法漢學研究所編

燕京傳薪録

——中法漢學研究所未刊稿研究

孫　俊　程天舒　林世田等　編著

著作編

周易注疏校勘記（全二册）（清）阮　元　總纂

讀相臺五經隨筆（全二册）（清）周廣業　著

經義述聞（全九册）（清）王引之　著

經義考異（清）方　邁　著

國語解訂譌（外三種）

國語解訂譌（清）孔繼涵　孔廣栻　輯校

白虎通義校稿（清）吴　騫　輯

古小學書鉤沈（清）陳　鱣　輯

聲系（清）陳　鱣　著

説文解字考異（全五册）（清）姚文田　輯

四庫全書表注（全二册）（清）李文田　著

登樓雜記（全三册）（清）錢　泳　著

蛾術編（全十册）（清）王鳴盛　著

籀鄦簃雜著（全三册）（清）王仁俊　著